東行日錄

동행일록

조사시찰단기록 번역총서
2

東行日錄

동행일록

민건호 지음
유종수 옮김

보고사
BOGOSA

서문

유기체로서의 생명이든 제도로서의 국가나 사회든 거기에 하나의 시작과 소멸이 있다는 엄연한 사실은 부정할 수 없다. 심지어 이름을 부여할 수 있는 모든 시공간 속의 존재와 사건은 예외 없이 발생, 변경, 소멸의 과정을 따른다고 말할 수 있을 것이다.

역자가 소개하는 본서 『동행일록(東行日錄)』은 곧 소멸할 조선 왕조의 끝자락에서 생성된 민건호(閔建鎬 1843~1920)라는 사람의 개인적이면서도 역사적인 저작이다. 좀 더 장황하게 나열하자면 이 작품은 '쇄국(鎖國)'이라는 국시(國是)와 어쩔 수 없이 결별하고 일본과 강화도조약(江華島條約)을 체결한 뒤 1, 2차의 수신사 파견을 거쳐 조사시찰단(朝士視察團)까지 파견하는 격동기에, 민건호라는 평범한 인물이 12명 조사 중 한 명인 이헌영(李鑢永 1837~1907)을 수행하며 일본을 오고 가며 견문한 것에 대한 기록이다.

조선의 그 이후 운명을 알고 있고 또 산하(山河)와 혈연을 계승한 이 땅의 후손된 심정으로는, 비록 역자의 역사에 대한 과문함에서 기인하는 자격지심 때문일 수도 있겠지만 매번 구한말 선조의 글들을 접할 때면 '망국(亡國)'이라는 과거사에서 오는 서글프고 비극적인 정감을 떨칠 수 없다. 이 일기도 마찬가지라서 민건호라는 인물이 고국의 앞날에 대해 어떠한 심정과 기대를 가지고 일기를 생성하였는지는 모르겠으나 그것과 무관하게 역자의 기분으로는 위의 망국과 관련한 착잡한 마음에서 자유롭지 못하였다.

이러한 느낌이 역자 개인만의 거북한 감정이 아니라면, 그래서 대다수의 사람에게 마주하기 불편한 기분을 줄 수도 있는 것이라면 굳이 오늘날 대단하지도 않은 번역까지 해가며 당시의 기록을 더듬어야 할 필요가 있는 것일까? 이러한 설문(設問)에 대해 번역하는 동안 아무리 생각해도 참신한 자답(自答)은 구해지지 않고 그저 '역사적 진실을 제대로 인식함으로써 미래에 훌륭한 경계를 삼기 위함'이라는 진부한 대답 정도밖에는 떠오르는 말이 없었다.

그렇지만 이러한 진부함이야말로 동아시아 지식인의 역사에 대한 자세로서 '치열한 기록 정신'을 곱씹게 하였다. 개인은 죽어도 나라는 망해도 기어이 기록할 것은 기록함으로써 후인의 정당한 심판과 포폄(褒貶)을 기다리는 행위는 과장하자면 기록자의 자기존재 내지 그가 속한 공동체의 구원이라는 종교적 경건성과 맞닿아 있다. 또한 그들은 개인의 죽음이 그러하듯 국가의 명멸이 거대한 역사의 한 과정이라는 것과, 새로운 주인이 새로운 방식으로 자신들을 대신할 것이라는 사실을 너무도 잘 알고 있었다.

이렇게 본다면 민건호라는 개인이 남긴 이 기록이든, 구한말 지식인이 남긴 여타의 기록이든, 나아가 역사적 진실의 일부로서 당시의 그 어떤 주체가 남긴 기록이든 굳이 망국의 서글픔이나 강개, 안타까움이나 비극 등의 정감으로 자료를 접근할 것이 없고 단지 그들이 가리키는 곳을 차분히 살펴봐 주면 족하다는 것을 알게 된다. 부끄럽지만 이러한 결론에 도달할 수 있게 된 것이야말로 『동행일록』의 번역 작업을 통해서 얻은 가장 큰 개인적인 소득이라고 하고 싶다.

본 역서는 한국연구재단 토대연구 〈수신사 및 조사시찰단 자료 DB 구축〉 팀(연세대 한국기독교문화연구소)에서 제작한 수신사기록 DB의 일부인데, 이번에 본 연구팀과 보고사에서 기획한 《수신사기록 번역총서》의 한 권으로 들어가게 되어 간행하게 되었다.

『동행일록』은 부산근대역사관에서 〈부산근대역사 사료총서 시리즈 간행사업〉의 두 번째 작업으로, 2006년 민건호의 또 다른 저작인 『해은일록(海隱日錄)』과 함께 처음으로 영인하여 간행되었고, 2008년에는 같은 기관에서 부산대 김동철 교수 등에 의뢰하여 탈초하여 번역되기도 하였는데 이 번역서를 간간이 참고하였음을 밝혀둔다. 해당 기관의 협조와 선구적 작업에 심심한 사의와 경의의 념을 남긴다.

마지막으로, 〈수신사 및 조사시찰단 자료 DB 구축〉 팀을 이끄신 허경진 교수님의 후원과 윤현숙, 이효정, 조영심 연구원의 도움에 대해 감사의 말을 표하고 싶다. 일본어 고유명사의 한국음 표기에 관한 작업은 전적으로 세 분 연구원의 성실한 도움에 힘입은 것이다. 또한 한문이라는 세계를 조금이나마 맛볼 수 있게 해 준 한국고전번역교육원의 교수님들과 동학들에게도 감사의 정을 남기지 않을 수 없다. 이러한 훌륭한 인연에도 불구하고 번역에 수많은 문제가 있을 것인데 이는 오로지 본 역자의 잘못으로 돌리는 것이 마땅하다.

2019년 12월 22일

유종수

차례

일러두기

1. 부산근대역사관 소장 필사본을 저본으로 하여 번역하였다.

2. 번역문, 원문, 영인본 순서로 수록하였다.

3. 가능하면 일본의 인명이나 지명을 일본어 발음으로 표기하였다. 단, 시문에 사용된 단어나 한국식 표현, 발음을 고증할 수 없는 고유명사는 한국 한자음으로 표기하였다.

4. 원주는 번역문에 【 】로 표기하고 본문보다 작은 글자로 편집하였다. 원문에서도 동일한 방식으로 편집하였다. 각주는 모두 역자 주이다.

5. 인물 및 사건 정보는 주로 한국학진흥사업성과포털에서 제공하는 《조선시대 대일외교 용어사전》을 참고하여 작성하였다.

동행일록

1. 기본 서지

『동행일록(東行日錄)』은 불분권 1책(冊) 116면(面)으로 이루어진 필사본 자료로 책 크기는 가로 21.4㎝, 세로 21.4㎝이다. 본서에 수록된 『동행일록』 영인본은 부산근대역사관에서 2006년 '부산 근대역사 사료총서 시리즈 간행사업'의 일환으로 공개된 것으로 원본은 부산광역시립박물관에 소장되어 있다.

2. 저자

『동행일록』의 저자 민건호(閔建鎬)는 본관은 여흥(驪興), 자는 성로(聖老), 호는 해은(海隱)으로 1843년(헌종9) 8월 27일 전라남도 해남(海南)에서 태어났다. 무과로 출신하여 1870년(고종7)에 선천(宣薦)되었으나 권문세족이란 이유로 물의(物議)가 일어나 삭천(削薦)되어 벼슬하지 못하다가 3년 뒤에 복천(復薦)되었고, 또 3년 뒤에 수문장(守門將)에 제수되었다.

1881년에는 조사시찰단(朝士視察團)의 조사로서 해관(海關)의 시찰 임무를 담당한 이헌영(李鑢永 1837~1907)의 수행원이 되어 일본을 다녀왔는데, 이 209일간의 기간 동안 견문한 것을 바탕으로 『동행일록』이라는 일기체 작품을 지었다. 1883년부터는 초대 부산감리서(釜山監理署) 감리로 임명된 이헌영 아래에서 서기(書記)로 활동하게 되는데 감리서와 해관을 거의 매일 출근하며 개항장과 관련된 많은 업무를 처리하였다.

그밖에 1885년에는 통리교섭통상사무아문(統理交涉通商事務衙門)의 주사(主事)에, 1890년에는 부산항 방판(釜山港幫判)에, 1891년에는 다대포 첨사(多大浦僉使)에, 1897년에는 중추원(中樞院) 이등의관(二等議官)에 제수된 기록이 보인다. 1920년 1월 19일 사망하였고 묘소는 전라남도 해남에 있다.

그의 다른 저작으로는 자신의 호(號)로 이름을 붙인 1883년부터 1914년까지의 『해은일록(海隱日錄)』이라는 일기 29권과, 자신의 시문을 가려 뽑아 모은 『해은만록(海隱漫錄)』 1권, 그의 환갑잔치 때 모인 사람들의 축하 시문 모음집인 『해은수연운(海隱壽宴韻)』이 있다.*

3. 구성

『동행일록』의 원본은 일기의 본문과 부록으로 나뉜다. 본문은 107면까지이고 나머지인 부록은 9면이다. 부록에는 일본인 통사(通辭) 명단과 증기선의 주인 이름, 조사(朝士) 및 수행원·별배(別陪)·통사(通事)·종인(從人)의 신상 정보, 일본과 통상관계에 있는 각국의 이름, 아라비아 숫자, 일본 가타가나의 한국 음 표기가 실려 있다.

---

* 이상의 저자에 관한 정보는 『승정원일기』, 『조선시대 대일외교 용어사전』, 『디지털부산문화대전』의 민건호 등의 항목을 참조하였다.

4. 내용

『동행일록(東行日錄)』은 1876년(고종 13) 강화도조약(江華島條約) 체결 후, 같은 해 김기수(金綺秀)를 수신사로 임명하여 일본에 파견한 1차의 사행(使行)과 1880년 김홍집(金弘集)을 수신사로 임명하여 파견한 2차의 사행이 있고 나서 그 이듬해 제3차 사행의 결과물로 탄생한 작품인데, 당시 11명의 조사(朝士)들 중의 1인으로 해관(海關) 시찰 임무를 담당한 이헌영(李鑓永, 1837~1907)의 수행원[隨員]인 민건호(閔建鎬, 1843~1920)의 총 209일간 일기이다.

우선 조사시찰단의 목적을 보자면, 별견(別遣) 김용원(金鏞元)을 포함하여 총 12명의 조사*가 보고서의 작성을 염두에 두고 각각 수행하는 사람 몇몇을 거느리고 맡은 바 일본의 근대화된 기관과 제도를 시찰하는 것이었다. 가감은 있으나 조사 1인의 밑에 보통 수행원 2인과 하인 1인 및 통사(通事) 1인을 두어 독자적인 한 조를 편성하였다. 이헌영을 수행한 민건호 일행은 이헌영과 사종제(四從弟) 관계에 있는 이필영(李弼永)과 별배(別陪) 김오문(金五文), 통사 임기홍(林基弘)인데 이들 중 수행원의 신분에 해당하는 사람은 민건호와 이필영(李弼永)이다.『동행일록』의 부록에 의할 때 다른 일행까지 합한 조선 측 총 인원은 60명이다.

한 명의 조사(朝士)를 구성단위로 하는 각 일행은 다른 조사 일행과

---

* 12명의 조사 : 이헌영·조준영(趙準永)·박정양(朴定陽)·엄세영(嚴世永)·강문형(姜文馨)·조병직(趙秉稷)·민종묵(閔種默)·심상학(沈相學)·홍영식(洪英植)·어윤중(魚允中)·이원회(李元會)·김용원(金鏞元)으로 각각 맡은 시찰 업무가 있었다. 이헌영, 조병직, 민종묵은 해관(海關)에 대하여, 어윤중은 대장성에 대하여, 강문형은 공부성에 대하여, 엄세영은 사법성에 대하여, 조준영은 문부성에 대하여, 박정양은 내무성에 대하여, 심상학은 외무성에 대하여, 홍영식은 육군성에 대하여, 이원회는 육군조련에 대하여, 김용원은 함선(艦船)에 대하여 보고서의 작성을 염두에 둔 시찰 활동을 하였다.

공적인 업무 때문에 수시로 왕래하고 숙소도 같이 하는 경우가 많지만, 원칙적으로 맡은 바 시찰 업무의 효율성을 위해 독립적인 활동이 보장되어 있었다. 그러므로 각 조사 일행의 행적은 세부적으로 일치하지 않는다. 『동행일기』에 기록된 이헌영 일행의 시간에 따른 여정을 편의상 다섯 부분으로 나누어 설명하면 다음과 같다.

먼저 서울의 이헌영 집에서 출발하여 20일 만에 동래부에 도착하고 그 뒤 일본으로 출발하기 전 보름 넘게 동래부에 체류한 기간으로, 2월 28일(양력 3월 27일)에서 4월 9일까지이다. 거친 지역은 광주(廣州), 용인(龍仁), 죽산(竹山), 충주(忠州), 연풍(延豊), 조령(鳥嶺), 문경(聞慶), 상주(尙州), 선산(善山), 인동(仁同), 칠곡(漆谷), 대구(大丘), 경산(慶山), 청도(淸道), 밀양(密陽), 김해(金海) 등이다.

그 다음 여정은 증기선을 타고서 뱃길로 대마도(對馬島)를 시작으로 도쿄에 도착하기까지인데, 4월 10일부터 4월 28일까지이다. 거친 지역은 대마도, 나가사키(長崎), 아카마가세키(赤馬關), 고베(神戶), 오사카(大阪), 교토(京都), 요코하마(橫濱) 등이다. 이들 도시 중 오사카와 교토는 고베에서 요코하마로 바로 출발하지 않고 굳이 구경한 도시로, 이 두 곳을 시찰하는데 4월 17일에서 23일까지의 시간을 소요했다가 다시 고베로 가서 요코하마행 증기선을 탔다.

그 다음은 요코하마에서 7월 16일에 증기선 나고야마루(名護屋丸)를 타고 귀국길에 오르기 전까지인 요코하마 및 도쿄를 왕래하며 체류한 기간인데, 4월 27일부터 7월 15일까지이다. 이헌영이 해관(海關) 시찰을 담당한 관계로 그 일행이 세관을 매일 출입하느라 5월 23일부터 6월 18일까지 요코하마에서 생활하다가 6월 19일 도쿄로 다시 돌아왔다. 이 시기에는 같이 해관 시찰을 담당한 조병직(趙秉稷)과 민종묵(閔種默)도

요코하마에 있었다.

그 다음은 부산으로 돌아오는 날까지에 해당하는 귀국길인데 7월16일에서 윤7월 2일(양력 8월 25일)에 이르는 기간이다. 귀로(歸路)는 올 때와 거의 같지만 이전처럼 고베에서 오사카(大阪)와 교토(京都)를 들리지는 않았고, 대마도에 잠시 머물지도 않고 바로 부산으로 왔다. 이때 이헌영 일행 및 동행하던 조사 일행은 다른 조사 일행과 만나 같은 배로 귀국하느라 고베에서 7월 18일에서 27일까지 머무는데, 고베 세관장과 청(淸) 영사(領事) 등을 만나고 약간의 관광을 하면서 보냈다.

마지막으로는 동래부에서 며칠 머문 뒤에 양산(梁山)을 거쳐 상경하는 기간인데 윤7월 2일부터 8월 12일(양력 10월 4일)까지이다. 상경길은 내려올 때와 거의 같지만 중간에 통도사(通度寺)에서 『조약유찬(條約類纂)』을 교정하면서 13일간을 체류하였다.

이상은 이헌영의 서울 정동집에서 출발하여 서울에 다시 도착하기까지의 여정으로 총 192일이다. 하지만 민건호의 일기는 8월 13일부터 8월 말일까지 계속되는데 30일은 날짜와 간지만이 있다.

다음으로 민건호가 여행에서 남긴 구체적으로 문견한 내용을 살펴본다. 여기에 관해서는 공적인 보고에 적합한 내용으로 다른 조사 일행과 다니면서 각종 기관을 탐방한 기록 및 증기기관과 대규모 공장으로 대표되는 일본의 발전된 서구문물을 시찰·소개하는 부분과 개인적인 신변잡기를 기록한 부분으로 구분할 수 있다.

우선 공적인 부분의 대부분을 차지하는 것은 대도시를 여행하면서 작성된 것이다. 그런데 이 부분은 다른 조사나 수행원들이 동일한 대상을 두고 기록한 수많은 작품 중의 하나에 불과하다. 더구나 일신상의 건강이나 답사 자격의 미달로 직접 간 것이 아니고 전문(傳聞)한 것을 기록한 것도 상당하여 정보의 전달이란 측면에서 온전하지 못하다는 느낌을 주는 경우도 없지 않다.

나가사키에서는 근대적인 육군포병진대(陸軍砲兵鎭臺)와 사범학교(師範學校), 석탄 채굴지인 다카시마(高島)에 대해 기록하고 있는데 이들 모두는 전문한 것이다. 그 다음 고베에서는 해관, 철도국 공장 및 기차 제도에 대해 기록하였다. 오사카(大阪)에서는 신식의 제지국(製紙局) 및 조폐국(造幣局), 자석교(滋石橋 배가 다니도록 여닫게 만든 다리), 형옥 분서(刑獄分署), 박물회(博物會), 신식 병원시설과 의료기구, 육군 연무(演武), 포병 공창(砲兵工廠 전문한 것), 중학교(中學校 전문한 것인 듯함) 등을 두루 보거나 전문한 것을 세세히 기록하였다. 그리고 교토(京都)에서는 박람회(博覽會), 직금소(織錦所), 목축장(牧畜場), 뇨코바(女紅場 전문한 것), 맹아원(盲啞院 전문한 것), 동주소(銅鑄所 전문한 것), 수륜국(水輪局 전문한 것), 비와코(琵琶湖 전문한 것), 만베키로(萬碧樓 전문한 것) 등의 장소를 직접 구경하거나 전문한 기록을 남겼다. 도쿄(東京)에서는 병원, 가죽 공장, 오쿠라구미 상회(大倉組商會)의 별장(別莊)과 화원(花園), 경조시합(競漕試合 보트경기), 여자사범학교, 도쿄사범학교(東京師範學校 남자사범학교), 일왕의 거동 등을 구경하고 기록을 남겼으며, 요코하마(橫濱)에서는 해관(海關)과 부두, 청(淸)나라 영사관, 사진관(寫眞館) 등에 대한 기록을 남겼다. 그 외로 오사카에서부터 상당수의 신사(神社)와 유명 사찰, 공원 등을 관람하고는 몇몇에 대해서는 자세한 기록을 남기기도 하였다.

민건호의 개인적인 기록이야말로 이 작품의 특색을 이루는 부분이다. 그는 일본인 상회사(商會社) 사장이나 간부, 정부 관료들이 왕래한 것을 빠짐없이 기록하고 있으며, 그의 상관인 이헌영이나 다른 조사(朝

士) 일행들의 동정이나 현황 등을 늘 적어놓고 있다. 또한 숙소를 정할 때면 반드시 그 주소와 집주인의 성명을 일기에 남겼다. 그리고 해관 업무 시찰을 위해 이헌영을 수행하며 요코하마에 머문 5월 23일부터 6월 18일까지의 기간을 제외하고는 그를 따라다니는 일이 오히려 드물어 자유롭게 일과를 보내는데, 불꽃놀이와 야시장을 구경하면서 빙수(氷水)를 연신 사먹고 늘 목욕탕을 이용하였고, 일상적으로 서점을 구경하러 다니며 각 도시의 중심지나 공원, 사찰 등을 늘 찾아 다녔다. 그가 숙소에 있을 때에는 이헌영이나 자기를 찾아오는 많은 조선인·일본인 손님과 특유의 친화력을 발휘하여 무리 없이 어울리고, 틈이 날 때마다 이헌영의 『조약유찬(條約類纂)』 교정을 도왔다. 또한 숙소를 새로 정하거나 이동을 할 때에 일행의 짐을 부치고 다시 수령하는 등등의 정해진 일을 맡고 있음을 살필 수 있다. 그 외의 개인적인 잡기로 고향집을 그리워하는 감정을 일기에 토로하고, 특별한 꿈을 꾸게 되면 역시 기록해 둔 것이 있다.

이 작품의 특색으로 일기의 뒷부분에 '개합법(開合法)', 일본인 통역(通譯)과 안네이마루(安寧丸) 선장의 이름, 조사 및 수행원과 시종들의 신상 정보, 일본과 통상관계를 맺고 있는 국가명, 아라비아 숫자, 일본 문자의 모양과 발음이 부록되어 있다.

5. 가치

이 일기는 등장하는 수많은 지명이나 인명에 종종 오류가 보이지만 그 자세함은 다른 보고서를 압도하는 측면이 있다. 그리고 수행원이라는 신분 때문에 일본 상회사의 거물이나 일본 조야의 인물과는 형식적인 교유에 그쳐서 그의 일기에서 고급정보를 찾기는 어렵다. 하지만 그가 수행원으로 조사시찰단의 각종 외적인 부대사항을 꼼꼼하게 기록한 것은 1881년 시찰단의 전체 정보를 구성하는 데 있어 정보의 흠결을 메우는 적지 않은 역할을 한다. 특히 눈여겨 볼 점은 시찰단의 각종 자료가 작성되는 절차와 관련된 부분이다. 예를 들어 도쿄에 있을 당시인 6월 하순부터 『조약유찬』을 교정하는 과정을 꼼꼼하게 기록하는데, 6월 30일 일기에 『조약유찬』을 한역(漢譯)한 인물로 동리목산(洞裏木山)을 거론하는 것에서는 각종 시찰기의 한역(漢譯) 주체가 누구인가에 대한 근원적인 문제점을 던지고 있다. 또한 조선으로 돌아와서는, 동래부(東萊府)와 인근 지역의 서사(書寫)를 불러들여 서역(書役)을 시켰다 그만두게 하는 경과와 대구에서 책장(冊匠)을 불러 어람용(御覽用) 『조약유찬』을 장정(裝幀)하게 한 일 등을 착실히 기록해 둔 것 등도 시찰단 업무와 그 실체에 대한 소중한 정보를 제공한다.

동행일록

∞ 신사년(1881, 고종18) 2월 28일 ∞

28일(경신), 맑음

정동(貞洞)의 주령(主令)[1] 댁에서 일찍 아침을 먹고 출발하였다. 오위장 이필영(李弼永)【자는 여양(汝養), 호는 양재(養齊)이니 주령의 사종형제(四從兄弟)이다.】과 걸어서 남대문 아래로 나가 관왕묘(關王廟) 앞의 섬암(蟾巖)에 이르렀다가, 역의 짐말[負馬]을 타고 서빙고(西氷庫)의 강변 객점(客店)에 도착하여 잠시 쉬었다. 조금 지나 주령의 교군(轎軍)이 도착하여 함께 술을 마셨다. 강을 건너 30리를 가서 마죽거리(馬竹巨里 말죽거리)에 이르니 날이 벌써 신시(申時)였다. 점심을 먹었다.

변수현(邊壽鉉)이 뒤처져 있다가 뒤따라 이르렀다. 겸인(傔人)[2] 1인이 와서 인사를 하는데 조 승지(趙承旨)[3]를 수행하는 겸인으로 임석규(林錫

---

1 주령(主令) : 이 일기의 기록자인 민건호(閔建鎬 1843~1920)가 1881년 조사시찰단(朝士視察團)의 일원으로 일본을 갔다 오는 동안 수행한 세관 업무 시찰 일을 맡은 이헌영(李鑢永 1837~1907)을 칭하는 말이다. 해남(海南)이 집인 민건호가 서울에 오고가며 의탁한 주인이 이헌영이라서 하는 말인 듯한데, 주령은 보통 주인 영감(令監)을 줄여서 쓰는 말이다.

2 겸인(傔人) : 양반이나 부호가의 잡무를 맡아보거나, 시중을 들던 사람이다. 겸종(傔從)이라고도 한다.

3 조 승지(趙承旨) : 조병직(趙秉稷 1833~1901)이다. 본관은 양주(楊州), 자는 치문(稚文), 시호는 충간(忠簡)이다. 조선 후기 문신으로 협판교섭통상사무, 전보국총판 등을 역

奎)이다. 헤어져 길을 가서 먼저 용인읍(龍仁邑)에 도착하여 기다리라고 하여 이 객점에 도착하였다고 한다. 그대로 숙소로 정하였다. 하인은 오문(五文 김오문(金五文))이고 역졸(驛卒)은 박만길(朴萬吉)과 김계창(金啓昌) 두 사람이다.

29일(신유), 맑음

광주(廣州) 마죽거리에서 그대로 아침을 먹고 출발하였다. 60리를 가서 용인(龍仁) 읍점(邑店)에 도착하였다. 조금 뒤에 겸인 임석규가 그의 영감(令監) 조 승지(趙承旨 조병직(趙秉稷))가 도착했다고 알려주어 주령이 가서 보았다. 본관 수령 이조연(李祖淵)이 와서 주령을 보았다. 저녁 식사 후에 주령이 조 영감(趙令監 조병직(趙秉稷))의 처소에 갔다가 수령과 처소로 와서 한담(閑談)하였다. 밤이 깊어서야 헤어지고 그대로 숙소로 나아갔다.

30일(임술), 맑음

용인읍에서 아침 식사 후 출발하였다. 용인은 산천이 수려하여 조각조각 금쪽과 같으니 살만한 곳이다. 40리를 가서 양지읍(陽智邑) 경계에 도착하였다. 읍에 성곽은 없지만 산천의 아름다움과 농토의 비옥함이 용인과 비슷하다. 주령이 일행과 헤어져 평촌(坪村) 심 생원(沈生員)【주령의 처가댁이다.】의 집에 들렀으므로 일행은 먼저 죽산(竹山) 좌찬역(佐贊驛)에 도착하였다. 점심을 먹고 주령을 기다렸는데 신시(申時)가

임했는데 1881년 당시 일본에 조사시찰단으로 파견된 11명의 조사 중 1인으로 해관(海關)을 시찰하는 임무를 맡았다.

지나서 주령이 도착하였다. 또 조령(趙令)이 같은 역 상점(上店)에 도착하여 주령을 만나 이야기를 나누고 그대로 숙소로 정하였다.

☙ 3월 ❧

1일(계해), 맑음

아침 식사 후에 좌찬역(佐贊驛)에서 타던 역마로 출발하였는데, 주령이 조령의 처소에 갔다가 문을 나설 때 한 사람의 하인도 없어 그 이유를 물었더니 역점의 여주인이 하인을 함부로 들이지 못하게 했다고 답하므로 주령이 너무도 개탄스러워 주인 여자를 즉시 가마 앞에 잡아오도록 하였다. 외모를 살펴보니 당혜(唐鞋)를 신었고 나이는 50세 정도였다. 1마장(馬場)[4]을 가지 않아 즉시 분부하여 풀어주었다.

40리를 가서 죽산(竹山) 비선거리(非仙巨里)의 역점(驛店)에 도착하여 점심을 먹었다. 이 역촌(驛村)에는 한 명의 역한(驛漢 역참에 딸린 사내종)도 없어서 그 곡절을 물어보니 잔폐(殘弊)한 역이라서 지공(支供 음식 등을 대접하여 지급함)할 방도가 없고 역말도 없어서 문을 닫고 도망쳤다고 하는데 이것 또한 근년에 사행(使行)이 빈번하였기 때문이다. 점심을 먹고 출발하여 음죽(陰竹)의 관촌역(冠村驛)에 도착하여 숙소로 정하였다.

---

4 마장(馬場) : 10리나 5리가 못 되는 거리를 계산할 때 리(里) 대신 쓰이는 거리 단위이다.

2일(갑자), 아침에 안개가 끼었다가 맑아짐

관촌역(冠村驛)에서 아침 식사를 하고 타던 역마로 출발하였다. 충주(忠州)의 용원역(龍院驛)에 도착하여 점심을 먹었다. 어 교리(魚校理)[5]【윤중(允中)이다.】의 수행인인 거동(車洞)에 사는 김 석사(金碩士 김기한((金夔漢))[6]가 상경(上京)하는 길이므로 홍 승지(洪承旨)[7]【영식(永植)이다.】와 어 교리가 유곡역(幽谷驛)에 머물고 있는 상황을 상세히 들을 수 있었다.

점심을 먹고 출발하였다. 역점을 떠난 지 얼마 되지 않아서 진졸(鎭卒) 1명이 긴 담뱃대를 뻗쳐 물어 말을 찌를 듯이 다가오기에 진졸들이 소리를 쳐서 막았다. 그 진졸이 긴 담뱃대의 입구를 돌리고서야 겨우 주령의 교군을 지나갔는데 또 긴 담뱃대를 뻗쳐 물어 말을 찌르니 너무 놀랍고 개탄스러웠다. 즉시 말 앞에 두고 잡아가다가 2마장이 못 되어 타일러 보내주었다.

40리를 가서 충주부(忠州府)에 이르렀다. 앞의 단강(丹江)을 건너 월천역(越川驛)에 도착하였다. 북쪽으로 탄금대(彈琴臺)를 바라보니 산 위의 소나무 숲이 울창하였다. 이곳 촌(村)은 고 신립(申砬)[8] 장군이 전사

---

5 어 교리(魚校理) : 어윤중(魚允中, 1848~1896)을 가리킨다. 본관은 함종(咸從), 자는 성집(聖執), 호는 일재(一齋)이다. 구한말 온건개화파로서 1894년 갑오개혁 내각에서 탁지부대신이 되어 재정·경제 부분의 개혁을 단행했다. 1881년 당시 조사시찰단의 일원으로 일본 대장성(大藏省)을 시찰하는 임무를 수행하였다.

6 김 석사(金碩士) : 여기의 '碩士' 및 조사시찰단 일행의 '석사(碩士)'들은 벼슬이 없는 선비를 높이어 부르는 말로 보아야 할 것이다.

7 홍 승지(洪承旨) : 홍영식(洪英植, 1855~1884)을 가리킨다. 본관은 남양(南陽), 자는 중육(仲育), 호는 금석(琴石)이다. 1881년 당시 조사시찰단의 일원으로 일본 육군성(陸軍省)을 시찰하는 임무를 수행하였다. 귀국 후 군사와 통상 사무에 종사하였는데, 갑신정변 때 청군에게 살해되었다.

8 신립(申砬) : 1546~1592. 본관은 평산(平山), 자는 입지(立之), 시호는 충장(忠壯)이다. 임진왜란 당시에 삼도 도순변사(三道都巡邊使)로 임명되어 충주(忠州) 탄금대(彈琴臺)에

한 곳이다. 남쪽으로 달천역(達川驛)이 바라보이는데 이 마을은 곧 임 장군(林將軍)[9]이 태어나 자란 곳이다. 산천이 웅장하게 감싸고 있으니 호서(湖西)의 한 웅부(雄府)이다. 임 충민공(林忠敏公 임경업(林慶業))의 충렬사(忠烈祠)에 가서 절하였다. 장군의 영정(影幀)이 살아있는 것 같았는데 얼굴에 북두칠성 모양의 점이 있었다. 명성이 세 나라에 진동하였으니 그 크고 빛나는 공렬(功烈)이 사람을 흠복(欽服)하게 한다. 부인 완산 이씨(完山李氏)의 열녀 비각(碑閣)도 매우 흠탄스러웠다. 숙소로 정하였다.

오늘 밤은 어버이의 기일이다. 집을 떠나 서울에 머물 때에 매번 기일을 만나면 불초자의 죄책감이 들었는데 지금 이곳에서 천리 먼 곳을 생각하니 마음이 무너지고 창자가 찢기는 듯하다. 이 어찌 사람 마음에 견딜 만한 것이겠는가. 홀로 마음에 잊지 못하고 다만 남쪽 하늘만 바라보니 누군들 이 심정을 알아주겠는가. 닭이 울고 나서야 잠이 들었다. 집으로 돌아가는 꿈을 꾸다가 이내 깨니 우울하기만 하다.

3일(을축), 아침에 맑다가 오시에 흐리고 신시에는 조금 비가 옴

달천역에서 아침 식사를 하고 타던 역마로 출발하였다. 내를 끼고 1마장(馬場)을 가니 길이 험하고 바위가 우뚝우뚝하다. 이곳은 임 장군(林將軍)이 어린 시절에 공부하던 곳이다. 용맹을 시험한 3층의 바위가 있고 또 뱀 한 마리를 내동댕이친 바위가 있는데 이것은 장군이 이무기

배수진을 치고 적군과 대결했지만 패배하여 강물에 투신 자결했다.

9 임 장군(林將軍) : 조선 중기의 무장(武將) 임경업(林慶業, 1594~1646)을 가리킨다. 본관은 평택(平澤), 자는 영백(英伯), 호는 고송(孤松), 시호는 충민(忠愍)이다.

를 내던진 곳이라 한다.

10여 리를 못 가서 연풍(延豐)의 모두원(毛豆院) 객점(客店)에 이르렀는데 앞산의 길이 좁고 험하였다. 갑자기 앞에서 여교(女轎) 셋이 다가왔는데 앞 가마의 가마꾼이 지팡이로 선두의 이 오위장(李五衛將 이필영(李弼永))의 짐말을 찔러 말에서 떨어지게 하였다. 다행히 다치지는 않았지만 뒤따르던 사람이 보고서 크게 놀랐다. 즉시 여교의 가마꾼을 앞에 잡아 왔다. 물어 보니 읍에 사는 부녀가 온천에 가는 길이라고 하였다. 그래서 말 앞에 결박하여 앞세웠는데 5리를 못 가서 또 풀어주었다. 나 또한 평지에서 낙마(落馬)하였지만 다치지는 않아 매우 다행이었다.

40리를 가서 연풍 무두리(茂頭里)에서 조금 쉬었는데 술을 사서 마셨다. 이곳은 역참이지만 갈 길이 극도로 험하여 말을 타고 갈 수 없었다. 그래서 이곳 역에서는 나무 남여[木藍輿]를 맬 교군이 기다리고 있었으므로 남여를 타고 험한 길을 넘어 수안보점(水安保店)에 이르러 가마꾼을 돌려보냈다. 온천이 있었다.

다시 짐말을 타고 20리를 가서 안부역(安富驛)에 도착하였다. 숙소로 정하였다. 이 역(驛) 또한 역한(驛漢)이 도망하였다. 역점(驛店) 주인 여자가 술을 파는데 매우 음탕한 여자이다. 본디 문경(聞慶) 사람인데 상주(尙州)로 시집갔다가 다시 이 역으로 시집왔고 나이는 30세라고 한다.

4일(병인), 아침에 흐려 조금 비가 왔다가 늦게 맑아짐

아침을 먹고 안부역에서 역의 짐말을 교체하여 문경(聞慶)의 조령관(鳥嶺關)을 넘었다. 대저 이 고개는 좌우로 바위가 험준하고 수목이 높이 치솟아서 다만 잔도(棧道)로 통과할 수 있으니 생각건대 촉나라로 가는 길이 험하다지만 이보다 심하지는 않을 것이다. 조령관의 북문루(北門樓)

를 올랐다. 성(城)이 있었다. 또 서쪽의 성황당(城隍堂)에 가서 치재(致齋)를 한 뒤에 출발하였다.

5리를 가서 중문(中門)에 이르렀는데 문액에 '주서문(主西門)'이라고 쓰여 있었다. 문 밖에 순사(巡使 감사(監司))의 교귀정(交龜亭)이 있고 교귀정 아래에 '용추(龍湫)'라고 새긴 돌이 있는데, 옛날에 비룡(飛龍)이 하늘로 올라갈 때 비폭(飛瀑 폭포)이 사람의 귀를 멀게 하였다고 한다.

또 5리쯤 가서 산골짜기 사이의 제3문에 이르렀는데 문액에 '주흘문(主屹門)'이라고 쓰여 있었다. 문안에는 작은 기와집의 별장(別將) 처소가 있었다. 그 아래에 초옥의 객점이 즐비하게 있는데 마을을 이루었다. 조금 쉬면서 술을 샀다. 주파(酒婆 주모(酒母))는 나이가 겨우 20남짓인데 자태가 있었다.

출발해 40리를 더 가서 문경읍(聞慶邑)의 객점에 도착하였다. 객점 주인은 바로 전 이방(吏房) 임(林)가의 소실인데 방이 매우 깨끗하고 음식도 정결하여 산골의 읍이라고 할 수 없을 정도로 훌륭하였다. 초립(草笠)을 쓴 아이 2명이 있기에 불러서 물어보니 임 이방(林吏房)의 아들과 조카라고 한다.

점심을 먹은 뒤 말을 바꾸어 출발하였다. 20리를 가서 퇴창(堆倉)에 이르러 나무다리를 건너려 할 때에 개울이 매우 넓고 다리가 무너져 있었으므로 월천군(越川軍)[10]을 세워 여울을 건넜다. 상류에는 고성(姑城)의 옛터가 있고 아래에는 긴 내가 좌우에서 둘러 감싸고 있으니 골짜기의 크고 깊은 규모를 헤아릴 수 없을 정도이다.

10리쯤 가니 날이 이미 저물었는데 횃불을 밝혀 10리를 더 가서 유곡

---

10 월천군(越川軍) : 사람이 내를 건널 수 있게 하는 책임을 맡은 역정(役丁)이다.

역(幽谷驛)에 도착하였다. 시간은 인정(人定)[11]이었다. 이곳에 홍 승지(洪承旨)【영식(永植)이나.】와 어 교리(魚校理)【윤중(允中)이다.】가 머물고 있는데 주령이 먼저 전갈(傳喝)을 하였더니 저녁을 먹은 뒤에 홍(洪) 승지와 어(魚) 교리 두 학사(學士)가 와서 주령을 보았다. 밤이 깊어서야 각자의 처소로 돌아갔다. 숙소로 정하였다.

5일(정묘), 맑음

유곡역에 머물렀다. 조령(趙令 조병직(趙秉稷))이 뒤따라 도착하였다. 주령이 가서 보았다.

6일(무진), 맑음

유곡역에 머물렀다.

7일(기사), 비가 옴

유곡역에 머물렀다.

8일(경오), 비가 옴

유곡역에 머물렀다.

9일(신미), 맑음

유곡역에 머물렀다.

---

11 인정(人定) : 매일 밤 초경 3점(初更三點 저녁 8시 경)에 통행을 금하기 위하여 종을 치던 일로 사람이 자는 시각을 가리키기도 한다.

10일(임신), 맑고 바람이 붊

아침을 먹은 뒤 유곡에서 역참의 짐말을 갈아타고 출발하여 함창읍(咸昌邑)에 도착하였다. 공갈지(孔葛池 공검지(恭儉池)) 옆을 지나서 상주(尙州)의 연봉정점(延逢亭店)에서 잠시 쉬었다.

60리를 가서 신시(申時)에 상주읍에 도착하였는데 산세가 멀리서 껴안는 듯 감싸고 있다. 북쪽에는 장대(將臺)가 있는데 수목이 마치 빙 두른 성곽과 같고 가운데는 넓어 일만(一萬)의 기병을 수용할 만하였다. 아래에는 진영(鎭營)이 있는데 영(營)의 모양새가 크게 손상되어 있었다. 서문(西門)에 들어가 보니 성첩(城堞)이 새롭고 견고한데 성의 안팎으로 인호(人戶)가 즐비한 것이 영남의 웅부(雄府)라고 일컬을 만하였다. 관아의 문 앞 선달(先達)[12] 김재봉(金載鳳)의 집에 처소를 정하였다. 조령은 상점(上店) 숙소에 처소를 정하였다.

11일(계유), 맑음

아침을 먹고 타던 역마로 상주(尙州)에서 출발하였다. 조령(趙令) 일행과 앞서거니 뒤서거니 하면서 40리를 가니 선산(善山)의 낙동강점(洛東江店)에 도착하였다. 점심을 먹고 오시(午時)가 지나서 낙동강을 건넜다. 강가의 관수루(觀水樓)는 옛부터 있었는데 우리나라가 들어서서 다시 강의 왼쪽에다 옮겨 세운 것이다. 누대에 올라 살펴보니 퇴계(退溪, 이황(李滉)), 점필재(佔畢齋, 김종직(金宗直)), 탁영(濯纓, 김일손(金馹孫))의 시가 걸려 있었다. 북쪽을 바라보니 1마장쯤 거리에 오래된 기와집이

12 선달(先達) : 무과에 급제하고 벼슬을 받지 못한 사람을 일컫는 말이다. 문과에 급제하고 벼슬을 받지 못한 사람도 여기에 해당된다는 주장도 있다.

있는데 이것은 상국(相國) 유후조(柳厚祚)의 집이다.

조령 일행과 40리를 가서 분양역점(汾陽驛店)에 함께 이르렀다. 역점(驛店)이 협소하여 처소로 정할 수 없었으므로 조령이 먼저 해평(海平)으로 갔다. 그래서 우리 일행만 이 역점에 머물고 있다가 이런 사정 때문에 즉시 횃불을 밝혀 10리를 가 선산(善山)의 해평점(海坪店)에 도착하니 시간이 인정(人定)이 되었다. 숙소로 정하였다.

12일(갑술), 바람이 붊

아침을 먹은 뒤 타던 역마로 출발하였다. 50리를 가서 인동(仁同)의 뇌원(耒院)【다부원이다.】에 도착하였다. 점심을 먹고 오시(午時)가 지나 출발하였다. 30리를 가서 칠곡읍(漆谷邑)에 도착하였다. 이보다 앞서 수령 이재욱(李載旭)에게 기별을 보냈는데 수령이 병들어 앓고 있다 하였다. 이 때문에 동헌(東軒)에 들어가 보았더니 수령이 병들어 신음하면서 뒷방에 있었다. 두 손을 맞잡고 몇 년간의 쌓인 회포를 풀고는 내아(內衙)로 들어갔다. 저녁을 먹은 뒤에 수령과 함께 거처로 왔는데 조령(趙令)이 와서 주령과 자리를 하고 있었다. 그래서 조령이 돌아가기를 기다려 수령이 주령을 보았는데 이는 일족(一族)으로 일찍이 교분이 있기 때문이었다. 밤이 깊은 뒤에야 수령이 관아로 돌아갔다. 숙소로 정하였다.

13일(을해), 새벽에 비가 와서 아침까지 개지 않음

일찍 일어나 동헌에 가서 수령과 담소를 나누었다. 오랜 우의로 주령과 오위장(五衛將 이필영(李弼永))에게 잣죽 두 쟁반을 보내고 조령(趙令)에게는 한 쟁반을, 또 나에게도 한 쟁반을 보내 주었다. 찬합(饌盒) 1좌와 술 1병은 주령의 일행에게, 또 찬합 1좌와 10꿰미의 동전(銅錢) 및

3속(束)의 백지(白紙)를 나에게 보내고 이어 작별하였다. 마침 영암(靈巖) 옥천면(玉泉面) 다산(多山)의 김 석사(金碩士)가 며칠 동안 와서 머물다가 바로 돌아간다고 하기에 집으로 보내는 편지를 주었다. 거처를 나서니 비가 이미 개었다.

어젯밤 조령(趙令)이 주령의 방에 왔다 처소로 돌아갈 때에 나를 방문해 마주하며 "만 리 길을 함께 가는 우의(友誼)로 어찌 몰라서 되겠는가."라고 하였다. 내가 먼저 인사드려야 했는데 조령이 먼저 방문하였으니 부끄럽고 개탄스러움을 견디지 못하겠다. 지난날 조만희(趙晩熙)【자는 성백(成伯)이고 이미 작고하였다.】의 집에서 절하여 면식이 있었는데 20년 후 문득 이번 여정의 객점(客店)에서 인사를 하게 되었으니 세상일은 알지 못하는 것이다. 그의 수행인 유 석사(兪碩士)【기환(箕煥)이다.】는 수원(水原) 사람인데 동반(同伴)하는 우의가 있기에 가서 거처를 방문하였다. 나이는 20세이고 자는 경범(景範)이다.

타던 역마로 출발하였다. 조령 일행과 칠곡(漆谷)에서 10리를 가 금오강(金烏江)을 건너 유점(柳店)에서 잠시 쉬었다. 좌우 산천의 형세가 아득히 저 멀리 100여 리나 평평히 펼쳐져 있으니 큰 산과 험한 고개가 여기에 이르러 형국(形局)이 터져 사방이 시원스레 통하였다.

10리를 가서 경상 감영(慶尙監營)이 있는 달성(達城)에 이르렀다. 산의 네 면이 감싼 듯하고 그린 듯 하며, 수목이 에워싸고 있는 경치가 사람이 꾸민 것 같으나 실은 하늘이 만든 것이다. 이곳은 대구 서씨(徐氏)의 옛 터라고 한다.

서문 밖의 주점(酒店)에 먼저 도착해 조금 쉰 뒤에, 서문 밖 차양정동(遮陽亭洞)의 배교(裵校) 남교(南喬)[13] 집에 거처를 정하였다. 주령의 처소와 담을 사이에 둔 앞집은 바로 기생 금향(錦香)의 집이다. 이령(李

令)[14]과 함께 거처하였다. 【칠곡(漆谷) 영리(營吏) 허□□로 하여금 이곳에 처소를 정하게 하였는데 칠곡 수령의 부탁이 있었다.】거처를 정돈하고 경상 감영 호막(戶幕)[15]의 남정식(南廷植)【오위장이다.】과 병방(兵房)의 나준식(羅遵植)【우후이다.】에게 짧은 편지를 하였다. 조금 지나 회계(會計)인 첨지 박영식(朴榮湜)이 숙소로 이령(李令)을 방문하여 자리를 함께 하므로 서로 통성명을 하고 이야기를 나누었다.

저녁을 먹은 뒤 조령의 처소에 갔다. 밤이 깊은 뒤에 헛제삿밥을 사서 먹었는데 이는 순사(巡使) 서기순(徐箕淳, 1791~1854)이 감영을 다스릴 때 시작된 것이라 한다. 각자 숙소로 돌아갔다. 아침저녁으로 지공(支供)하는 일은 동지(同知)[16] 배남교(裵南喬)의 집에서 준비하여 대접한 것이다.

---

13 배교(裵校) 남교(南喬) : 원문은 '裵校南喬'이다. '校'의 의미가 자세하지 않은데 성씨와 이름 사이에 들어간 칭호로 서반 관계(西班官階) 중의 '校尉'를 가리키는 듯하다. 이헌영의 『일사집략』에는 이날 이 사람을 '裵同知南喬'라고 기록하였고, 8월 1일, 3일에는 '裵校'라고 적혀 있다.

14 이령(李令) : 주령 이헌영의 수행원이자 4종제인 오위장 이필영(李弼永)을 가리키는 듯하다. 이 일기에서는 보통 일행의 우두머리인 조사(朝士)들에게만 영감(令監) 내지는 영공(令公)의 의미로 '令'을 붙이는데, 벼슬만으로는 이필영이 영공에 해당하더라도 여기서는 예외적인 쓰임새이다. 이 작품에서 영공의 지위를 가진 조사로 같은 성씨의 '李元會'를 칭할 때에는 후반부의 몇몇 경우가 아니면 '李水使'라고 부르지 '李令'으로 쓰지는 않는다. 또한 이필영을 칭할 때에는 3월 27일부터는 '李令' 대신에 일기의 끝까지 그의 호인 '養齋'를 사용함을 살필 수 있다. 아마도 아직은 친근감이 없어 격식을 챙긴 듯하다.

15 호막(戶幕) : 소리재(素履齋)라고도 한다. 경상감영 호방(戶房)의 막사이며 4칸이다.

16 동지(同知) : '동지(同知)'는 보통 '동지사(同知事)'의 줄임말로서 조선 시대 종2품의 관직에 붙는 말이지만 여기서는 직함(職銜)이 없는 노인(老人)의 존칭(尊稱)으로 쓰인 듯하다.

14일(병자), 맑음

아침을 먹기 전에 회계인 첨지 박영식이 와서 작별하였다. 식사 후에 정동(貞洞) 대감댁[17]에 올리는 편지를 부쳤는데, 병소(兵所)의 나 우후(羅虞侯) 편을 통해서이다. 또 경주 관아의 부윤(府尹) 민치서(閔致序)에게 편지를 부치고, 단성(丹城) 관아의 현감(縣監) 민치준(閔致駿)에게도 편지를 부쳤다. 점심을 먹은 뒤에 호소(戶所 호막(戶幕))의 오위장 남정식(南廷植)이 부채 20자루와 찬합(饌盒) 1좌를 보내왔는데 공무를 보느라 나와서 작별하지는 못한 것이므로 회답을 해주었다. 나 우후가 나와서 작별하였다.

전날 타던 역의 짐말로 출발하였다. 동쪽으로 30리를 가서 경산읍(慶山邑)에 이르렀다. 조령(趙令) 일행이 먼저 도착하여 거처를 정하였으니 이는 유리(由吏)[18]가 미리 알고서 읍리(邑吏) 김지홍(金芝弘)의 집에 처소를 정한 것이다. 조금 지나서 관아에서 술과 음식을 보내왔다. 저녁은 관아의 부엌에서 지공(支公)하였다. 저녁을 먹은 뒤에 본관 수령【이수영(李秀永)으로 주령의 일족이다.】이 나와서 주령을 보았다. 밤이 깊은 뒤에 또 나의 처소에 주반을 보내주기에 이령(李令, 이필영(李弼永))과 실컷 마셨다.

주인으로 정한 읍리의 집은 3대 이래로 자손이 번성하여 지금 김지홍에 이르러 십삼종항(十三從行)이 된다. 가세(家勢)가 빈궁하지 않고 의장

---

17 정동(貞洞) 대감댁 : 이 일기에 민건호가 끊임없이 안부를 확인하는 곳으로 자주 언급되는 곳이다. 정동에 사는 그의 주령 이헌영의 집일 수도 있지만 일행이 귀국하여 서울 근교에 있을 때 민건호만이 "대감"의 환후를 걱정하며 오고가는 반면에 이헌영의 『일사집략(日槎集略)』에는 그에 대한 언급이 전혀 없는 등의 여러 사정으로 보아 민건호가 별개로 서울에서 신세를 지고 거처하는 곳인 듯하다.

18 유리(由吏) : 해유(解由)에 관한 일을 맡아보는 아전으로 각 고을의 이방 아전을 말한다.

(義莊 동족의 공유하는 땅)을 가지고 있는데, 관혼상제를 제때에 잘 치루고 가까운 친척과 궁핍한 친구를 시금껏 잘 보살피니 매우 가상함을 알겠다.

15일(정축), 맑음

아침은 주인인 읍리 김지홍이 준비하여 대접한 것이다. 식사 후에 출발하였다. 경산에서 30리를 가서 청도(淸道) 성현역(省峴驛)에 도착하여 정 선달(鄭先達)【상우(相愚)이다.】의 집에 거처를 정하였다. 집안 형편이 넉넉하였지만 사람됨이 말쑥하지는 않았다. 아들 여덟에 딸 여섯을 두었으니 팔자가 너무도 좋다. 점심을 극진히 대접하였다. 잠시 뒤에 주승(主丞) 이공엽(李公燁)【정주(定州) 사람이다.】이 나와서 주령【이전에 그의 성주(城主)였다.】을 만났다. 더러 비가 오다가 곧 개었다.

조령 일행과 점심을 함께 먹고 바로 전에 타던 역마로 출발하였다. 비를 무릅쓰고 30리를 더 가니 날이 저물었다. 횃불을 밝혀 10리를 더 가서 청도의 유천역점(楡川驛店)에 도착하니 밤이 이미 깊었다. 여점(旅店)은 비좁고 음식은 거칠어서 겨우 유숙하였다.

16일(무인), 맑음

일찍 일어나 즉시 전에 타던 역마로 출발하였다. 조령 일행과 30리를 가서 밀양부(密陽府) 남문 밖의 객점에서 아침 겸 점심을 먹었다. 기생 난향(蘭香)과 채봉(彩鳳)을 불러서 보았다.【난향은 이령(李令)의 선고(先考)[19]가 이 읍을 다스릴 때 아끼던 기생으로 나이가 39세이다.】 채봉은 조령의

---

19 이령(李令)의 선고(先考) : 이헌영(李𨯶永) 『일사집략(日槎集略)』의 같은 날 기록에 의

종씨(從氏)가 읍을 다스릴 때에 아끼던 자로 나이가 39세라고 하고 글씨를 잘 쓰는 기생이라고 한다.

점심을 먹은 뒤에 주령과 조령이 함께 영남루(嶺南樓)에 올랐는데 참판 민영익(閔泳翊),[20] 승지 홍영식(洪英植), 학사 어윤중(魚允中)이 벌써 도착하여 자리에 앉아 있었다. 민 참판의 행차는 참으로 뜻밖이었다. 수령 오장묵(吳章默)이 누대 위의 영공(令公)들을 와서 보고는 이내 내려갔다.

이령(李令), 유우(兪友 유기환(兪箕煥))와 함께 누대 위에서 다소의 경관과 강산을 보았는데 누대의 성대함과 인물(人物)의 번성함이 남쪽에 내려와서는 처음 보는 광경이었다. 누대의 동쪽에 대나무 숲으로 둘러싸인 승사(僧舍)가 있고 누대 아래에는 긴 강이 비껴 흐른다. 빨래하는 여자들이 옹기종기 무리를 짓고 있는데 평양(平壤)의 연광정(練光亭)과 비슷하다고 한다. 누액(樓額)은 '영남제일루(嶺南第一樓)'라고 쓰여 있고 【이증석(李憎石)[21]이 13세에 쓴 것이다.】 명공(名公)과 거경(巨卿)이 지은 시들이 많으나 기록할 수 없을 따름이다. 누대에서 내려와 이령과 비각(碑閣)을 함께 가 살펴보고서【이 비각은 이령의 선고(先考)께서 여기 부사(府使)였을 때 건립한 것이다.】 거처로 돌아왔다.

출발하여 영남루 앞의 강을 건너 조령 일행과 함께 가는데 40리를 가서 삼랑창점(三浪倉店)에 도착하였다. 점주(店主)는 박치범(朴致範)이

하면 이헌영에게 삼종숙부 되는 이정민(李鼎民)이다.

20 민영익(閔泳翊) : 1860~1914. 본관은 여흥(驪興)이며 자는 우홍(遇鴻)·자상(子相), 호는 운미(芸楣)이고 부(父)는 민태호(閔台鎬)이다. 조선 말기 명성황후의 친정 조카로서 개화기 당시의 개화 업무를 이끌었고 후에는 고급 관료로서 국가에 큰 영향을 끼쳤다.

21 이증석(李憎石) : 조선 후기의 문신인 이인재(李寅在)의 아들이다. 이인재가 1843년(헌종9) 밀양 부사(密陽府使)로 재임시 임진왜란 때 소실된 영남루(嶺南樓)를 중건하였는데, 그의 아들 이증석이 글씨를 쓴 시기에 대해서는 11세라는 설도 있다.

었다. 김해 기생 옥선(玉仙)이 이곳 포구에 와 살아서 즉시 불러오게 하였다. 나이는 22세로 외모는 추함을 변한 정도지만 잡가(雜歌)와 시조에 상당히 능하였다. 이 포구는 영남의 좌조창(左漕倉)으로 도회지(都會地)이다. 선박이 모여들어 좀 번화한 지역이다. 숙소로 정하였다.

17일(기묘), 맑음

아침을 먹은 뒤에 조령 일행과 삼랑창(三浪倉)의 서쪽 강을 건너 40리를 가서 김해부(金海府)의 성 안 홍살문(紅箭門) 앞 객점에서 점심을 먹었다. 부(府)의 서쪽에 허왕후릉(許王后陵)이 있고 남쪽에 수로왕릉(首露王陵)이 있다. 신라왕(新羅王)이 이 부에 도읍하였으니 천년의 고도(古都)이다. 바닷가 한쪽에 매우 치우쳐 있으나 좌우는 멀리 트여있고 산천은 높고 광활하다. 성안에는 함허정(涵虛亭)이 있고 정자의 아래에는 연자루(燕子樓)가 있어서 경관을 즐길 만하였다.

수령 김익성(金益成)이 와서 주령을 만났다. 기생 피선(翍蟬)과 유록(柳綠)을 불러 왔는데 서울 기생이었던 유록과 피선은 이령(李令)의 선고(先考)가 아끼던 자들이다. 저녁이 지나서 피선이 주반을 준비하여 왔기에 이령과 함께 취하도록 마셨다. 피선은 나이가 46세라고 한다. 부(府) 남문의 편액에 '고도남문(古都南門)'이라고 쓰여 있다. 밤이 깊은 뒤 수령이 함허정에서 술자리를 차려놓고 주령과 조령을 청하였는데 닭이 운 뒤에야 각자의 처소로 돌아갔다. 숙소로 정하였다.

18일(경진), 아침에 내린 비가 오시까지 내림

점심을 먹은 뒤에 비를 무릅쓰고 출발하였다. 10리를 가서 김해 입암(立岩)에서 나루를 건넜다. 5리를 더 가서 양산(梁山)의 평강진(平江津)

을 건넜다. 15리를 가서 양산 남창(南倉)에서 구강진(九江津)을 건너고는 조금 쉬었다. 그 뒤 도보로 동래(東萊)의 만덕고개[萬德嶺]를 넘었는데 길이 극도로 험준하고 좁았다. 산골짜기 중간에 인가가 있고 또 산골 논 수십 섬지기가 있으니 살만한 땅이었다.

해거름에 횃불을 밝히고 20리를 가서 동래부(東萊府)의 서문 밖 객점에 잠시 머물렀는데 객점 주인은 성천(成川) 사람이었다. 조금 뒤에 본부(本府)에서 탐리(探吏)를 보내어 문안하고 하마주(下馬酒) 상을 올렸다. 점주가 저녁밥을 올렸고 식사 후에는 수령 김선근(金善根)이 성문을 닫지 않고 나와서 주령에게 절하고 조금 이야기를 나눈 뒤에 이내 갔다. 이날 밤에 서문 안 화주(華柱) 근방의 기생 능파(凌波) 집으로 처소를 옮겼다. 이곳은 관에서 미리 수리해 놓은 처소이다.

19일(신사), 맑음

우리 처소가 너무 비좁아서 다시 이웃집에 처소를 정하고 정돈하였다. 조 참판(趙參判)[22]【준영(準永)이다.】, 박 참판(朴參判)[23]【정양(定陽)이다.】, 엄 승지(嚴承旨)【세영(世永)[24]이다.】, 강 승지(姜承旨)[25]【문형(文馨)이

---

22 조 참판(趙參判) : 조준영(趙準永, 1833~1886)이다. 본관은 풍양(豐壤), 자는 경취(景翠), 호는 송간(松磵)이다. 1864년(고종1) 증광 문과(增廣文科)에 을과로 급제, 참판을 거쳐 1881년 조사시찰단(朝士視察團)의 한 사람으로 문부성(文部省)의 시찰을 담당하였다. 일본에서 돌아와 통리기무아문의 당상경리사(堂上經理事)가 되었다.

23 박 참판(朴參判) : 박정양(朴定陽, 1841~1904)이다. 본관은 반남(潘南), 자는 치중(致中), 호는 죽천(竹泉), 시호는 문익(文翼)이다. 1866년 별시 문과(別試文科)에 급제하였다. 1881년 조사시찰단의 한 사람으로 내무성(內務省)의 시찰을 담당하고 귀국하여 여러 내외직을 거쳐 호조 판서, 한성부 판윤 등을 역임하고, 갑오경장(甲午更張) 이후에는 학부대신(學部大臣), 총리대신(摠理大臣), 참정대신(參政大臣) 등을 두루 역임하였다.

24 엄 승지(嚴承旨) : 엄세영(嚴世永, 1831~1899)이다. 본관은 영월(寧越), 자는 윤익(允

다.】, 심 승지(沈承旨)[26]【상학(相學)이다.】가 서로 전갈하고 또 방문하였다. 일행에게 지공(支供)하는 일은 관부에서 부리(府吏)를 정하여 거행시킨 것인데, 부리는 호장(戶長)인 이재기(李載基)와 김호규(金浩圭)였다. 세 끼니 지공하는 상차림이 4첩, 5첩이나 되는데 고관에게 붙어 가는 별 볼일 없는 나에게도 이러한 성찬을 마련해주니 가소로운 일이다.

20일(임오), 맑음

강 승지(姜承旨)의 수행원인 오위장 강진형(姜晉馨)이 거처로 와서 만나 보았다.

21일(계미),[27] 맑음

서울의 교군(轎軍)이 돌아가므로 정동(貞洞)의 임경보(林敬甫) 집에 편지를 부쳐서 과거 보고 내려가는 인편을 통해 집에 보내는 편지를 부쳐 달라고 하였다.

翼), 호는 범재(凡齋)이다. 1881년에 조사시찰단의 한 사람으로 일본 사법성을 시찰하고 돌아와 한성부 좌윤, 대사헌 등을 지냈다.

25 강 승지(姜承旨) : 강문형(姜文馨, 1831~?)이다. 본관은 진주(晉州), 자는 덕보(德輔), 호는 난포(蘭圃)이다. 1881년 조사시찰단의 일원으로 참가하여 일본의 공부성(工部省) 시찰을 담당하였다. 이후에 예방승지(禮房承旨), 이조 참판·협판교섭통상사무(協辦交涉通商事務) 등을 지냈다.

26 심 승지(沈承旨) : 심상학(沈相學, 1845~?)이다. 본관은 청송(靑松), 자는 덕초(德初), 호는 난소(蘭沼)이다. 1881년 조사시찰단의 일원으로 참가하여 일본의 외무성(外務省) 시찰을 담당하였다. 그 뒤 부경리통리기무아문사(副經理統理機務衙門事) 등에 임명되어 개화적인 혁신 정책의 실무를 담당하였고 협판교섭통상사무로 재직 중 신병으로 물러났다.

27 21일(계미) : 원문은 '二十日癸未'인데, 문맥상 '十'을 '十一'로 바로잡아 번역하였다.

22일(갑신),[28] 맑음

왜관(倭館)에 있는 왜인(倭人)이 날마다 부(府) 안을 왕래한다고 하기에 이령(李令), 유우(兪友 유기환(兪箕煥)), 변수현(邊壽鉉)과 함께 남문 안에 가보았다. 문액에 '무우루(無憂樓)'라고 쓰여 있었다. 왜인이 오지 않아서 즉시 거처로 돌아왔는데 길에서 조 참판(趙參判, 조준영(趙準永))의 수행원인 석사(碩士) 서상직(徐相直)을 만났다.

22일,[29] 새벽에 내린 비가 아침까지 오다가 늦게는 맑음

홍 승지【영식(英植)이다.】와 어 교리【윤중(允中)이다.】가 부(府) 안에 도착하였고 민 참판【영익(泳翊)이다.】은 양산(梁山)에서 바로 명을 받들어 서울로 올라갔다고 한다.【이 부분은 20일에 해당하는 내용이다.】 민 승지(閔承旨)[30]【종묵(種默)이다.】가 부 안에 도착하였다.【이 부분은 21일에 해당하는 내용이다.】

23일(을유), 맑고 바람이 붊

경역졸(京驛卒) 박만길(朴萬吉)과 김계창(金啓昌)이 돌아가는 편에 정

---

28 22일(갑신) : 원문은 '二十一日甲申'인데, 문맥상 '十一'을 '十二'로 바로잡아 번역하였다.

29 22일 : 이날의 일기 내용은 민건호 자신이 작은 글씨로 드러내었듯이 모두 전날과 전전날에 있었던 일을 추후에 기록한 것이다. 다만 날씨에 관한 기록은 22일 당일의 것인 듯하니 이헌영의 『일사집략』 "朝雨晩晴(아침에 비가 오다가 늦게 맑음)"과 부합한다.

30 민 승지(閔承旨) : 민종묵(閔種默, 1835~1916)이다. 본관은 여흥(驪興), 자는 현경(玄卿), 호는 한산(翰山)이다. 1881년 조사시찰단의 일원으로 일본 해관(海關) 시찰을 담당하였다. 귀국 후에는 통리기무아문(統理機務衙門)의 설립을 계기로 하여 통상사 당상(通商司堂上)에 임명되었다. 임오군란 이후 청나라의 세관 업무를 시찰하고 귀국하였다. 경술국치 후 일본으로부터 남작의 작위를 받았다.

동(貞洞) 대감댁에 편지를 부쳤다. 오시(午時)가 지나서 이령(李令)과 함께 조령(趙令 조병직(趙秉稷))의 처소【바로 기생 계선(桂仙) 집 위쪽의 이웃】에 갔는데 조령이 이미 모임 장소[團就所]【오늘 10명의 영공(令公)들이 한 장소에 모여서 여행 중의 약조를 정한다고 한다.】인 박 참판【정양(定陽)이다.】 처소에 간 탓에 단지 유 석사(兪碩士 유기환(兪箕煥))만 있었다. 또 자리에 서울에서 새로 온 수행원 안 석사(安碩士)【종수(宗洙)로 나이는 33살이다.】가 있었는데 그와 처음 인사하고 이야기를 나누었다.【정동 대감댁에서 낯이 익은 사람이다.】 조금 지나자 또 손님 두 명이 와서 초면으로 대화를 나누었다. 어 교리(魚校理)의 수행원으로 한 사람은 유 석사(柳碩士)【정수(正秀)로 나이는 25살이다.】인데 교리 유석(柳𡋡)의 당질이었고 한 사람은 유 석사(兪碩士)【길준(吉濬)으로 나이는 27살이다.】였다.

24일(병술), 맑음

아침을 먹은 뒤 조 참판【준영(準永)이다.】의 거처에 가서 인사를 드렸다. 수행원인 참봉 이봉식(李鳳植)과 초면으로 이야기를 나누고 홍 승지【영식(英植)이다.】의 수행원인 주부 고영희(高永喜)가 주령의 거처에 왔기에 얼굴을 마주하고 이야기를 나누었다. 오시(午時)가 지나서 경주(慶州) 관아에서 온 답장을 보았다. 석사 장문일(張文逸)이 2근의 담배를 보내주어 너무도 고마웠다. 또 생원 한치순(韓致諄)의 편지를 보았다.【모두 경주 관아에 머물고 있는데 돌아가는 편에 다시 답서를 부쳤다.】

25일(정해), 맑음

심 승지【상학(相學)이다.】의 수행원 유 진사(兪進士)【진태(鎭泰)이다.】가 나를 방문하여 대화를 나누었다. 오시(午時)가 지나 행장을 꾸렸다. 이

수사(李水使)[31]【원회(元會)이다.】가 또한 명을 받들어 동래부에 뒤따라 도착하였다.

26일(무자), 아침에 맑고 오시에 흐리다가 신시에 잠깐 비가 옴

박 참판【정양(定陽)이다.】이 주령의 거처에 왔는데 보기를 청해 배알하였다. 점심을 먹은 뒤에 행장과 짐말을 이끌고 부산 아래의 두모포(豆毛浦) 판찰소(辦察所)[32]에 먼저 도착하였다. 중간에 비를 만나 의복이 점점 젖었고, 판찰관(辦察關)[33]에 이르러 김윤규(金允圭) 집에 거처를 정하였는데 본관(本關)의 병교(兵校) 나만석(羅萬石)이 거행한 일이다. 판찰관(辦察官) 현성운(玄星運)【나이는 32살이고 집은 수표교(水標橋)에 있다고 한다.】이 보러 와서 대화를 나누었다. 조금 뒤 심 승지(沈承旨)의 수행원인 부장 이종빈(李鍾彬)【나이는 48살이고 통진(通津)에 사는데 지금 부장(部將)이다.】이 보러 와서 이야기를 나누었다.

주령 일행이 또 얼마 되지 않아 도착하여 처소를 정돈하였다. 저녁밥은 판찰소에서 지공(支供)한 것이다. 동래부에서 부산진(釜山鎭)까지는 20리인데 판찰소는 또한 부산진과 이웃하고 있고 성의 아래로 바다를 접하고 있다. 좌우로 인가들이 밀집한 모양새나 사방의 행상들이 오고

---

31 이 수사(李水使) : 이원회(李元會, 1827～?)이다. 본관은 광주(廣州), 자는 선경(善卿), 호는 중곡(中谷)이다. 1881년 조사시찰단의 일원으로 일본 육군 조전(陸軍操鍊) 시찰을 담당하여 『일본육군조전(日本陸軍操典)』 4책을 남겼다.

32 판찰소(辦察所) : 원문은 '辨察所'이나 『조선왕조실록(朝鮮王朝實錄)』 및 『승정원일기(承政院日記)』의 일반적인 용례에 근거하여 '辨'을 '辦'으로 바로잡아 번역하였다. 이하의 글에서도 바로잡아 번역하였다.

33 판찰관(辦察關) : 원문은 '辨察關'이나 『조선왕조실록(朝鮮王朝實錄)』 및 『승정원일기(承政院日記)』의 일반적인 용례에 근거하여 '辨'을 '辦'으로 바로잡아 번역하였다. 이하의 글에서도 바로잡아 번역하였다.

가는 정도가 동래부보다 오히려 더하였다.

오늘 밤은 바로 할아버지의 기일이다. 멀리서 감개가 일고 그리워하는 마음을 억누를 수 없으니 겉으로는 괜찮은 듯하지만 마음은 실로 불초자의 죄책감이 든다. 멀리서 집을 상상해보면 마치 눈으로 보는 듯한데 피곤한 여행길에 곧 잠들고 말았다.

27일(기축), 아침부터 비가 와서 저녁때까지 개지 않음

판찰관이 비를 무릅쓰고 보러 왔다. 판찰관이 연죽(烟竹)을 보내주기에 주령이 각자에게 연죽 1개씩을 나누어 주었다. 신시(申時)쯤에 일본 선박 안네이마루(安寧丸)가 초량관(草梁關)에 와서 정박하였다. 앞으로 이 배를 탈 것인데 아직 협의가 되지 않았다고 한다.

28일(경신), 아침에 개었다가 종일 흐림

아침을 먹은 뒤에 주령이 영공(令公)들과 초량관에 가서 영사(領事) 곤도 마스키(近藤眞鋤)【바로 일본인이다.】를 만나 보고 신시(申時)에 돌아왔다.【양재(養齋 이필영(李弼永))과 변수현(邊壽顯)이 초량관을 보러 갔으므로 혼자 거처에 머물렀다.】

29일(신묘), 흐리다가 오시에 비가 옴.

만 리를 같은 배로 가는 우의로 볼 때 영공들에게 한번 인사 드리지 않을 수 없으므로 식사 전에 조 승지(趙承旨)【병직(秉稷)이다.】, 민 승지(閔承旨)【종묵(種默)이다.】, 조 참판(趙參判)【준영(準永)이다.】, 홍 승지(洪承旨)【영식(英植)이다.】, 어 응교(魚應校)【윤중(允中)이다.】, 엄 승지(嚴承旨)【세영(世永)이다.】, 강 승지(姜承旨)【문형(文馨)이다.】, 심 승지(沈承旨)【상학

(相學)이다.】, 박 참판(朴參判)【정양(定陽)이다.】의 거처로 찾아가 뵈었다.

부산 첨사 임형준(任衡準)이 각 영공의 처소에 한 상 씩 음식을 보내주어 먹었는데 일본에서 나는 것들이 많이 진설되어 있었다. 또 국희(菊姬)라고 부르는 기생을 보냈는데 용모가 매우 아름다웠다. 본래 창원 기생이라고 한다. 기생 녹주(綠珠)를 불러서 보았는데 나이는 17살에 노래를 잘하였다. 본래 창원 기생으로 두모포(豆毛浦) 판찰관이 거주하는 곳에 와서 살고 있다.

꧁ 4월[34] ꧂

1일(임진), 비가 옴

아침에 동래 수사【한규직(韓圭稷)이다.】가 와서 주령을 만났다. 엄 승지의 수행원인 사과(司果) 엄석주(嚴錫周)와 오위장 최성대(崔成大)가 나를 방문하여 대화를 나누었다. 집에 보낼 편지와 정동 대감댁에 부칠 편지를 썼다.

2일(계사), 맑음

점심은 국수와 떡을 먹었는데 본부(本府)에서 지공(支供)한 것이다.

---

34 4월 : 원문은 '四月初一日'인데 '初一日'을 연문으로 보아 번역하지 않았다.

오시(午時)가 지나 양재(養齋)와 함께 왜인이 비석을 세운 장소에 올랐는데 바로 일본의 고 참판사(參判使)[35]의 초혼비가 있는 곳이다. 감상하고 내려올 때 2명의 왜인이 담장에 기대어 서 있길래 그 이유를 묻게 하였더니 동래부에서 사람을 보내어 이곳에서 기다리고 있다고 하였다. 부산 첨사 임형준이 와서 주령을 뵙고 돌아갔다. 역학(譯學) 유광표(劉光杓)가 거처에 와서 대화를 나누었다.[36]

3일(갑오), 바람이 불고 흐리다가 신시가 지나 가랑비가 옴

예부터 신사(信使)가 행차할 때에는 부산의 영가대(永嘉臺)에서 해신(海神)에게 제사를 올리는 규례가 있었다. 이번 행차가 비록 신사(信使)하고는 다르지만 만리나 되는 바닷길을 가는데 치성(致誠)이 없을 수 없기에 11명 영공의 일행들에게 10냥을 거두어서 영가대에서 해신에게 제사를 드렸다. 강 승지의 종인(從人) 변□룡(邊□龍)[37]【바로 동래 사람이다.】으로 하여금 일을 주관하게 하였다. 제문은 다음과 같다.

천지간에 큰 물이 넷인데	兩間瀆四
오직 동쪽이 크도다	維東爲最

---

35 고 참판사(參判使) : 조선 후기의 쓰시마 사람인 쓰노에 효고(津江兵庫)를 가리킨다. 1671년(현종12) 5월에 부산으로 건너와 두모포 왜관의 이전 교섭을 논의하다가 그해 12월에 갑자기 동래에서 사망하였다. 쓰시마 사람이 1879년(고종16)에 옛 두모포 왜관이 있던 곳에 초혼비를 건립하였고 1909년(순종3) 용두산 위에도 그의 초혼비가 새로이 세워졌다.

36 역학(譯學)……나누었다 : 원문에는 '家在' 두 글자가 있으나, 연문(衍文)으로 보아 번역하지 않았다.

37 변□룡(邊□龍) : 일기 끝에 첨부된 조사단(朝士團) 명부에 의하면 변택호(邊宅鎬)라고 할 것이다. 따라서 '龍' 자는 오기인 듯하다.

만 번 꺾여 모두 귀의하고	萬折咸歸
온갖 신령 다 모이네	百靈攸會
나라에 정연한 예가 있어	國有秩禮
때때로 깨끗한 제사를 올리면	以時明禋
조용히 움직이고 묵묵히 도와주어	默運冥騭
공과 이로움 사람에게 미치네	功利及人
우리 나라 보우하심	保佑我邦
몇 천만년인가	幾千萬年
예로부터 교린한 사이는	自昔交鄰
저 해 옆의 나라였지	于彼日邊
우리 첨관을 돌아보면	顧我僉官
명을 받들어 멀리 가는데	承命遠游
감히 사신이라 여기지 않고	匪敢專對
배로 감을 번거롭게 여기지 않네	不煩行舟
행장을 꾸려서	淑裝來思
궁벽한 이곳에 이르렀으니	薄于邊鄙
길한 날 물어 출발함에	諏吉啓行
만리 길에 돛을 펼치네	揚帆萬里
멀리 거대한 파도를 건너는데	遠涉鯨濤
누구를 의지하며 누구를 믿겠는가	疇憑疇恃
아 빛나는 높은 신께서	於赫尊神
이 일을 주관하시네	實主張是

여기에 굽어보고 임하시어	鑒臨在玆
보호하고 지켜 주시고	冀獲護持
바람을 꾸짖어 물리치고	叱退風伯
비를 되돌리길 명하소서	詔却雨師
파도는 잠잠하여 일렁이지 않고	波恬不揚
배는 빠르기가 말이 달리듯 하여	船疾如駛
잘 갔다가 편안히 돌아옴은	利往穩返
신께서 내려줌이 아님이 없어라	罔非神賜
정성을 다하여 재계하고 목욕하여	虔誠齋沐
오늘 저녁 제사를 받들어	將事今夕
희생과 술을 올리니	奠此牲酒
부디 이르러 흠향하소서	倘垂歆格

이상은 참봉 이봉식(李鳳植)이 지은 것이다. 영사관(領事官)에서 답례하는 행차를 하여 11명의 영공들이 판찰관(辦察關)의 동헌에 일제히 모였다.【홍(洪)과 어(魚) 두 영공의 처소이다.】 오시(午時)에 영사관 곤도 마스키(近藤眞鋤), 나카노 고타로(中野許多郎),[38] 다케다 구니타로(武田邦太郎), 육군 공병 중위 우메즈 미쓰오(海津三雄), 아사야마 겐조(淺山顯藏)[39]가 말을 타고 동헌에 와서 영접하였다. 공무를 처리하고 신시(申時)에 자리

38 나카노 고타로(中野許多郎) : 원문은 '中野郎'인데 이달 9일 일기에 근거하여 온전한 이름인 '中野許多郎'으로 번역하였다.

39 아사야마 겐조(淺山顯藏) : 원문은 '濺山顯藏'인데, 『조선시대 대일외교 용어사전』에 근거하여 '濺'을 '淺'으로 바로잡아 번역하였다.

를 파하였는데 술상과 차를 대접하였다. 이 수사【원회(元會)이다.】의 수행원인 석사 송헌빈(宋憲斌)[40]이 방문하여 대화를 나누었다.【양근(楊根) 사람이다.】 아침을 먹고 이 수사의 처소에 가서 선달 심의영(沈宜永)과 대화를 나누었고 또 동헌에 가서 영사관의 접견례(接見禮)를 살펴 보았는데 저들 말은 하나도 알아들을 수 없었다.

4일(을미), 아침부터 폭우가 내렸는데 종일토록 개지 않음

이 수사【원회(元會)이다.】가 주령의 처소에 와서 하루 종일 담소를 나누었다.

5일(병신), 흐림

아침 일찍 이 수사(李水使)【원회(元會)이다.】의 처소에 가서 인사하고 이야기를 나누고 또 박 참판의 처소에 가서 수행원인 참봉 왕제응(王濟膺)【자가 치수(穉受)로 임인년에 태어났고 본관은 제남(濟南)인데 동소문(東小門) 밖의 안암동(安巖洞)에 산다.】, 석사 이상재(李商在)【자가 계호(季皓)로 한산(韓山) 사람이고 한산에 산다.】와 대화를 나누었다.

식사 후에 변수현(邊壽顯)과 동산(東山)에 함께 올라갔다. 오시(午時) 무렵 안네이마루(安寧丸)가 초량관에 도착하여 정박하려 하기에 문을 나가서 배가 다가오는 모습을 바라보았다. 동래부의 이방 이병헌(李秉憲)이 문안하러 나왔으므로 만나 보았다. 부산 첨사 임형준(任衡準)이 와서 주령을 보았다.

---

40 송헌빈(宋憲斌) : 원문은 '宋憲彬'인데, 4월 22일 기록 밑 부록에 근거하여 '彬'을 '斌'으로 바로잡아 번역하였다.

6일(정유), 비가 옴

7일(무술), 개었으나 종일 바람이 붊

본관 수령 김선근(金善根)이 나와서 주령과 작별하였다. 호막(戶幕)의 오위장 강응선(姜膺善)이 나의 처소에 와서 대화를 나누고 작별하였다.

8일(기해), 가랑비가 내리고 개지 않음

오시(午時)가 지나 두모포에서 11명의 영공이 함께 배를 잡아타고 영사관의 처소에 도착하였다. 영사를 접견하고 행장을 먼저 실었다. 안네이마루가 앞바다쪽으로 1시장(矢場)[41] 거리를 물러갔다. 신시(申時)에 양재(養齋)와 몸에 지니고 있던 행장들을 작은 배에 함께 싣고 강안(江岸)에 임하여 변수현(邊壽鉉)과 작별하고는 안네이마루(安寧丸)에 도착하였다. 큰 선박이라 규정으로 처소를 상중하 3등으로 구분하였는데 중등칸에 짐을 정돈하였다. 1칸에는 50인이 앉을 수 있었다.

술시(戌時)에 영공들이 배에 도착하였다. 영사관이 또한 와서 작별하고 부산 첨사 또한 배위에 올라와서 나와 옛정을 나누고 이어 작별하였다. 판찰관과 역학(譯學)이 배위에 올라 작별하였는데 밤이 깊어서야 배를 나누어 타고 돌아갔다.

9일(경자), 바람이 불고 비가 옴

인시(寅時) 무렵 안네이마루에 60여 명이 타고서 부산항의 흑암(黑巖)

---

41 시장(矢場) : 거리를 나타내는 단위로 활을 쏘아 닿을 만한 거리를 의미한다 할 것인데, 100보(步), 600자(尺)의 거리에 해당한다는 설이 있다.

앞바다에서 출발하였다. 오륙도(五六島) 밖 70리쯤을 갔는데 풍랑이 갑자기 일어서 계속 가지 못하고 이내 또 부산항에 돌아와 정박하였다. 뱃멀미를 견디지 못하는 사람이 있었다.

아침을 먹은 뒤에 판찰관이 배가 돌아와 정박한 연유를 들어 알고는 다시 배에 이르렀고 부산 첨사도 뒤따라 배에 도착하여 이야기를 나누었다. 해가 저문 뒤에 술과 고기를 보내와서 배불리 먹고 작별하였다. 밤이 깊어서야 잠깐 잤는데 일본인 우에노 케이스케(上野敬助), 나카노 고타로(中野許多郎), 다케다 구니타로(武田邦太郎)와 같이 있었다.

10일(신축), 잠깐 비가 옴

오시(午時) 정각에 부산항에서 출발하였다. 승선한 증기선(蒸氣船) 이름은 안네이마루(安寧丸)인데 길이가 35파(把), 넓이가 3칸, 높이가 3층이다. 선장은 히로세 가이키치(廣瀨魁吉)이고 선상(船上)의 주인(主人)은 하시베 리다이에몬(橋邊利大衛門)[42]이다.

유시(酉時) 정각에 대마도(對馬島)에 이르렀는데 480리 거리이다. 오보시야마(大星山)와 아리아케야마(有明山)는 바로 도주(島主)가 이전에 거주하던 주산(主山)이다. 이즈미무라(泉村)·와니우라(鰐浦)·사스우라

42 하시베 리다이에몬(橋邊利大衛門) : 원문은 '橋邊利大衛們'인데 윤7월 5일 기록 및 일기 끝의 부록에 근거하여 '們'을 '門'으로 바로잡아 번역하였다. 또한 이달 4월 18일, 19일 및 『일사집략』에 의할 때 '安寧丸'의 선주는 스미토모 기치자에몬(住友吉左衛門)이고 하시베 리다이에몬(橋邊利大衛門)은 이 일기의 부록에도 나타나듯이 일개 일본인 통역원에 불과하다. 그래서 원문의 오기가 아니라고 가정한다면 '船上主人'은 일본으로 가는 배 안에서 조사(朝士) 일행을 접대하는 '책임자' 역할을 하시베 리다이에몬이 담당했다고 보아야 할 듯하다. 하지만 하시베 리다이에몬이 다른 일본인 통역원인 '上野敬助'나 '武田邦太郎'처럼 일본에서 활발히 활동한 기록이 보이지 않은 것으로 보자면 '住友吉左衛門'의 오기일 가능성도 있다.

(佐須浦)·가모이우라(鴨居浦)·녹청산(綠青山)·오후나코시(大船越)·가시라요시우라(柱吉浦)·구로우라(黑浦)·내원포(內院浦)는 일인(日人)의 비기(祕記)에 장차 일본 다음에 남북조(南北朝)로 나누어져 살 곳이라고 한다. 아즈우라(阿須浦)·도다이(燈臺)·이즈하라현(嚴原縣)은 옛 도주(島主)가 살던 곳인데 섬이 혁파된 지 지금 13년이 되었고 현재는 현(縣)을 설치하여 나가사키(長崎)현에 소속시켰다. 저녁을 먹은 후에 민(閔)·조(趙)·홍(洪)·어(魚) 네 영공들이 뭍에 내려 잠시 진관(津館)의 나카타니(中谷) 집에 있다가 축시(丑時) 정각에 돌아와 배에 올랐다.

11일(임인), 맑음

축시(丑時) 정각에 배가 출발하여 미시(未時) 정각에 나가사키(長崎)【나가사키 현령은 우쓰미 다다카쓰(內海忠勝)이다.】에 도착하였는데 700리 거리였다. 대마도에서 20리를 갈 때까지 나침반이 갑묘(甲卯) 방향을 가리키다가 이후에는 사오(巳午) 방향을 가리켰다. 왼쪽에는 대마도(對馬島), 오른쪽에는 이키노시마(壹岐島), 이키노시마의 끝은 히젠(肥前)이 있었다. 대마도의 끝에는 풍령(豐嶺), 오른쪽에는 히라도시마(平戶島), 왼쪽에는 히젠(肥前)이 있었고, 히라도(平戶)와 히젠 두 산 사이의 왼쪽에는 구주쿠시마(九十九島)·규토지마(牛頭島)·오무라현(太村縣)·기타자키우라(北崎浦)·마쓰시마(松島)·후쿠다(福田)가 있고 오른쪽에는 히라도·가와치(河內)·목포(木浦)·구로시마(黑島)·스모지마(角力島)·다카야마지마(高山島)·등대(燈臺)가 있었다.

나가사키에 도착하여 영공들이 쓰키마치(筑町) 1초메(丁目) 49번지의 요시미야(吉見屋 여관 이름임)에 거처하였다. 집주인은 하시모토 긴지(橋本欣治)이다. 수행원들은 아오키 도시요시(青木利吉) 객점(客店)에 거처하였는데 점주(店主)는 장사일로 원산항(元山港)에 머물고 있다 한다. 나가사키 현령이 그 속관 오우라 규마(大浦九馬)를 시켜 노고를 위문하게 하였다. 현(縣) 내에 두 산이 떨어진 채 있는데 저들의 이른바 남신산(男神山)과 여신산(女神山)이다. 대해(大海)가 그 사이를 통하여 둘러싸고 있다. 각국 상선이 왕래하고 10,000여 호(戶)나 되는 인가가 즐비하니 실로 큰 도시라 이를 만하다.

12일(계묘), 맑음

몸 상태가 좋지 않아 반나절을 침상에 누워 있느라 문밖을 나갈 수 없었다. 아래는 동료들이 보고 들은 것을 기록한 것이다.

나가사키현은 히젠주(肥前州)에 속하는데 그것을 관할하는 자는 칙임(勅任), 주임(奏任), 판임(判任)의 구분이 있다. '칙임'이라고 하는 것은 임금이 직접 칙령(勅令)으로 임명하는 자리이고, '주임'이라는 것은 소속 관장(官長)이 임금에게 아뢰어 스스로 임명하는 자리이고, '판임'이라고 하는 것은 그 관장(官長)이 독자적으로 임명하는 자리이다. 4년을 1기(期)로 삼고 매 1기에 1등을 더해주되 12년을 만기(滿期)로 삼는다. 칙임은 1등에서 3등까지이고, 주임은 4등에서 7등까지이며, 판임은 8등에서 17등까지이다. 지금 현령은 주임관(奏任官)으로 4등관(等官)인데 성은 우쓰미(內海)이고 이름은 다다카쓰(忠勝)이다. 또 2명의 부관이 있는데 한 사람은 가나이 도시유키(金井俊行)[43]이고 나머지 한 사람은 우에

43 금정 : 원문은 '金井□□'이다. 『조선시대 대일외교 용어사전』에 근거하여 '□□'를 '俊行'으로 보충하여 번역하였다. 『조선시대 대일외교 용어사전 http://waks.aks.ac.kr/rsh/?rshID=AKS-2012-EBZ-2101 검색일:2017. 9.30』

무라 마사노리(上村正則)이다.

각국에서 몰려들어 통상을 하는 것에 관해 일일이 다 기록할 수는 없지만 영사관(領事官)을 두고 있는 나라는 지나(支那)【청국(淸國)이다.】, 영국, 러시아, 미국 네 나라뿐이다.

동쪽으로 몇 리쯤 떨어진 곳에 육군 포병진대(砲兵鎭臺)【구마모토(熊本) 소속이다.】가 있는데 소위(小尉) 1인을 두어서 40명의 포병 진군(鎭軍)을 통솔한다. 해문(海門)을 향하여 대(臺)를 쌓았는데 설치한 큰 돈대(墩臺) 8좌 중에 가장 큰 것은 80근환(斤丸)을 수용할 수 있고【화약은 5근이고 자모환(子母丸)을 쓴다.】 작은 것은 24근환을 수용한다. 화약과 탄알은 각각 창고를 만들어 저장해 두었고 그 밖의 기계도 정밀하고 뛰어나지 않은 것이 없는데도 저들은 오히려 구식으로 여겨 지금 새것으로 갖추려 한다고 한다.

영공들이 사범학교(師範學校)에 갔는데 나가사키 현령 우쓰미 다다카쓰가 먼저 와서 영접하고는 교장(敎場)을 두루 보여주었다. 제1교장(敎場)에서는 생도들이 각자 철필(鐵筆)을 쥐고 세화(細畫)로 원본을 본떠 모사하고 있었다. 제2교장에서는 사생(寫生)을 하는데 사람 형상의 그림을 각각 펼쳐놓고 선생의 지도를 받고 있었다. 제3교장에서는 생도들이 각각 주판(籌板)을 가지고 셈을 배우고 있었다. 제4교장은 보지 못했다고 하였다. 제5교장은 생도들이 고문(古文) 『풍락정기(豐樂亭記)』를 한참 읽고 있었다. 제6교장에서는 로마 문자를 익히고 있었다.

또 실험(實驗)을 하는 이학 교장(理學敎場)과 화학 교장(化學敎場)이 있었다. '이학(理學)'이라고 적혀 있는 제1실에서는 공기를 압축하여 기구 안의 물을 뿜어내고 있고, 제2실에서는 진공(眞空) 중에서 물이 솟구치고 있으며, 제3실에서는 전기를 실험하고 있고, 제4실에서는 전령(電零)

과 전산(電霰)을 하고 있었다. '화학(化學)'이라고 적혀 있는 제1실에서는 산소와 수소가 폭발하는 소리가 있었고, 제2실에서는 수소 화학(水素化學)의 조음(調音)이 있었고, 제3실에서는 인화수소(燐火水素)가 발생할 때 흩어져 나오는 일종의 기괴한 둥근 연기가 있었다.

공원(公園)에는 도쿠가와 이에야스(德川家康)의 사당이 있었고 현회소(縣會所)와 박물회(博物會)가 있었다. 곳곳에 정자와 연못이 있는데 그윽하고도 한산하였다. 오시(午時) 초에 청나라 사람이 와서 3월 13일에 자안황태후(慈安皇太后 동태후(東太后))가 붕서(崩逝)하였다고 전해주었다.

나가사키(長崎)에서 배로 서북쪽으로 70리를 가면 다카시마(高島)가 나온다. 40년 전에 처음으로 석탄을 채굴하였는데 10여년 전부터 처음 기계를 시설(施設)하여 하루에 100톤【1,680근으로 양은(洋銀)으로 7원, 지폐(紙幣)로 14원 가량이다.】을 채굴한다. 인부는 3,000명이고 채굴하여 옮기는 기계를 네 곳에 설치하였다. 평지에서 석탄을 캐는 곳까지 24장(丈)이 되고 탄광의 넓이[壙闊]는 600여 칸 규모이며 네 곳의 기계소가 있다. 철로를 종횡으로 설치하여 석탄을 운반하는데 평지로 매달아 꺼낸다.【전기신(電汽信)을 세웠다.】

13일(갑신), 맑음

감기(感氣)[44]에 걸려 문밖을 나가지 않았다. 유시(酉時) 정각에 나가사키(長崎)에서 일행들이 승선하고 술시(戌時) 정각에 출발하여 다시 히젠주(肥前州)의 바다를 건넜다.

---

44 감기(感氣) : 원문은 '減祟'인데, 일반적인 용례에 근거하여 '減'을 '感'으로 바로잡아 번역하였다.

12일에 간행한 『사이카이 신문(西海新聞)』에서 이르기를 “조선국의 개화당(開化黨) 조(趙)·박(朴)·강(姜)·조(趙)·이(李)·민(閔)·이(李)·심(沈)·홍(洪)·어(魚)·엄(嚴) 11명의 영공(令公) 이하 60여 명이 올해 5월 모일(某日) 미시(未時) 정각에 나가사키에 닻을 내려 쓰키마치(筑町)의 요시미야(吉見屋)에 거처를 정했고 또 아오키 도시요시(青木利吉) 집에 거처를 정하였다.”라고 하니 하룻밤 사이에 어쩌면 이렇게 신속히 소식을 간행할 수 있단 말인가.【이 내용은 12일의 아래에 있어야 한다.】

14일(을사), 맑음

묘방(卯方)으로 600리를 가서 히젠주(筑前州)의 후쿠오카(福岡) 하카타(博多) 포구에 이르러 닻을 내리고 잠시 쉬었는데 시간은 묘시(卯時) 말(末)이었다. 멀리서 바라보니 항구의 주위에 인가가 즐비한 모습이 나가사키(長崎)보다 더한 듯하였다.

사시(巳時) 정각에 인방(寅方)으로 출발하였다. 오른쪽으로 후쿠오카와 다케다(武田)를 끼고 현해탄(玄海灘) 외양(外洋)을 나와 고쿠라성(小倉城)【히젠주(肥前州)에 속한다.】·하쿠시마(白島)·무쓰레지마(六連島)·후쿠우라(福浦)【붉은 부표가 바다에 있고, 또 등대와 까만 부표가 있다.】·오자토(大里)【모두 나가토(長門)에 속하는데 오자토에서 정묘년에 양인(洋人)과 크게 싸웠다.】를 지나 아카마가세키(赤馬關)[45]에 이르렀는데 350리 거리이다. 시간은 신시(申時) 정각이었다.

왼쪽의 나가토와 오른쪽의 부젠(豐前) 본항(本港)은 나가토주(長門州) 야마구치현(山口縣)에 속하는데 현령의 관아는 항구 서쪽 1리쯤에 있다.

45 아카마가세키(赤馬關) : 일본 야마구치현(山口縣) 시모노세키시(下關市)의 옛 이름이다.

신사(神舍)가 항구 주변에 크게 세워져 있는데 기와를 얹은 건물은 백분(白粉)을 칠한 듯하고 삼문(三門)은 높이가 40장이나 되었다. 인구가 번성하고 선박이 몰려드는 광경을 또한 다 적을 수 없을 정도이다.

머물러 닻을 내리자마자 아카마가세키에서 2인이 작은 배를 타고 배 위로 올라와서는 선장 히로세 가이키치(廣瀨魁吉)에게 청하여 상탐(詳探)하고 돌아갔다. 조금 뒤에 도미 4마리와 큰 귤 수십 개, 바다자라 10마리를 보내 왔는데 이것은 협동상회(協同商會) 사장 다카스 겐조(高須謙三)와 미즈노 세이이치(水野誠一)【오사카성(大坂城)에 갔다.】, 타니무라 토메스케(谷村留助)가 우리가 온 것을 듣고 집안 사람으로 하여금 배에 보내게 한 것이다.

장가(粧家)【바로 우리나라의 사당패이다.】 여러 명이 무리를 이루어 한 배에 타고 기선(汽船)의 주위에 둘러 모여 구경을 하는데 혹은 머리에 꽃을 꽂기도 하고 혹은 우산을 가지고 있었다. 나이는 열 대여섯 살 정도에서 스무 살 남짓까지 있었다. 유시(酉時) 말에 아카마가세키에서 기적을 세 번 올리며 배가 출발하였다. 축간방(丑艮方)쪽으로 가서 스오주(周防州)를 지나 500리를 갔다.

15일(병자), 맑음

묘방(卯方)을 향하여 왼쪽으로 아키슈주(安藝州)를, 오른쪽으로 이요주(伊豫州)를 끼고서 350리를 가서 사누키주(讚岐州)【에히메현(愛媛縣)에 속한다.】의 다도쓰(多度津)에 도착하였다. 왼쪽으로 구라이야마(位山)가 둘러싸며 솟아있다. 정박하여 조금 쉬었는데 시간은 오시(午時) 초(初)였다. 이 포구는 개항한 곳은 아니라서 여염집의 조밀함과 선박의 왕래가 나가사키나 아카마가세키의 번성함에 미치지는 못하지만 항구의 빽

빽함과 인물(人物)의 새로움이 또한 볼 만하다.

오시(午時) 정각에 묘방(卯方)을 향하여 가서 멀리 수백 리 떨어진 고고성(高枯城)을 오른쪽으로 끼고 호목도(好木島)를 지나는데 산세가 기묘하였다. 오른쪽에 끼고 있는 다카마쓰(高松)는 옛날 번엄국(播广國) 터인데 오른쪽으로 아와(阿波)가 있고 전방에는 아와지(淡路)가 있다. 마루가메현(丸龜縣)의 왼쪽에는 하리마(播磨)가 있는데 왼쪽으로 아카시(明石)를 끼고 있다.

술시(戌時) 정각에 고베(神戶)항에 도착하였으니 450리 거리이다. 미즈노 세이이치(水野誠一)【도쿄(東京)의 4품관이다.】가 기선(汽船)에 와서 일행의 여행길 수고로움을 위문하였다. 그가 이르기를 "도쿄에서 이곳 항구에 와서 기다린 지가 벌써 여러 날이 되었습니다."라고 하였다. 해시(亥時) 무렵에 짐을 내리고 작은 배를 타고 부두에 내렸다.

동연(東蓮 이헌영(李𨯶永))·창혜(蒼惠 조병직(趙秉稷))·한산(翰山 민종묵(閔種默))[46]·범재(凡齋 엄세영(嚴世永)) 네 분 일행은 모두 가이간도리(海岸通) 4초메(丁目)의 안토(安藤) 대리(代理)[47]【하타나카 료스케(畠中良助)의 집이다.】에게, 송간(松磵 조준영(趙準永))·난포(蘭圃 강문형(姜文馨))·죽천(竹泉 박정양(朴定陽))·난소(蘭沼 심상학(沈相學)) 네 분의 일행은 □□□□의 집에, 금석(琴石 홍영식(洪英植))·일재(一齋 어윤중(魚允中))·중곡(中谷 이원회(李元會))·김 우후(金虞侯 김용원(金鏞元))[48] 네 분의 일행은 □□□

46 한산(翰山) : 원문은 '瀚山'인데, 일기 끝에 첨부된 조사단(朝士團) 명부의 표기 및 민종묵의 호에 대한 다른 기록에 의거하여 '瀚'을 '翰'으로 바로잡아 번역하였다. 이하 일기 본문에 '瀚'으로 표기된 것은 모두 마찬가지로 수정하였다.

47 안토(安藤) 대리(代理) : 7월 19일에는 '安藤嘉佐衛門'라는 이름으로 나오는 것으로 볼 때 '代理'는 그의 직함인 듯하다.

□의 집에 거처를 정하였다.

16일(정미), 흐리다가 저녁에 비가 옴

아침을 먹고 나서 동연(東蓮, 이헌영(李鑢永))·창혜(蒼惠 조병직(趙秉稷))·한산(翰山 민종묵(閔種默)) 세 영공(令公)이 해관(海關)에 가서 해관장(海關長) 다카하시 신키치(高橋新吉)를 만나보고 비를 무릅쓰고 돌아왔다.

17일(무신), 맑음

영공들이 청국(淸國) 이사관(理事官)을 가서 만났다. 오시(午時) 초(初)에 인력거를 타고 철도국(鐵道局)에 도착하였다. 거처에서 서쪽 방향으로 3마장(馬場)을 가니 길옆에 작은 돌로 쌓은 1장 남짓의 분수대가 있는데 물이 아래에서 위로 하늘을 향하여 뿜어져 나왔다. 또 나무 전신주(電信柱)가 곳곳에 세워져 있었다.

철도국에 이르러 여러 곳을 관람하였는데, 기차(汽車)를 만들 때 목공(木工)이 일하는 곳은 각기 장소를 달리 하였다. 나무를 다스리는 도구에 둥근 톱[圓鋸]이 있는데 크기가 수레바퀴와 같았다. 매우 빠르게 회전을 하면서 나무에 닿으면 규격대로 잘라 들어가 순식간에 조각을 낸다. 또 곧은 톱[直鉅]이 있는데 아래로 한 가닥을 드리운 것이 마치 회환(回環)을 두르고 있는 것 같이하여 나무를 약간 둥글게 잘라 낸다. 또 쇠를 다스리는 도구로 단철(鍛鐵)을 사용한다. 둥근 조각을 만들 때에

---

48 김 우후(金虞侯) : 별견(別遣)으로 동행한 김용원(金鏞元)으로 함선(艦船)과 관련한 일을 시찰하였다.

기계에 따라 위아래로 움직이며 치수를 헤아려 구멍을 뚫는데 종이를 뚫듯이 쉽게 한다. 또 쇠를 절단하는 도구가 있어 편절(片鐵)을 눌러 절단하기를 어육(魚肉)을 자르듯이 쉽게 한다. 작업장에 청판(廳板)이 펼쳐져 있는데 청판의 가죽 끈이 두루두루 이어져 둥글게 돌아간다. 이는 모두 화륜의 공교함에서 말미암은 것으로 수고는 줄어들고 작업의 결과는 배가 되는데 다른 작업이 대부분 이와 같다.

오시(午時) 정각에 기차를 탔다. 출발할 때 기적 소리를 세 번 울렸다. 기차의 제도를 살펴보자면 위로 지붕 같은 것이 있고 좌우에는 기댄 판자와 유리창이 있다. 한 칸에 10여 명이 앉을 수 있고 이러한 칸이 6, 7개가 있는데 상중하 3등이 있어서 등차를 구별한다. 각국의 사람들을 칸칸마다 나누어 태우고 철로를 따라서 번개 같은 속도로 달린다. 산노미야역(三宮驛)【제작소가 있다.】, 스미요시역(住吉驛), 니시노미야역(西宮驛), 신기역(神岐驛)에 이르렀다. 이 네 곳은 기차를 타려고 하는 사람이 시각에 맞추어 그곳에서 기다리는데 타고 내리는 것을 마음대로 한다.

반 시각 만에 120리 거리의 오사카성(大坂城)에 도착하였다. 대저 오사카는 일본 동쪽의 첫째가는 대도회(大都會)이다. 지나치는 산천은 아름답고 인가(人家)는 오밀조밀하다. 산을 뚫어 길을 내고 물 위를 걸쳐 부교(浮橋)로 도로를 만들었다. 대로가의 줄지은 상점에는 온갖 재화가 쌓여있고, 높은 누각과 층층의 건물은 벽에 칠을 하고 유리로 장식되어 있으니 온갖 현란한 볼거리가 사람이 정신 차릴 겨를도 없게 하는데 경험한 것을 기록할 수 없을 정도이다.

본부(本府) 지사(知事) 다테노 고조(建野鄕三)가 속관에게 전언하여 조사(朝士)들이 조지국(造紙局)과 제사국(製絲局) 두 국(局)을 유람하기를 요청하였다. 조지국 주인 마지마 조이치로(眞島襄一郎)가 다과를 내어

주었다. 본부 지사가 지시하여 북변(北邊) 다이초지(大長寺) 앞 아미지마초(網島町) 시라야마 히코지로(白山彦治郎)의 집에 거처를 정해 주었다. 수행원 이하는 모두 기차가 멈춘 곳의 복도(複道) 누각에 올라가 잠시 쉬다가 곧바로 인력거를 타고 정해진 처소로 돌아왔다. 집의 굉대(宏大)함과 허다한 접대를 기록할 수도 없다.

18일(기유), 흐림

나카니와 야시치로(中庭彌七郎)가 보러 와서 명함을 건넸다. 니시구(西區) 도사보리우라초(土佐堀裏町)에 사는 가와구치 준(河口淳)이 명함을 남기고 성의를 표시하였다. 안네이마루(安寧丸) 선주가 장차 부산으로 간다고 하므로 주령이 편지를 부쳤다. 아침을 먹은 뒤에 윗마을 강변에 가서 일본인 남녀가 봄을 즐기는 놀이를 구경하였다. 특별히 보고 즐길 만한 것이 없고 대략 불꽃놀이[理火之擧] 정도가 볼 만할 뿐이었다. 돌아오는 길에 다이초지(大長寺)를 들어가 보았는데 또한 작은 암자였다. 단지 1명의 승려가 있었는데 볼 만한 것이 없었다.

유람하다가 형옥 분서(刑獄分署)에 들러서 감옥을 두루 살펴보았는데 우리나라의 감옥 제도와 크게 차이가 있었다. 4면을 긴 회랑으로 철저히 막았고 높이는 두서너 장(丈)이 되었다. 겹문을 설치하고 네모난 나무로 벽과 문을 만들어 견고하게 하였다. 죄를 지은 수인(囚人)이 가득하니 일본인이 죄를 많이 저지르는 것을 또한 알 수 있었다.

또 박물회(博物會)를 가서 보았다. 이는 천하 각국의 진귀하고 기괴한 물건을 널리 모아 놓은 곳이다. 혹 진품이 있기도 하고 혹은 모양을 본뜬 것이 있다. 화훼·채과(菜菓)·조수(鳥獸)·충어(蟲魚)와 동석(銅石) 따위, 종정(鍾鼎)의 등속, 옛 주패(珠貝)·개갑(介甲)·도서·기명(器皿) 등을 크고 작은 것을 빠뜨리지 않고 다 모아서 진열하였는데 모두 유리를 질러서 관람으로 인한 훼손을 막게 하였다. 화주(花酒)·약이(藥餌)·옷·신발·대자리·요와 같은 일체 일용하는 물품들은 다 기록할 수도 없었다. 5, 60보 길이의 탁자에 좌우로 나열해 놓은 것이 마치 파사(波斯 페르시아)의 시장에 들어간 것처럼 휘황하여 눈길을 빼앗는데 이와 같은 것이 모두 6, 7곳이 있었다. 또 공작(孔雀)·금계(錦鷄)·곰·돼지·토끼 등의 우리가 있는데 철창으로 가두어 두었다. 또 사람 배 안의 충속(蟲屬)과 부인이 임신하여 형체를 갖춘 태아를 유리병 속에 저장하여 비추어 보이는데 매우 기괴하고 믿기 어려울 정도이다.

안네이마루(安寧丸) 선주 스미토모 기치자에몬(住友吉左衛門)이 누대 위에서 우리 조사(朝士)들을 맞이하여 다과(茶菓)를 올리고 점심을 제공해 주었는데 자못 성의가 있었다. 누대의 아래에 아름답고 이름난 화훼가 있고, 돌다리가 있는 작은 도랑에서 기르는 물고기는 적색의 즉어(鯽魚)가 많았다. 이끼가 낀 그윽한 길은 들어갈수록 더욱 기이하였다.

돌아오는 길에 병원을 들어가 구경하였다. 병원 건물은 모두 여러 층이었는데 복도와 높은 계단이 거의 여러 장(丈)이나 되었다. 의장(醫長) 10여 명이 학도 100여 명을 교수하고, 와상(臥床)에 누워있는 자 또한 몇 십, 몇 백인지 알 수 없었다. 한 곳에는 나무에 새긴 반신상(半身象)이 있는데 장부와 근락(筋絡)을 갖춘 것이 고경(古經)의 동인(銅人)[49] 형상과 비슷하였다. 한 곳에는 뼈를 깎고 살을 베고 목구멍에 넣고 방광을 더듬는 도구가 있는데 모두 천 가지나 된다고 하니 더욱 놀랄 만하였다.

---

49 동인(銅人) : 온 몸에 침혈(鍼穴)을 뚫어서 침술(鍼術)을 연습할 때에 쓰는 구리로 만든 사람의 형상이다. 송(宋)나라 왕유(王惟)가 서기 1027년에 처음 주조하였다고 한다.

자석교(滋石橋)에 도착하였다. 다리의 길이가 5, 60보 정도인데 3분의 1지점을 돌려서 열고 닫아 돛을 단 배가 출입하는 데 편리하도록 하였다. 이는 대개 바닷물을 끌어서 큰 내[長川]의 긴 다리를 만든 것이다. 다리는 모두 난간이 있는데 혹은 돌로 만들기도 혹은 나무로 만들기도 혹은 쇠로 만들기도 하여 그 제도가 똑같지 않다.

지사 다테노 고조(建野鄕三)가 관부(官府)에서 조사들을 맞이하여 음악을 정성껏 대접하였다. 연주한 악곡의 이름은 『가상악(嘉祥樂)』과 『나릉왕(羅陵王)』 두 곡 뿐인데 날이 저물 때쯤 자리를 파하고 돌아왔다.

제지국(製紙局)에 갔다. 종이를 만드는 방법은 닥나무 껍질을 쓰지 않고 다만 잡털·가죽 조각·풀뿌리·해진 가죽·낡은 베·찢어진 솜 같은 것들을 쇠로 만든 통에 뒤섞어 넣는 것이다. 통의 형상은 거대한 솥과 같다. 옆에는 통 안으로 물을 대는 수기(水機)가 있는데 나무바퀴를 설치하여 회전시킨다. 이와 같이하기를 그치지 않아 짙은 죽처럼 잘 섞이면 다시 큰 통에다 옮겨 색을 윤택하게 하여 발에 올린다. 발에는 위아래로 나뉜 층이 있어서 교대로 떠가며 움직이는데 저절로 큰 기계로 옮기면서 건조되어 쇠바퀴[鐵輪] 아래로 돌아 나온다. 바퀴가 돌 때에는 움직이면서 잘라내는 북이 있어서 크고 작은 크기의 것들이 이것을 말미암아 이루어진다. 또 윤기를 통하여 다듬이질을 하는데 얼음의 표면처럼 매끄럽다. 힘이 드는 것은 절반 밖에 안 되지만 공효는 반드시 배가 되니 그 밖의 제도 또한 모두 이것을 본뜬 것이다.

19일(경술), 맑음

아침 식사 후에 영공들과 함께 조폐국(造幣局)에 갔다. 금·은·동 세 종류를 쓰고 크고 작은 것에 등급이 있다. 혹 5분(分 반전(半錢))이나 1

전, 2전짜리가 있다. 금과 은은 각각 1원(圓)이다. 건물이 매우 크고 넓어서 몇 천 칸이나 되는지 알 수가 없는데, 가운데 하늘 위로 솟아오른 연통(烟桶)이 있고, 철통으로 물을 끌어서 공중에 매달아 종횡으로 석함에 쏟아낸다. 하나의 큰 화륜을 또 설치하여 작은 바퀴들을 돌리는데 일제히 따라 도는 것들이 그 수를 헤아릴 수 없다. 동(銅)을 제련하기를 떡이나 밀가루를 주무르듯 하는데, 널리 동전을 주조하는 것과 글자를 새기고 광택을 내는 것이 모두 사람의 힘을 사용하지 않고 기계를 통해 절로 이루어지니 그 빠르기가 신(神)과 같아 잠깐 보는 사이에 여러 말[斗]의 돈을 만들어낸다. 여러 장소가 모두 이와 같은데 하루에 생산하는 크고 작은 돈 각각의 수가 3만(萬)에 이른다고 한다. 해당 국(局)의 부장(副長)은 대장성(大藏省) 권대서기관(權大書記官)인 오노 나오스케(大野直輔)인데 명함을 주었다. 조사(朝士)들과 일행을 영접실(迎接室)에서【황금 등(燈)이 걸려있고 의자에는 수놓은 요가 둘러져 있다.】 맞이하여 다과를 내왔다.

숙소로 돌아갔다가 점심밥을 먹은 다음 육군 소장 다카시마 도모노스케(高島鞆之助)【3등 칙임관(勅任官)이다.】가 연무(演武)하는 곳에 갔다. 진대(鎭臺)에 올라가서 보니 성은 높고 해자(垓字)는 깊어서 돌로 쌓은 것이 매우 두텁고 완전하였다. 가장 위층에 표목(標木)이 서 있고 좌우에는 곳곳에 주춧돌이 있는데 언제 화재가 났는지 알지 못하겠고, 반 칸 정도 되는 집채만 한 크기의 솥은 어느 때에 사용한 것인지 알 수 없었다. 일인들은 도요토미 히데요시(豊臣秀吉) 시대에 쌓은 것이라고 하였다.

이윽고 교장(敎場)에 가서 연무(演武)를 보았다. 처음에는 보병이 대오를 만들어 검을 차고 총을 지닌 채 방석 모양의 군장을 등에 매고 나

팔(喇叭)을 함께 불면서 행진하였다. 대장(隊長) 1인이 단지 구호(口號)로 앉았다 섰다 나갔다 물러났다 하는 동작을 시키는데, 군병들이 조금도 틀리지 않고 매우 엄숙하고 정연하게 일시에 응하였다. 금고(金鼓)나 오방색(五方色)의 깃발로 구별함이 없이 다만 하나의 나팔만을 진중에 사용한다. 육군은 5천명, 공창병(工廠兵)은 4백명, 포대병(砲臺兵)은 5백명이라고 한다. 마병(馬兵)은 수레와 대안고(大安鼓)를 싣고서 진을 치고 펼친 다음에 곧 4, 5차 쏜 다음에 수레와 대안고를 거두어들이고 실어 말을 질주시키는데, 추격하고 쫓아서 승부를 판가름하는 것으로 삼는 모양새이다. 진의 이름은 '고초(蝴蝶)'이다.

돌아오는 길에 부사(府社)인 텐만구(天滿宮)에 갔는데, 텐만구는 일본 충신 칸 쇼죠(菅丞相)[50] 미치자네(道眞)[51]의 사당이다. 조선의 한림(翰林) 김진(金縉)이 "계풍(桂風)"이라고 쓴 두 글자의 현판이 있는데 김진이 어느 때 사람인지는 모르겠다.[52]

오사카협동상회(大阪協同商會) 사장 다카스 겐조(高須謙三)와 스미토모 기치자에몬(住友吉左衛門)【안네이마루 선주(船主)이다.】 두 사람이 조사들과 수행원을 소코쿠신사(楚國神社)【석홍문(石虹門)은 금색 글자로 현판을

---

50 칸 쇼죠(菅丞相) : 원문은 '簡丞相'인데, 『조선시대 대일외교 용어사전』에 근거하여 '簡'을 '菅'으로 바로잡아 번역하였다. 『조선시대 대일외교 용어사전 http://waks.aks.ac.kr/rsh/?rshID=AKS-2012-EBZ-2101 검색일:2017. 9.30』

51 칸 쇼죠(菅丞相) 미치자네(道眞) : 스가와라 미치자네(菅原道眞)이다. 그는 일본에서 10세기 무렵 학문의 신으로 추앙받는 학자이며 귀족이다. 요직을 역임했으나 모함을 받고 유배지에서 죽었다고 전해진다. 이 신사는 949년에 무라카미 천황(村上天皇)이 그의 영혼을 모시기 위하여 건립하였다고 한다.

52 김진이 …… 모르겠다 : 공민왕(恭愍王) 8년(1359)에 평양이 홍건적 모거헌(毛居獻)에게 함락되자 이듬해 형부 상서(刑部尚書) 김진(金縉)이 격파하였다는 기록이 『고려사절요(高麗史節要)』에 나오는데 참고할 만한 기록이다.『高麗史節要 卷27 恭愍王9年』

달았다.】 안의 지유테이(自由亭)에서 맞이하였다. 정자가 극도로 사치스러워서 2층 지붕 위에 금등(金燈)【수정 구슬을 드리우고 백옥과(白玉顆)를 태웠다.】 3개를 걸어서 야연(夜宴)을 마련했는데, 12차에 걸쳐서 주찬(酒饌)을 내오고 3차에 걸쳐 음악을 연주하였다.

두 여자가 함께 노래를 불렀으니 처음에는 일본 음악을 연주했는데 북 하나, 생황(笙簧) 한 쌍, 필(篳) 한 쌍, 해금(嵇琴) 하나, 비파 하나, 양금(洋琴) 한 쌍, 목판(木版) 하나로 구성되어 있었다. 두 번째에는 중국 음악을 연주했는데 청아하고 느긋하였다. 세 번째에는 다시 일본 음악을 연주하였고, 연회를 마쳤다.【곡명은 『우의(羽衣)』이다.】

돌아오는 길에 작은 배를 타고 물결을 거슬러 올라왔는데 양안(兩岸)에는 달빛이 하얗고 등 그림자가 물에 비치었다. 일만 호나 되는 누대가 달빛과 함께 수면에 빽빽하니 또한 하나의 볼만한 야경이었다.

20일(신해), 맑고 더움

사시(巳時) 정각에 여러 동료들과 함께 인력거를 타고 곧바로 전에 갔었던 오사카(大阪) 철도국(鐵道局)에 갔다. 오시(午時) 정각에 기차로 우에노 케이스케(上野敬助)와 통사(通事) 김복규(金福奎)를 먼저 보내면서 여러 짐들을 가져가게 했다.

포병 공창(工廠)에서 보고 들은 것을 다음과 같이 기록하여 전한다. 견고하고 커다란 철 기둥 위아래에 수레바퀴가 있는데, 위로 쇠사슬[鐵連環]을 걸었고 아래로 큰 철기를 매달아 왼쪽으로 돌면서 쇳물을 받아들이고 오른쪽으로 돌면서 범토(範土)에 붓는다. 온갖 공인들이 일을 하는데 혹은 바퀴의 축을 정비하고 혹은 큰 대포알을 만들거나 혹은 알을 뚫어 구슬을 넣는다. 이는 모두 바퀴의 힘을 빌려 힘들이지 않고도 공효는 배가 되는 것이니 하나의 화륜이 천하에 나와서 어려운 일이 없게 되었다.【본 공창의 장은 오사카의 어용괘(御用掛)인 요시노 리키마(吉野利喜馬)[53]인데 명함을 주었다.】

중학교(中學校)에 들어가 보니, 교장인 오리타 히코키치(折田彦吉)가 마침 도쿄(東京)에 갔다. 부교장 오가와 젠키치(小川銷吉)가 명함을 건네주고 이후에 필담을 하였다. 생도들이 각각 일에 따라 사방으로 흩어져 있는데 그 수를 알지 못하겠다. 이른바 '이학(理學)'은 유리병에 액체를 담아 탁자 위에 늘여놓고 액체를 빈 병에 붓기를 두세 번 하면서 여러 가지 색으로 변화시키거나 혹은 유리병 안에서 연기를 일으키는 것이다. 또 화훼 잎이나 벌레, 개구리 같은 것을 조금 떼어내기도 하는데 개구리는 죽여 살점을 취해서 유리 조각 위에 두고 현미경으로 살펴본다. 각각의 유(類)마다 본래 모양을 관찰하는데 이는 필시 이단(異端)의 환술이니 어찌 이학(理學)이라고 부른단 말인가.[54]

효고 현령(兵庫縣令)은 모리오카 마사즈미(森岡昌純)[55]인데 가서 만나본 사람은 없다. 미시(未時) 초에 기차【10여 칸을 이은 것이다.】를 타고 교토(京都)로 출발하였으니 지나치는 지명을 다 기록할 수 없었다. 하나의 큰 천교(川橋)를 지나는데 왼쪽은 산이고 오른쪽은 들판이고 길옆에는

---

53 요시노 리키마(吉野利喜馬) : 원문은 '吉野喜馬'인데, 『조선시대 대일외교 용어사전』에 근거하여 '野' 뒤에 '利'를 보충하여 번역하였다. 『조선시대 대일외교 용어사전 http://waks.aks.ac.kr/rsh/?rshID=AKS-2012-EBZ-2101 검색일:2017. 9.30』

54 각각의……말인가 : 일반적으로 성리학(性理學)을 '이학(理學)'이라고도 하는데, 이러한 서양의 과학실험 학문에 대해 일본에서 '이학'이라고 명명하고 있는 현실을 성리학 독존(獨尊)의 조선 풍토에서 자란 저자로서는 불경(不敬)이라고 여겨 발설한 탄식이라 할 것이다.

55 모리오카 마사즈미(森岡昌純) : 원문은 '森岡昌淳'인데, 조선시대 『대일외교 용어사전』에 근거하여 '淳'을 '純'으로 바로잡아 번역하였다. 『조선시대 대일외교 용어사전 http://waks.aks.ac.kr/rsh/?rshID=AKS-2012-EBZ-2101 검색일:2017. 9.30』

연저목(練苧木)이 있었다. 또 하나의 큰 천교를 지날 때에는 마주하여 오는 기차가 있어 조금 멈췄다. 또 한 다리를 지나니 전신 분국(電信分局)에 이르렀다. 조금 머물고 있는데 마주하여 오는 기차가 있었고 또 출발하였다. 산세는 수려하고 마을은 풍족한데 곳곳마다 연결되어 있다. 좌우의 대나무 밭과 소나무들이 몇 리나 되는지 알 수 없을 정도이고 밭에는 붉은 화초가 있는데 또한 그 이름을 알지 못하겠다. 하나의 큰 천교를 또 지나는데, 보리는 누렇게 바뀌고 이앙한 묘는 파릇파릇하니 절서(節序)를 애오라지 헤아려 보건대 내 나라 남의 나라의 구분이 없었다.

미시(未時) 말에 교토에 도착하였는데 130리를 온 것이다. 철도국 복도(複道)의 누각에 올라 잠시 쉬었다가 인력거를 탔다. 수행원이 먼저 출발하여 교토부(京都府) 안【10리쯤이다.】의 3조(條) 이시바시(石橋) 남쪽 도지마정(堂島町)의 우치다 세이지(內田誠次) 집에 도착하여 숙소로 정하였다.【우에노(上野 우에노 케이스케(上野敬助))가 먼저 도착하여 정한 곳이다.】 조공(趙公), 이공(李公), 민공(閔公), 이공(李公)[56] 네 영공(令公)이 숙소를 같이하였다.

교토는 곧 일황(日皇)의 옛 도읍이다. 건물은 크고 우뚝하고 누각은 겹겹인데 현판과 등(燈)의 명칭을 다 기록할 수 없다. 백성과 물자가 많고 거리가 반듯해서 1조(條), 2조, 3조에 각각 구별이 있다. 큰길 옆 좌

---

56 조공(趙公)……이공(李公) : 여기서 조공(趙公)은 이헌영과 같은 시찰 임무를 담당한 조병직(趙秉稷)을 말하고, 이공(李公) 두 사람은 민건호의 주령인 이헌영과 수사(水使) 이원회(李元會)를 가리킨다. 이 작품에서 보통 이헌영 일행과 처소와 동정을 같이하는 것으로 등장하는 조공(趙公)은 문부성(文部省) 시찰을 담당한 조준영(趙準永)을 가리키는 것이 아니고 같이 해관(海關) 시찰을 맡은 조병직을 가리킨다.

우에 모두 등옥(燈屋)을 세워서 각각 등 하나를 내걸었는데 밤이 낮처럼 밝았다. 각국의 기이한 재화가 모이는 것이 배가 몰려드는 오사카(大阪)보다 더욱 성대한 듯하다. 수레가 부딪치고 사람이 붐벼서 밤이 새도록 수레바퀴 소리가 끊이지 않는다.

조공(趙公),[57] 박공(朴公), 심공(沈公), 강공(姜公), 엄공(嚴公) 다섯 영공은 월도(越邉)의 요시오카 야키치(吉岡彌吉) 집에 묵었다. 홍공(洪公), 어공(魚公) 두 영공은 시모교(下京) 6조(條) 나카지마정(中島町)의 요시카와 고지로(吉川古次郎)의 집에 묵었다. 교토부는 지사(知事) 기타가키 구니미치(北垣國道)가 다스린다.

21일(임자), 맑음

박람회(博覽會)에 갔다. 서쪽으로 작은 건물에 가 보니 각국에서 생산한 여러 종류의 물건들을 늘여 놓았다. 그 중 서양의 면수(綿樹)를 분재(盆栽)해 놓았는데 모양이 우리나라의 구기자(枸芑子) 나무와 같았다. 또 다른 건물에 가 보니 건물 안에 각국의 탑 모양을 본떠 만들어 채색해 놓고 작은 구멍에 현미경(顯微鏡)을 부착하여 들여다보도록 했는데 별달리 신기할 것은 없었다. 자리마다 기괴한 보배들을 한쪽에 쌓아 놓고서 사람의 이목을 현혹시킨다. 한 탁자 위에는 유리함을 설치해 놓되 그 안에 수정(水晶) 구슬 하나를 두었는데 크기가 지구의(地球儀)만 하였다. 값이 3,500원이나 된다고 하는데 우리나라 돈으로 계산해 보면 거의 10,000냥이 넘는 것이다.

또 한 곳에 가보니 조선의 토산물을 진열해 놓았다. 평양의 명주(明

---

57 조공(趙公) : 이곳의 조공은 조준영(趙準永)을 가리킨다.

紬), 북도(北道 함경도(咸鏡道))의 북포(北布), 나미선(羅尾扇), 백혜(白鞋), 백립(白笠), 대창의(大氅衣), 소창의(小氅衣), 백목(白木), 청상(青裳), 행전(行纏), 토시[吐手], 단천(端川)의 청옥(青玉), 초합(草盒), 초혜(草鞋) 등의 물건인데 두루 한번 살펴보았다. 해당 회사의 우두머리는 시모무라 쇼타로(下村正太郎)이고 부간사(副幹事)는 이케다 하치로베(池田八郎兵衛)이다.

미이케(御池)로 옮겨 가서 연못가 정자에서 조금 쉬면서 차를 마셨다. 정자 주변의 녹음이 마치 바다와 같았다. 더러 새소리가 들리고 매미소리도 들렸다. 또 한 곳에 이르렀는데 원숭이 두 마리가 놀고 있고 한 쌍의 공작이 철창에 갇혀 있었다.

다시 연못의 정자에 이르러 점심밥을 먹고 바로 북문 쪽으로 1리 정도를 옮겨 갔는데 이는 바로 일황이 옛날에 거처하던 궁궐이다. 좌우의 건물들은 높고도 크며 도로의 풀과 나무가 주욱 펼쳐져 있으니 그 규모가 치밀하고 사치스러웠음을 상상할 수 있었다.

비단을 짜는 곳인 고바야시 아야조(小林綾造)의 집에 갔다. 집주인이 비단 조각을 붙인 책자 한 권을 보여주었는데, 모두 일황이 쓰는 옷감이다. 직면 기계 하나에 여섯 명이 일을 하니 한 사람은 기계 위에 앉아서 실을 잡아 농락(籠絡)을 거느리고, 두 사람은 각각 기계의 좌우에 걸터앉아서 실을 맺고 끊는다. 또 살펴보니 잉아[58]의 아래 위에 두 사람은 기계의 앞에 함께 걸터앉아서 북을 던져 짜기를 완성하고 한 사람은 기계 뒤에 서있다. 기계 하나에 여섯 사람이 힘을 합쳐 하루에 겨우 3자를 짠다고 한다. 또 사키 사다히데(佐木貞英)의 집【이곳 또한 비단을 짠다.】에

58 잉아 : 베틀의 날실을 한 칸씩 걸러서 끌어 올리도록 맨 굵은 실이다.

가 조금 쉬면서 차를 마시고 이어서 에이코(永鴻)의 집에 가서 '우단(羽緞)'이라는 직물을 보았는데 너비가 3자 남짓이었다. 두 사람이 함께 앉아서 북을 던지는데 날실은 금사(金絲)로 하고 씨실은 동사(銅絲)로 하였다가 다 짠 후에는 동사를 빼내어서 무늬를 만든다고 한다.

또 만넨야마(萬年山) 아래의 쇼코쿠사(相國寺)에 갔다.【승려는 소세키(踈石)이다.】이 절은 400년 전 대장(大將 쇼군) 아시카가 요시미쓰(足利義滿 1358~1408)가 창건하였다. 건물이 굉장히 크고 주위에 대나무가 울창한데 부처를 금상(金像)으로 만들었다. 선종(禪宗), 진종(眞宗), 천태종(天台宗), 율종(律宗)이 있는데 모두 황자(皇子)나 황제(皇弟)가 출가하여 세운 것이라 처자식을 둔다. 교법(教法)에는 선종(禪宗)의 무리들이 아직 있다고 한다.

이어서 목축장(牧畜場)에 갔다. 가운데에 건물이 있는데 목양(牧養)하는 사람이 거주한다. 좌우에 우사(牛舍) 40여 칸을 지어 매 칸마다 소 한 마리를 가두어 두었는데 모두 암소였다. 이것들은 미국과 영국 두 나라에서 태어난 것이 매우 많은데 긴 뿔과 큰 젖을 가지고 있고 모두 코를 뚫지 않고 다만 새끼줄로 두 뿔을 묶어서 기둥에 매어 놓았다. 목양하는 인원은 일곱 명이다. 우리에 가두어 놓고 기르는 법이 우리의 방식과 다를 바가 없었다. 지금 새로 설치해서 아직은 번성하지 못하다고 한다.

또 시모교구(下京區) 긴코잔(錦光山) 산조(三條) 시라카와바시(白川橋) 동쪽의 고바야시 소베에(小林宗兵衛) 집에 갔는데 바로 도기(陶器)를 만드는 곳이다. 금형(金型)과 제작 방식이 거의 우리와 같지만 다만 붉은색을 묘하게 입히는 법에 대해서는 들을 수 없었다. 숙소로 돌아왔다.

22일(계축), 흐리다가 늦게 가랑비가 오고 저녁에 또 비가 와서 밤까지 내림

점심을 먹은 뒤에 영공(令公)들이 뇨코바(女紅場)와 학교(學校)에 갔는데, 나는 함께 가지 못했으므로 그저 들은 것을 기록해 둔다.

가미교구(上京區)의 여학교가 바로 뇨코바(女紅場)이다. 두 여자가 예청(禮廳)에서 탁자 하나를 마련하여 탁자에 차를 내왔다. 차를 마시고 나서 두루 살펴 보았다. 압회[59] 교장(押繪敎場)은 소녀 수십 인이 그림책을 펼쳐놓고 화채(畵彩) 도구를 진설해 가며 화훼(花卉)의 형상을 그리는데 모두 우아한 솜씨로 오묘한 경지에 들었다. 한 명의 남자 선생이 이들을 가르친다. 전채 교장(剪綵敎場)은 십여 명의 여자가 무리를 지어서 각각 비단과 실타래를 늘여놓고 그림책을 모방하여 자수(刺繡)를 놓았다. 한 곳에는 수십 명의 소녀가 있는데 높다란 책상을 줄지어 설치해 놓고 각각 유향(劉向)의 『열녀전(列女傳)』 한 권을 차례로 소리 내어 읽고 있었다. 하지만 들어도 그 음을 이해하지 못하였다. 한 곳에는 또한 수십 개의 책상을 줄지어 설치해서 영어책을 읽고 배웠다. 이른바 '사수(師授)' 1인에게 강습을 받는데 지구의(地球儀)에 지명을 찍어 물어보면 그때그때 가리켜 응답하는 것이 하나도 틀리지 않았다.

한 곳에는 남자 사수(師授) 1인이 여자 생도에게 서양 글자를 가르치고 있었다. 한 곳에는 각기 바느질 도구를 늘여 놓고 의복을 만드는데 또 서양 옷을 짓는 곳이 있다. 한 곳에는 베를 짜는 기계가 있는데 설치한 기계가 대략 우리 방식과 유사한 듯하지만 다만 좌우에서 북을 던지

---

59 압회 : 꽃·새·인물 등 모양의 판지를 여러 가지 빛깔의 헝겊으로 싸고, 솜을 두어 높낮이를 나타나게 하여, 널빤지 따위에 붙이는 공예의 일종이다.

는 것이 보기에 대부분 빠르고, 또 철직(綴織)[60]이 있는데 한 사람은 실을 옮기고 한 사람은 그것을 짜서 무늬를 완성하는 것이 또한 볼만하였다. 한 곳에서는 『국사략(國史略)』, 『물리(物理)』 등의 책을 읽고 있고, 또 산학(算學)을 배우고 있었다. 학도 수는 350여 명인데 매일 밤 100인이 차례로 돌아가면서 유숙하고, 사족(士族)의 여식이라도 또한 모두 입교(入校)한다고 하였다.

이곳에서 교토(京都)를 지나 맹아원(盲啞院)에 도착하였다. 남녀를 막론하고 모두 배우는 일이 있었다. 남자는 쇠나 나무를 다스리며, 여자는 자수(刺繡)를 놓고 실을 고르는 일을 하는데 이것은 벙어리가 배우는 것이다. 또 벙어리가 익히는 것이 있는데 50음의 '수세첩법(手勢捷法)', 50자형의 '수세법(手勢法)', '화장(畵掌)', '수산(手算)', '발음 기원'【입을 열어 웃는 모양을 그린 것이 있다.】, '글자 쓰기[寫字]'이다. 이것은 남녀 벙어리가 배우는 것이다.

양각(陽刻)한 지도판이 있는데 청색과 홍색으로 나누어 지폭(紙幅)에 표시하고 지폭 위에 크고 작은 석정(錫釘)을 꽂아서 산의 크고 작음을 드러내어 손으로 만져서 경험하게 한다. 또 지구의(地球儀), 육갑(六甲) 글자 및 숫자를 새겨서 알게 한다. 방향 감각을 연습하는 장소가 있는데 나무못을 마당 가운데에 둘러 꽂되 철사를 못대가리에 둘러서 만들었다. 혹은 『만국사략(萬國史略)』을 송독하기도 하고 혹은 불러주는 데 따라 계산을 하고 글자를 익히거나 혹은 그물을 짜는데 이것은 맹인이 익히는 것이다. 또 4, 5명의 맹아(盲兒)가 구구단을 배워서 손가락으로 사람에게 응대하는데 계산이 또한 틀림이 없으니 익숙히 공부한 것임을

---

60 철직(綴織) : 몇 가지 색실로 무늬를 짜 넣은 직물이다.

알 만하였다.

자리를 옮겨 니시혼간지(西本願寺)에 갔다. 삼중문(三重門)으로 들어갔는데 너비가 여덟 칸이나 되었다. 범궁(梵宮)으로 들어가니 창문, 벽, 마룻대, 지붕을 황금으로 칠해 놓아 너무도 현란하여 시선을 빼앗는다. 칸 수는 3,500여 칸이고 승려는 600여 명이다. 거대한 절 건물과 그윽하고 기이한 수풀과 바위를 다 기록할 수 없을 정도이다. 가운데에 승경(勝景) 열 곳이 있는데, 세이렌샤(靑蓮榭), 오카쿠다이(黃鶴臺), 엔세쓰린(艶雪林), 소게쓰하(嘯月坡), 도카우(踏花塢), 히운가쿠(飛雲閣), 세이민센(醒暝泉), 소로치(滄浪池), 류하이쿄(龍脊橋), 고초테이(蝴蝶亭)이다. 이 절을 창건한 지는 지금으로부터 600년 전으로 신란쇼닌(親鸞聖人, 1173~1262)[61]의 묘에서 시작되었고,[62] 쇼토쿠태자(聖德太子)가 백제로부터 처음 불법을 이어받았으므로 특별히 한 전각에서 높여 받드니 '겐신테이(見眞亭)'라고 편액하였다. 이것은 일황의 친필이다. 또 한 당에 아미타불이 서 있는데 그것을 두른 휘장과 등촉이 옥으로 장식되고 금으로 꾸며져 있었다. 승도(僧徒) 가운데 '아카마쓰 렌조(赤松連城)'라고 하는 자가 자못 필담을 좋아하여 절의 규모를 대략 들을 수 있었다.

또 장소를 옮겨 시모교구(下京區)에 있는 요시다 동주소(吉田銅鑄所)에 도착하였다. 주조해 내는 금형(金型)에는 새겨진 획들이 매우 많은데 모두 궁에서 사용하거나 사찰에서 쓰는 것이다. '오동(烏銅)' 한 호(壺)의 가격이 7,000원이나 된다고 한다.

---

61 신란쇼닌(親鸞聖人) : 원문은 '親上鸞人'인데, 일반적인 용례에 근거하여 '上鸞'을 '鸞聖'으로 바로잡아 번역하였다.

62 이……시작되었고 : 원문은 '此寺之創 六百年于玆 而親上鸞人'인데, 이 부분은 앞뒤의 문맥이 통하지 않아 역사적 사실에 근거하여 보충하여 번역하였다.

점심을 먹은 뒤에 석남(石南 민재후(閔載厚)), 동산(東山 송헌빈(宋憲斌)) 과 통사 김복규(金福奎)를 데리고 동쪽의 가초야마(華頂山) 오야지(大谷寺) 지온인(知恩院)에 갔다. 2층으로 된 삼문(三門)은 높이가 4, 50장이고 너비가 7, 8칸이 되었다. 층층의 돌계단을 1시장(矢場) 올라가니 110칸의 범궁(梵宮)이 있다. 마당에 파초잎 모양의 수통(水桶)이 있는데 크기가 반 칸의 집채만 하였다. 주변에 송죽(松竹)이 울창하고 앞뒤로 석지(石池)와 화훼(花卉)가 기이한 모습으로 있는데 또한 하나하나를 다 기록할 수 없다. 100여 칸이 되는 건물이 모두 세 곳인데 모두 복도(複道)가 있다. 가장 뒤에 있는 범궁의 한 칸에는 금병풍을 설치하고 화류(華榴)를 늘여 놓았고, 탁상에는 비단 방석을 덮었는데 광휘가 눈을 어지럽게 하였다. 이것은 옛 승상(丞相)의 영당(影堂)인데, 치인친왕(幟仁親王)이 쓴 족자가 벽에 걸려 있다. 주지승은 대교정(大教正) 우가이 데쓰조(養鸕徹定)이다. 또 17세의 고즈미 도미요시(小住富吉)라고 하는 승려가 있었는데 자못 사람됨이 뛰어나고 영리하였다.

두루 살펴본 뒤에 한 절에 또 갔더니 또한 오야지(大谷寺)와 규모가 같았다. 서양인 남녀와 일본인이 부처 앞에 절하면서 분분하게 오고 가느라 조금의 빈틈도 없었다. 돌아오는 길에 길옆으로 5층 건물이 있어서 물어보니 서양인이 지은 것이라 하는데 높이가 100여 장이었다. 가랑비를 만나 숙소로 되돌아왔다. 오야지는 간에이(寬永) 13년 제2대 장군(將軍) 도쿠가와 히데타다(德川秀忠)가 다시 일으켰다고 한다.

23일(갑인), 맑음

강기임삼(岡崎林三)과 고바야시 세이이치(小林精一)가 만나러 왔다. 종일 문 밖을 나가지 않았으므로 영공들이 수륜국(水輪局)에 가서 보고 전해준 내용을 대략 기록한다.

가미교구(上京區) 남쪽 30리 거리의 우지가와(宇治川) 간게쓰바시(看月橋)를 지나면 기이군(紀伊郡) 후시미구(伏見區)에 이르는데 바로 수륜(水輪)을 제작하는 곳이다. 담당자는 아카시 히로아키라(明石博高)이다. 강물을 끌어서 마당에 들여 도랑을 만들었는데 너비가 1장 남짓이고 그 위에 나무 수레바퀴를 설치해서 물 아래로 들어가게 한 것이 한 자 남짓이 되었다. 도랑 옆에 쇠로 시렁을 가로질렀는데 3조(條)로 물을 인도하고 시렁을 넘어온 물은 자연히 힘이 있어 수레바퀴에 닿으면 바퀴가 저절로 회전하였다. 수레바퀴를 통하여 기계를 설치하여 물건을 만드는 것이 화륜(火輪)의 제도와 같지만 단지 작업하는 속도가 조금 느릴 뿐이다.

이어서 몇 리쯤 떨어진 우지(宇治) 남쪽에 있는 기쿠오야(菊翁屋) 만베키로(萬碧樓)에 갔다. 강다리의 풍경과 원림(園林)의 풍치가 자못 볼만하였다. '기쿠테이(企救亭)' 세 글자로 편액을 하였는데 이는 청나라 사람 진복천(陳福泉)의 글씨이다. 조금 뒤에 점심을 내어왔는데 조어(鯛魚)【곧 도미이다.】와 순채(蓴菜)가 또한 별미였다. 누각 동쪽 작은 건물의 편액에 다음과 같은 시가 있다.

수국에서 보낸 세월에 흰머리 생기고	水國光陰過二毛
낭화의 안개 낀 버들이 높은 돛대에 걸려 있네	浪華烟柳係帆高
절간 앞뒤에서 맺은 부평초 같은 인연이 짧아	禪樓前後萍緣短
방초를 보니 이별하는 수심이 푸른 도포에 스며드네	芳草離愁上綠袍

이것은 우리나라 사람 남용연(南龍淵)[63]이 읊은 것이다. 이어 몇 리 떨어진 오파쿠야마(黃檗山)[64] 만푸쿠지(萬福寺)에 갔는데 사찰이 극히 정결하였다. 승려는 80인이 있고 건물이 세워진 지는 210년이 된다고 하였다. 지명은 야마시로국(山城國) 우지군(宇治郡)이다.

24일(을묘), 맑음

아침을 먹은 뒤에 행장을 꾸려서 일행이 인력거를 타고 교토(京都) 철도국 대합소에 갔다. 사시(巳時) 정각에 영공(令公)들은 화륜차(火輪車)를 타고 30리 거리에 있는 비와호(琵琶湖)로 유람을 떠나고 수행원 이하는 화륜차로 오사카(大阪)에 도착하였다. 오사카에서 고베항(神戶港)까지의 거리는 250리인데 도착한 시간은 미시(未時) 초였다. 숙소에 이르니 집 주인 안도(安藤)가 기쁘게 맞이해 주었다.

점심을 먹고 피곤함을 이기지 못하여 그대로 잠을 잤다. 저녁이 되어 황혼 무렵에 영공들이 비와호에서 화륜차로 각자의 처소에 도착하였다. 교토와 고베 사이 산천과 촌려(村閭)에 대한 여행 중의 광경은 번개처럼 빠른 기차를 타고 지나치느라 하나도 기록하지 못하였다. 정차한 역은 아홉이었다.

---

63 남용연(南龍淵) : 원문은 '南龍淵'인데 '成龍淵'의 잘못인 듯하다. '용연'은 성대중(成大中)의 호인데, 그는 1763년 도쿠가와 이에하루(德川家治)의 습직(襲職)을 축하하기 위한 통신사 행차에 정사 조엄(趙曮)의 서기(書記)로 활약하였다. 또한 당시 통신사 일행에 제술관(製述官) 남옥(南玉 호는 추월(秋月))이 보이는 바, 이런저런 이유로 '南龍淵'에 대해서는 방문지의 기록 자체가 잘못된 것인지 저자 민건호가 착각한 것인지 자세하지 않다.

64 오파쿠야마(黃檗山) : 원문은 '黃壁山'인데, 일반적인 용례에 근거하여 '壁'을 '檗'으로 바로잡아 번역하였다.

25일(병진), 흐림

교토부(西京府)의 속관 다하라 고토(田原事)가 교토부에서 명령을 내려 받고 처소에 와서 위문하였다. 어제 비와호(琵琶湖)에 대해 영공들이 보고 들은 것을 아래에 대략 기록한다.

24일 사시(巳時) 정각에 교토 철도국에서 기차를 타고 30리 떨어진 오쓰(大津) 북쪽의 비와호에 도착하였다. 호수의 형상이 비파와 비슷해서 그대로 이름으로 삼은 것이다. 둘레는 700리이고, 동서 80리에 남북은 180리이다. 서쪽에 히에이산(比叡山)이 있고 동쪽으로 오미주(近江州)의 경계에 접하고 있다. 나타났다 사라졌다 은근히 보이는 봉우리 하나가 있는데 거주민은 그것을 가리켜 산신잔(三神山)이라고 하니, 진한(秦漢) 때의 방사(方士)들이 혹 이 산에 이르렀다가 돌아가지 못해서 그러한 것인가, 아니면 혹 바람이 번번이 배를 당겨 올라가지 못하게 해서 그러한 것인가? 어살(魚箭)과 고깃배가 호수 한가운데 가득하고 왕왕 기선(汽船)이 오고 간다. 호수를 둘러싸고 있는 인가(人家)의 수가 3,500호라고 한다. 미이데라(三井寺)를 관람했는데 매우 높은 데 위치하였다. 뒤로 히에이야마(比叡山)를 등지고 인가를 굽어보면서 멀리 산광(山光)과 호수의 빛깔을 삼키고 있으니 절 중에서 가장 경치가 좋은 곳이다. 높이가 4, 50장 되는 기념비가 있는데 사이고 다카모리(西鄕隆盛)[65]가 반란(反亂)한 사적을 기록한 것이다.

돌아와 호숫가 객점에 이르렀다. 이 지방은 시가현(滋賀縣)에 속하는

65 사이고 다카모리(西鄕隆盛) : 1828~1877. 사쓰마번(薩摩藩) 출신의 무사로 에도막부(江戶幕府)를 타도하고 메이지유신을 성공으로 이끈 정치가이다. 정한론(征韓論)을 주장하였으나 받아들여지지 않아 귀향하였다가 정부와의 갈등이 격화되어 세이난전쟁(西南戰爭)을 일으켜 패배하고 자결하였다.

데 현령이 속관 대서기관(大書記官) 가와타 가게토미(河田景福)를 보내어 일행에게 점심밥을 제공하였다. 식사 후에 철도관(鐵道館)으로 가서 기차를 탔다. 미시(未時)에 3리 정도 길이의 터널을 지나는데 컴컴하여 등을 내걸어 비추었다. 이곳은 산을 뚫어 길을 만든 곳이라 하였다.

의롱(衣籠)과 행장을 먼저 샤료마루(社寮丸)에 부쳐 요코하마(橫濱)로 보냈다.

26일(정사). 비가 옴

주령이 한산(翰山)과 함께 해관(海關)에 갔다. 현령(縣令)이 조사들을 맞이하여 저녁식사를 대접하였다. 유시(酉時) 정각에 각자의 처소로 돌아왔다. 술시(戌時) 정각에 비를 무릅쓴 채 인력거를 타고서 부두에 도착하여 작은 배를 타고 비각선(飛脚船)【고오토오마루(廣東丸)이다.】에 올랐다. 아래 칸에 처소를 정하였다. 깊은 밤인데다 비가 쏟아져 배의 모양이 어떠한지를 살필 수 없었다. 축시(丑時) 정각에 동쪽을 향하여 출발하였다.

27일(무오). 맑음

아침에 배 위를 두루 살펴보니 배의 길이는 60칸이고 너비는 8칸, 높이는 4층이었다. 조선, 일본, 대청(大淸), 서양【미국과 영국이다.】 각국의 동승한 사람이 모두 480인이고 선격(船格 선원)은 20인이었다. 검은 암소 4마리, 흰 양 130여 마리, 흰 돼지 2마리, 닭·개·오리 등을 각각 우리에서 길렀다. 선장은 영국인인데 항해술에 매우 뛰어나므로 일본인이 고용하여 배를 맡겼다고 한다. 남인도(南印度) 사람 1명이 병들어 배 안에 있는데 외모를 살펴보니 얼굴 전체가 흑색이고 손 역시 흑색이었다. 전신이 순흑색(純黑色)이지만 이목구비는 또한 사람이었다. 서양인 여자와 청(淸)나라 여자 또한 각 칸에 같이 들어갔다.

점심을 먹은 뒤에 태평양(太平洋)으로 출항했다. 바람 없고 물결이 잔잔하여 편하게 갈 수 있으니 너무도 다행이었다. 하지만 몇 리를 갔는지는 모르겠다.

28일(기미), 흐림

아침에 이기주(伊岐州)를 지났다. 아침을 먹은 뒤 사가미국(相模國)을 지나는데 등대가 있었고, 바다 가운데에는 물이 얕아 배가 다니지 못하도록 하는 돌로 쌓은 표지(標識)가 있었다. 요코스카(橫須賀)에 등대가 있었고 또 해표(海標)가 있었으며 멀리 후지산(富士山)이 보였다. 사시(巳時) 정각에 무사시주(武藏州) 가나가와(神奈川)의 요코하마항(橫濱港)에 정박했는데, 고베항(神戶港)으로부터 요코하마항까지 1,800리 거리라고 한다.

요코하마는 곧 일본의 첫째가는 항구이다. 좌우의 산세가 광활하고 감싸는 듯한데 다만 남쪽만 열려 있고 동(東)·북(北)·서(西) 3면은 '요(凹)'자의 형상과 같으면서 매우 광대하다. 항구에 들어가니 프랑스 군함과 미국·영국의 상선(商船) 및 증기선들이 그곳에 모여 있는데 그 수를 셀 수 없었다.

11명 영공 일행들이 작은 배를 함께 타고 부두(埠頭)【등대가 있다.】에 내려 인력거를 타고서 1리 정도 거리의 여점(旅店)에 도착하였다. 점주 야마나카 덴지로(山中傳次郎)가 점심을 내어 왔다. 사람과 물자는 번성하고 시장의 가게는 죽 늘어서 있는데 고베(神戶)의 3배나 되는 규모이다. 현령 노무라 야스시(野村靖)【마침 도쿄(東京)에 갔다.】의 속관 혼다 시즈나오(本多靜直)가 고 주부(高主簿 고영희(高永喜))편으로 명함을 보내왔다.

미시(未時)에 영공들은 인력거를 타고 수행원 이하는 걸어서 요코하마 철도대합소(鐵道待合所)로 갔다. 신시(申時) 초에 기차를 타고 출발하였다. 기차는 13량(輛)을 연결하였고 상·중·하의 등급이 있다. 첫 번째 역에 이르러 잠시 머물고【타거나 내리는 사람이 있기 때문이다.】 두 번째 역에 이르러 잠시 머물다 바로 출발하여 철교(鐵橋) 3개를 지났다. 그 중 한 철교는 길이가 수백 보였다. 좌우에는 광활한 옥야(沃野)가 있고 앞뒤로는 연이은 인가(人家)가 있으니 좋은 산수라 할 만하다. 세 번째 역에 이르러 잠시 쉬다가 바로 출발하여 석홍문(石虹門)을 지나는데 오른쪽은 대양(大洋)이고 바다 가운데에 둥근 섬이 있으니 진법(陣法)을 익히는 곳이 있는 듯하다. 철도의 오른쪽에는 검은 목책(木柵)을 세워 놓았고 왼쪽에는 또 바닷물을 끌어들여 해자(垓子) 같은 것이 있는데 그 왼쪽에는 바로 인가가 있었다. 몇 리를 걸쳐 철도가 길 가운데로 나 있으니 바로 평평한 육지였다.

신시(申時) 정각에 도쿄(東京)의 신바시 철도국(新橋鐵道局) 대합소에 도착하였는데 90리 거리라고 한다. 대합소의 누각에서 잠시 쉬었다. 오쿠라구미 상회(大倉組商會) 사장 오쿠라 기하치로(大倉喜八郞)가 명함을 주었다.

곧장 인력거를 타고 5리쯤을 가서 시전(市廛) 사이에 도착하여 외무성(外務省) 시바공원(芝公園)에 이르렀다. 이곳은 해군성(海軍省)에 속하지만 외무성이 지휘하는 곳이다. 공해(公廨 관청 건물) 두 곳에 숙소를 나누어 정하였다. 주령, 일재(一齋 어윤중(魚允中)), 금석(琴石 홍영식(洪英植))이 처소가 같고, 나머지 영공들은 한 장소에 같이 거처하였다. 이수사(李水使 이원회(李元會))는 따로 숙소【에이지로(榮次郎)의 집이다.】를 정하였다. 저녁을 먹은 뒤 오쿠라구미 상회 부장(副長) 다카하시 헤이카쿠(高橋平格)【바로 도쿄 사람인데 부산항에 가서 상업(商業)을 일으킨다고 한다.】가 열두 일행[66]에게 술 50병을 보내왔다.

29일(경신), 흐림

도쿄에 머물렀다. 문 밖을 나가지 않았다.

30일(신유), 맑음

도쿄에 머물렀다. 문 밖을 나가지 않았다. 조선 어학(語學) 주영(周永)이 와서 영공들을 뵈었다.

∞ 5월 작은 달[67][五月小] ∞

1일(임술), 맑음

도쿄에 머물렀다. 미즈노 세이이치(水野誠一)와 대화를 나누었다. 원로원(元老院) 서기관인 미야모토 고이치(宮本小一)가 와서 영공들을 만났다. 샤료마루(社寮丸) 선편(船便)으로 짐이 왔다.

66 열두 일행 : 11명 영공(令公) 일행에다 별견(別遣) 김용원(金鏞元)의 일행을 더한 것이다.

67 작은 달(月小) : 구력(舊曆)에서 날수가 30일이 아니라 29일에 그치는 달을 말한다.

2일(계해), 맑음

도쿄에 머물렀다. 저녁을 먹은 뒤에 양재(養齋), 남허(南虛)【손붕구(孫鵬九)이다.】와 함께 1구지(緱地)[68] 거리의 만구지(萬宮寺) 앞에 갔다. 주변의 들쑥날쑥한 수목은 정결하였고 담장[墻屋]은 죽책(竹冊)이나 목책(木冊)으로 만들었는데 사찰 건물은 금색으로 칠하였다. 근방에 '어요리(御料理)'【술과 음식을 파는 집이다.】라고 하는 곳이 있었다. 또한 장대에 살아 있는 원숭이 한 마리를 매어 두었는데 마음대로 위아래를 오르내리는 것이 교토(西京)의 박물회에서 본 것과 차이가 없었다.

또 1층 돌계단을 올랐더니 수목이 우거져 있었고 한 광장의 주변에는 더러 꽃과 대나무가 심겨 있었다. 동쪽으로 바다를 바라보니 시야가 자못 트였다. 이어서 내려오는데 길 옆에 화초를 키우는 집이 있어 들어가 감상하였다. 각종 기이한 화훼(花卉)와 송죽(松竹)을 화분에 심어 정성스럽게 나열해 놓았는데 하나하나 자세히 감상할 수는 없어서 잠시 살펴보았다. 주인 여자의 손님을 맞이하는 의자가 있어 거기에 앉아서 쉬는데 다과를 내어 왔다. 이 사람은 화초로 생계를 꾸리는 자이다. 저물녘에 숙소로 돌아왔다. 밤에 김정모(金正模)가 와서 영공들을 뵈었다.

3일(갑자), 오시에 비가 옴

외무성 서기관 미야모토 고이치(宮本小一)가 와서 영공들을 만났다. 주령이 공묘(孔廟)와 박람회(博物會)에 갔다가 비를 무릅쓰고 숙소로 돌아왔다.

---

68 구지(緱地) : 그렇게 멀지 않은 거리를 세는 단위인 듯하나 자세하지 않다.

4일(을축), 맑고 오후에 비가 옴

주령이 홍공(洪公), 어공(魚公), 민공(閔公), 조공(趙公) 네 영공(令公)과 청나라 영사 관소(領事官所), 외무성(外務省)【대보(大輔)는 우에노 가게노리(上野景範)이고 소보(小補)는 요시카와 아키마사(芳川顯正)이고 서기(書記)는 미야모토 고이치(宮本小一)이다.】, 대장성(大藏省)【경(卿)은 4위 2등인 사노 쓰네타미(佐野常民)이고 소보정(小補正)은 5위 요시하라 시게토시(吉原重俊)이고 대서기관(大書記官)은 이시마루 야스요(石丸安世)이고 소서기관(小書記官)은 사에키 이케이(佐伯惟馨)이다.】, 관세국(關稅局)【장(長)은 하치스카 모치아키(蜂須賀茂韶)[69]이고 대서기관은 아리시마 다케시(有島武)이다.】에 갔다가 신시(申時)에 처소로 돌아왔다.

오시(午時)가 지나 함 참봉(咸參奉 함낙기(咸洛基))·석사 유정수(柳正秀)와 백복주(白福周)를 데리고 병원에 갔는데 주의(主醫)는 출타하고 접대인(接對人)인 오하시 소키치(大橋操吉)가 영객소(迎客所)에서 맞이해 주었다. 대화를 나눈 뒤에 한 장소에 갔는데, 수십 칸 건물의 칸칸마다 병자(病者)를 치료하였다. 치료하는 병은 모두 두종(頭瘇)과 골창(骨瘡) 따위였다. 또 수십 칸 되는 한 건물에 갔는데 여자들의 병을 치료하는 곳으로 또한 모두 골창과 두종을 다스렸다. 한 방에서는 여인이 침상에 누워서 오른쪽 유방을 제거하는 치료를 막 끝냈는데 사람을 시켜 병을 가져오게 해서 떼어낸 유방을 유리병에 담아 밀봉하였다. 막 베어낸 혈흔이 유리병에 가득한 것이 매우 참혹하였다. 그 이유를 물어보니 말하

---

69 하치스카 모치아키(蜂須賀茂韶) : 원문은 '長蜂鬚賀茂韶'인데, 이달 9일 기록 및 『조선시대 대일외교 용어사전』에 근거하여 '鬚'를 '須'로 바로잡아 번역하였다. 『조선시대 대일외교 용어사전 http://waks.aks.ac.kr/rsh/?rshID=AKS-2012-EBZ-2101 검색일:2017.9.30』

기를 "유방암에 걸려 만일 제거하는 치료를 미리 하지 않으면 목숨을 보전하기 어렵기 때문이다."라고 하였다.

또 2, 3세 아이에게 찢어진 입술을 꿰매고 약을 주었다. 또 1층에 갔는데 인체의 온전한 해골(骸骨)을 시렁 아래에 매달아 놓았고, 탁자에는 유리병 3개를 진열해 놓았는데 병 가운데 술을 담아 한두 달 된 태아부터 6, 7개월 된 배 안 태아와 태반(胎盤)을 넣어 두었으니 마치 막 새로 담은 것처럼 혈색이 선명하였다. 또 한쪽의 층각(層閣)에 갔더니 각종 약을 제조하는 기구가 있었고, 한 곳 건물에 또 가보니 큰 탁상을 설치하여 나무 상자를 헤쳐 열어 둔 채로 두서너 개의 여성 아랫배 형상의 나무 바가지를 상자에서 꺼내 진열해 놓았다. 바가지 안에는 남녀가 교합한 뒤 태(胎)가 들어서는 모습을 설치해 놓았는데, 1개월부터 10개월에 이르는 법을 낱낱이 만들되 차례와 대소로 바가지를 구별해 놓았으니 이것을 가지고 산모(産母)의 병근(病根)을 징험하여 안다고 하였다.

시간이 부족해서 두루 살필 수 없기에 다시 다음 기회로 미루고 처소에 돌아왔다. 처소는 곧 해군성 소속 공해(公廨)인데 관청 건물인 것이 싫어서 저녁을 먹은 뒤에 10여 리 거리의 간다구(神田區) 아와지테이초(淡路亭町) 2초메(丁目)의 무사시야(武藏屋) 이마이 니헤에(今井二兵衛) 집으로 처소를 옮겨 민공(閔公)·조공(趙公)과 함께 머물렀다.

5일(병인), 맑음

주령이 민공(閔公)·조공(趙公) 두 공과 함께 관세국(關稅局)에 가서 미야모토 고이치(宮本小一)와 문답하였다. 외무성의 어학(語學) 생도【시오카와 이치타로(鹽川一太郎)와 고쿠부 쇼타로(國分象太郎)인데 나가사키(長崎) 사람이다.】가 와서 인사하였다.

오시(午時)가 지나 구하려는 책이 있어 석사 유기환(兪箕煥), 박회식(朴晦植)과 함께 통사 이장회(李長晦)를 데리고 서림(書林) 수십 곳을 두루 다녔지만 얻지 못하고 돌아왔다. 돌아오는 길에 조 참판(趙參判)의 처소에 갔다가 왔다. 밤에 홍공(洪公)·어공(魚公) 두 영공이 세 영공[70]의 처소를 방문하였다.

6일(정묘), 맑았다 흐렸다 함

아침에 유우(兪友 유기환(兪箕煥)), 박회식(朴晦植), 이장회(李長晦)와 함께 서림에 갔다가 책을 구하지 못하고 늦게 처소로 돌아왔다. 여관이 협소한 것이 싫어서 다시 스루가다이(駿河臺) 미나미코가초(南甲賀町)의 오쿠노 세이토쿠(奧野政德) 집으로 옮겼다. 식주인(食主人 식사 제공을 주관하는 사람)은 센사쿠 지로(遷作次郎)이다.

점심을 먹은 뒤 또 서림에 갔다. 돌아오는 길에 박 참판(朴參判 박정양(朴定陽))·엄공(嚴公 엄세영(嚴世永))·심공(沈公 심상학(沈相學))의 처소에 갔으나 마침 출타 중이라서 인사드리지 못하고 돌아왔다.

7일(무진), 맑음

문밖을 나가지 않았다. 주령이 한산(翰山)·창혜(蒼惠) 두 영공과 관세국에 가서 국장과 문답하였다. 오시(午時)가 지나 대청 공사(公使) 흠차대신(欽差大臣) 하여장(何如璋)[71]이 처소에 와서 명함을 남겼다.

---

70 세 영공 : 바로 전날 같은 곳에 처소를 마련한 민건호의 주령인 이헌영(李𨯶永), 민종묵(閔種默), 조병직(趙秉稷) 세 사람을 말한다.

71 하여장(何如璋) : 원문은 '河如璋'인데, 일반적인 용례에 근거하여 '河'를 '何'로 바로잡아 번역하였다.

8일(기사), 맑음

아침에 무사시야(武藏屋) 서림에 갔다. 서점 주인에게 글을 쓴 부채 하나를 갖다 주었는데, 이는 어제 아침 처음 갔을 때에 흔쾌히 맞아주고 다과를 대접해 주었기 때문이다. 주령과 영공들이 외무경(外務卿) 이노우에 가오루(井上馨)의 사저에 가서 문답하였다.

9일(경오), 맑다가 해질녘에 흐림

아침을 먹은 뒤에 서림에 갔다. 오시(午時)가 지나서 심공(沈公)·박공(朴公) 두 영공의 처소와 민공(閔公)·조공(趙公) 및 엄공(嚴公)의 처소에 갔으나 마침 출타 중이라 인사드리지 못하였다. 대청 공사관(大淸公使館)의 참찬관 황준헌(黃遵憲)[72]이 처소에 와서 명함을 남기고 갔다.

주령과 영공(令公)들이 오쿠라구미 상회(大倉組商會)의 요회소(邀會所)에 함께 갔는데 나는 참석하지 않았으므로 그저 들은 것을 대략 다음과 같이 기록한다.

지나는 길에 가죽을 제조하는 공장을 구경하였는데 주인인 요다(依田)가 나와 맞이하였다. 건물이 또한 매우 크고 넓었는데 화륜을 설치하고 목함(木函)을 늘여놓았다. 상수리 껍질 섞은 물에 우피(牛皮)를 담가 두었다가 꺼내어 수기(水機)에 넘겨 두드린다. 다음으로 윤기(輪機)에 옮겨 평평히 한 뒤에 말리고 반듯하게 하고 또 윤기에 넣어 두드린 뒤에

72 대청……황준헌(黃遵憲) : 원문은 '大淸領事參贊官黃遵憲'인데, 당시 황준헌(黃遵憲)이 주일 공사관 참찬관으로 근무한 기록에 근거하여 '領事'를 '公使'의 잘못으로 보고 바로잡아 번역하였다. 이 일기의 작자인 민건호가 이 부분에서는 개항지의 통상업무를 담당하는 다수로 설치 가능한 '領事'와 외교관계가 있는 나라 상대방의 수도에 파견하는 '公使'를 혼동한 듯하다.

기름을 칠하고 다시 다듬는데, 그 가죽의 부드럽기가 사슴 가죽을 다듬은 것과 같다.

또 1구지(緱地) 거리의 구로가와초(墨川町)에 갔는데 이곳은 바로 오쿠라구미 상회의 별장(別莊)과 화원(花園)이다. 정자와 화훼가 자못 그윽하고 아름다웠다. 주인이 밖으로 나와 영접하여 안내하였다. 외무성 관원, 도쿄와 교토의 지사(知事), 세관장(稅關長) 등 수십 인이 다 모여 있었다. 나루시마 류호쿠(成島柳北), 후쿠치 겐이치로(福地源一郎), 미야모토 고이치(宮本小一), 오노 마코토(大野誠), 오토리 게이스케(大鳥圭介), 시부사와 에이이치(澁澤榮一), 기시다 긴코(岸田吟香), 요다 시바우라(依田柴浦), 마에지마 히소카(前島密), 마쓰다 미치유키(松田道之), 카츠 야스요시(勝安芳), 구스모토 마사타카(楠本正隆), 누마 모리카즈(沼間守一),[73] 스즈키 게이준(鈴木慧淳), 미노무라 리스케(三野村利助), 사이고 쓰구미치(西鄉從道)【사이고 다카모리(西鄉隆盛)의 아우이다.】, 하치스카 모치아키(蜂須賀茂韶), 오야마 이와오(大山巖), 기타바타케 하루후사(北畠治房), 이노우에 이시산(井上石三) 등 몇몇 인물들인데, 저들의 이른바 재자(才子 재능이 출중한 사람)들이다.

조금 뒤에 네 여아(女兒)가 밖에서 왔다. 비단 치마와 수놓은 저고리를 입었는데 용모가 아름다웠다. 한 사람은 '화계(花溪)'로 나이가 30에 가까운데 서화(書畫)로 도쿄에서 유명하였고, 한 아이는 태정 대신(太政大臣) 산조 사네토미(三條實美)의 딸인 산조 지에코(三條智惠子)로 '화제

73 누마 모리카즈(沼間守一) : 원문은 '治間守一'인데, 『조선시대 대일외교 용어사전』에 근거하여 '治'를 '沼'로 바로잡아 번역하였다. 『조선시대 대일외교 용어사전 http://waks.aks.ac.kr/rsh/?rshID=AKS-2012-EBZ-2101 검색일:2017. 9.30』

(花提)'라고 부르며 나이가 8살이었다. 한 아이는 야마우치 하치도코(山內八童子)로 '욱화(旭花)'라 부르며 나이가 11살이고, 한 아이는 핫테이 쇼쇼토코(八娣小小桃子)로 '화주(花洲)'라고 부르며 나이가 12살인데 이들은 모두 중신(重臣)의 딸이다. 모두 여학교에 들어가 공부를 하고 있는데 여자 사수(師授)인 화계가 데리고 놀러 왔다가 당(堂)에 올라와 인사를 한 것이다. 주인이 한 축의 설면지(雪綿紙)와 몇 승(升)의 연묵(硏墨간 먹물)을 앞에 내주니 화제는 국화를, 욱화는 연(蓮)을, 화주는 매화를, 화계는 총죽(叢竹)을 각각 그리고 또 각각 주련(柱聯) 한 폭을 썼는데 솜씨가 정교하였다. 조금 뒤에 저녁을 내어오고 또 차를 마신 뒤에 자리를 파하였다.

10일(신미), 새벽부터 내린 비가 저녁까지 옴

부산항으로 가는 선편이 있다고 하기에 편지를 써서 정동(貞洞)에 부치면서 고향에 보내는 편지도 함께 부쳤다. 저녁을 먹은 뒤에 양재(養齋), 엄 사과(嚴司果), 최 오위장(崔五衛將)과 함께 욱루(旭樓)【박태(朴台 박정양(朴定陽))와 심공(沈公 심상학(沈相學))의 처소인데 커다란 목욕실이 있다.】의 목욕실(沐浴室)에 갔다.

목욕실은 너비가 수십 칸이고 남녀의 목욕탕이 사이를 두고 떨어져 있는데 1보 거리에 불과하다. 남녀가 서로 나체를 바라보면서도 조금도 부끄러워하지 않았고, 나체를 한 남자가 여자 목욕실에서 일을 하는데 여자의 몸을 안마해준다. 몸을 다 씻은 후에 각각 목욕을 한 남녀에게 사용료를 받는다. 대저 일본인들은 예부터 목욕을 좋아하니 그것이 풍속이 된 지가 오래되었다.

11일(임신), 비가 옴

12일(계유), 맑음

오시(午時)가 지나 양재(養齋)·최 오위장(崔五衛將)과 함께 서림에 가서 두루 구경하고 돌아왔다. 주령이 관세국과 개척 장관(開拓長官) 구로다 기요타카(黑田淸隆)【병자년(1876, 고종13)에 강화도에 온 인물이다.】 및 태정관 참의(太政官參議) 데라시마 무네노리(寺島宗則)의 집에 갔다가 돌아왔다.

13일(갑술), 오시에 흐리고 가랑비가 옴

잠시 서림에 갔다가 돌아오는 길에 엄령(嚴令 엄세영(嚴世永))·박태(朴台 박정양(朴定陽))·심령(沈令 심상학(沈相學))의 처소를 방문하고 돌아왔다. 주령은 공부성(工部省)에서 초청한 모임에 갔다가 저물녘에 처소로 돌아왔다.

14일(을해), 비가 옴

아침에 조태(趙台 조준영(趙準永))의 처소에 가서 미즈노 세이이치(水野誠一)를 만나고 돌아왔다. 주령이 박람회에 갔다. 일황(日皇)이 박람회에서 정교(精巧)한 기예를 살펴본 뒤 상을 내리는 일로 이날 궁에서 나왔는데 위의(威儀)를 성대히 갖추었다. 각국의 영사관 또한 참석하였다.

15일(병자), 맑음

아침에 양재와 함께 홍 직각(洪直閣 홍영식(洪英植))·어 교리(魚校理 어윤중(魚允中))의 처소와 조 참판(趙參判 조준영(趙準永))의 처소에 갔다.

돌아오는 길에 또 서림에 들렀다 왔다. 대청(大淸) 어학생(語學生) 야마다 만리(山田萬里)와 구로야나기 시게마사(黑柳重昌) 2인이 와서 인사하며 나에게 시를 지어주기를 청하기에 절구 두 수를 지어 아래와 같이 써서 주었다.

동경 오월 녹음 지는 때에	東京五月綠陰時
유람하느라 도리어 귀로가 늦어진 줄 잊었네	遊覽還忘歸路遲
통상하는 각국 물건을 모두 실어나르니	通商各國咸輸物
형형색색 물건 괴이하고 기이하네	色色形形怪且奇

서림【각종 서책을 파는 시전(市廛)이다.】에 잠시 앉아 책 구경 하는데	書林翫景坐移時
다과를 내어와 권하니 해가 정히 더디네	勸進菓茶日正遲
동경은 요사이 유신의 정사 펼치니	東京近日維新政
영국에서 배워 와 일마다 기이하네	英國學來事事奇

16일(정축), 흐림

오시(午時)가 지나 엄 사과(嚴司果)와 함께 강령(姜令 강문형(姜文馨))의 처소에 갔으나 마침 출타 중이라서 인사하지 못하였다. 돌아오는 길에 양재 및 최 오위장, 엄 사과와 동행하여 시가지 수십 곳을 함께 구경하였다. '어요리(御料理)'라고 적은 베 간판[布板]을 내건 집에 들어갔는데 좌우에 연지(蓮池)가 있고 연못에는 분수대가 있는데 하나는 네 물줄기를 곧바로 공중으로 뿜어내고 하나는 한 줄기를 곧바로 공중으로 뿜고 있었다. 기이한 꽃이 많았다. 내부에 수십 칸의 칸막이 방이 있는데 칸칸마다 사람을 맞이하는 자리를 만들어 놓고 술과 다반을 진설해 놓았다. 어린 여자로 손님을 맞게 하여 술을 팔아 생계를 꾸리니 바로 우리나라의 색주가(色酒家)와 같은 것이다.

저녁밥을 먹은 뒤에 민공(閔公 민종묵(閔種默))과 조공(趙公 조병직(趙秉稷)) 두 영공의 처소에 갔다. 또 양재, 엄 사과, 유 진사(兪進士), 최 오위장(崔五衛將), 이 부장(李部將), 석사 이상재(李商在), 왕 참봉(王參奉)과 함께 5리 거리의 우에노 이케하타(上野池端)【지명이다.】에 가서 불꽃놀이를 보았다.

둘레가 5리 가량 되는 큰 연지(蓮池)가 있었는데 못 주변에 민가가 즐비하고 층루(層樓)가 있었다. 층루의 위아래에 각각 오색의 등촉(燈燭)을 매단 것이 연못에 비치니, 위도 아래도 붉은 빛깔이다. 연못에 돌다리가 있는데 한가운데로 뻗어 있고, 다리 밑 좌우로 배가 다니고 배 위에서 불꽃놀이를 한다. 처음 발사할 때에 꿈틀대는 용이 배회(徘徊)하는 형상을 하다가 곧바로 공중으로 수백 장을 오른 뒤에는 갖가지 모습으로 변화하는데 그것을 헤아릴 수가 없을 정도이다. '오색화(五色火)', '난성(亂星)', '수양(垂楊)', '산발(散髮)' 등 각각의 불꽃놀이가 있다. 얼음 가게 한 곳에 가서 두 잔의 빙수를 샀는데 너무도 시원하였다. 구경을 마치고 인력거를 타고서 욱루(旭樓)의 목욕실에 가서 목욕하고 돌아왔다. 대저 이 불꽃놀이는 한 해를 걸러 행해지는데 정부의 명이 있은 뒤라야 열린다. 하루 밤낮동안 불꽃놀이로 소비하는 재물이 적지 않을 듯하였다.

17일(무인), 맑음

18일(기묘), 맑음

신시(申時)가 지난 시간에 김정모(金正模)가 내방(來訪)하였다. 같은 고국(故國) 사람으로 측은한 마음이 꽤 많이 들었다. 사정을 들어 보니 이곳에 온 뒤 병으로 신고(辛苦)를 겪었다고 한다. 말하면서 눈물까지 떨구는데 보는 사람으로 측은한 마음이 생기게 하니 그야말로 누구인들 똑같은 감정일 것이다. 함께 유숙하였다. 미국 배가 서계(書契)를 올리는 일로 청국(淸國)에서 바로 조선으로 향한다고 한다.

19일(경진), 맑고 더움

외무성 7등 속관 이쓰쓰지 나가나카(五辻長仲)와 만나서 이야기를 나누었다.

20일(신사), 흐림

아즈마바시(吾妻橋) 미토번저(水戶藩邸)[74]【지명이다.】 앞에서 해군 단정(端艇)의 경조(競漕 보트 경기)【수상에서 진행하는 조련(操鍊)이다.】가 열렸다. 태정관(太政官) 3대신(大臣)인 산조 사네토미(三條實美)·다루히토 신노(熾仁親王)·이와쿠라 도모미(巖敵久視)와 각 장관(將官)들이 일제히 모였다. 우리 조사(朝士)들이 수군(水軍) 병사들의 익숙한 솜씨를 관람해 주기를 요청하였으므로 주령이 가서 관람한 것이다. 함선(艦船)의 차례를 아래와 같이 대략 기록한다.

---

74 아즈마바시(吾妻橋) 미토번저(水戶藩邸) : 원문은 '烏妻橋 戶部邸'인데, 일반적인 용례와 이헌영의 『일사집략(日槎集略)』에 근거하여 '吾妻橋 水戶藩邸'로 바로잡아 번역하였다.

제1회 경조정(競漕艇) 조합(組合)

순번(順番)	노수(橈數)	청기(靑旗)	황기(黃旗)	적기(赤旗)	백기(白旗)
1번	7정(挺)	진게이함 (迅鯨艦)	후소함 (扶桑艦)	제이 수병분영 (第二水兵分營)	
2번	7정	가스가함 (春日艦)	콘고함 (金剛艦)	닛신함 (日進艦)	
3번	7정	아즈마함 (東艦)	제일 수병분영 (第一水兵分營)	세이키함 (淸輝艦)	
4번	10정	수병분영 (水兵分營)	아사마함 (淺間艦)	콘고함 (金剛艦)	
5번	12정	초빈함 (肇敏艦)	제이 축파함 (第二筑波艦)	제이 수병본영 (第二水兵本營)	겐코함 (乾行艦)
6번	6정	후지야마함 (富士山艦)	닛신함 (日進艦)	아사마함 (淺間艦)	제이 정묘함 (第二丁卯艦)
7번	6정	후소함 (扶桑艦)	겐코함 (乾行艦)	콘고함(金剛艦)	아마기함 (天城艦)
8번	12정	제일 축파함 (第一筑波艦)	제일 수병본영 (第一水兵本營)	제일 후지야마함 (第一富士山艦)	
9번	14정	제일 아사마함 (第一淺間艦)	도카이친쥬 (東海鎭守府)	후소함 (扶桑艦)	제이 아사마함 (第二淺間艦)
10번	10정	셋츠함 (攝津艦)	아즈마함 (東艦)	호쇼함 (鳳翔艦)	
11번	12정	진게이함 (迅鯨艦)	제이 후지야마함 (第二富士山艦)	후소함 (扶桑艦)	
12번	10정	수병본영 (水兵本營)	아마기함 (天城艦)	치요다함 (千代田艦)	
13번	10정	제일 히에이함 (第一比叡艦)	호쇼함 (鳳翔艦)	모슌함 (孟春艦)	셋츠함 (攝津艦)
14번	6정	제일 히에이함 (第一比叡艦)	초빈함 (肇敏艦)	가스가함 (春日艦)	세이키함 (淸輝艦)
번외 구노선(苦惱船)의 경조(競漕)가 있었음 메이지(明治) 14년 6월 16일 해군단정경조회					
15번	6정	소류마루 (蒼龍丸)	셋츠함 (攝津艦)	세이키함 (淸輝艦)	
경조(競漕)를 마친 뒤 영국상선경조회사의 단정(端艇)으로 한 번 경조(競漕)를 실시함. 단, 이 회사의 단정은 이들 군함의 보트와 그 제조를 달리하므로 속력도 빠름.					

민공(閔公)과 조공(趙公) 두 영공의 처소에 갔다. 대청(大淸)의 부공사(副公使) 장사계(張思桂)가 처소에 왔으나 주령이 출타하여 문밖에서 명함을 남기고 돌아갔다.

오시(午時)가 지나 유기환(兪箕煥)·민재후(閔載厚)와 함께 걸어서 2리 떨어진 여자 사범학교에 갔다. 문안에 이르니 수험청(守驗廳)이 있기에 내방한 이유를 설명하였다. 해당 청(廳) 사람이 즉시 안으로 들어갔다가 잠시 뒤 나와서 안내하였다. 영객소(迎客所 손님을 맞이하는 장소)에 따라 들어가 의자에 각각 앉아 있는데 두 사람이 명함을 주었다. 한 사람은 히시카와 타로(菱川太郎)이고 한 사람은 미모리 마모루(三守守)인데 모두 본교의 교원이라고 하였다. 또 말하기를 "시간이 이미 지나 여자 학도들이 물러갔으므로【정해진 시각에 와서 배우고 정해진 시각에 물러간다.】 별다른 볼거리가 없을 것입니다."라고 하기에, 내가 말하기를 "비록 여자 학도는 볼 수 없을지라도 대략 두세 곳 학예(學藝)를 익히는 곳을 보는 것은 문제없겠습니다."라고 하니, 즉시 앞서서 인도하였다.

한 곳에 이르렀는데 수십 칸의 방에 좌상(坐床)이 가득 줄지어 있었다. 두 소녀가 좌상에 걸터앉아 한참 화초를 그리고 있는데 수법이 상당히 훌륭했다. 또 한 곳에 가니 각종 기계가 있는데 화학 기술에 사용한다고 한다. 양쪽 머리 부분으로 온도를 재는 기구는 유리로 연죽(烟竹 담뱃대) 모양으로 만들었는데 양쪽 머리가 모두 연죽통과 같았다. 통 안에 소주(燒酒 수은을 말하는 듯함)를 담아 손으로 한 쪽 머리통을 잡으면 통 속의 소주가 바로 반대쪽 머리 부분으로 흘러가 넘쳐 비등하는 듯하니 심히 괴이하였다. 또 한 곳에 가니 사람의 전신 해골을 매달고 또 말의 뼈를 매달아 놓았다. 또 한 곳에 가니 날짐승과 길짐승이 살아있는 듯한 모습으로 있는데 유리로 선반을 만들었다. 또 유리병에 술을 담아 각종 바다고기, 곤충, 사갈(蛇蝎 뱀과 전갈), 이름 모를 물고기를 넣어 두었는데 완연히 살아있는 듯하였다.

또 한 곳에 가니 수십 칸 가량의 마루에 하나의 '탁금(卓琴)'이 있는데 그 모양을 형용할 수 없다. 가운데에 또 하나의 탁자가 있고 위로 '부자유친(父子有親)', '군신유의(君臣有義)', '부부유별(夫婦有別)', '장유유서(長幼有序)', '붕우유신(朋友有信)'을 크게 쓴 오륜(五倫) 글씨가 있는데, 학도로 하여금 이 오륜을 배울 때 탁금을 쳐서 화답하게 한다고 하니 또한 기이하였다. 관람을 마치고 나왔다.

돌아오는 길에 1구지(緱地)를 지나지 않아 또 도쿄사범학교(東京師範學校)가 나오기에 문 안의 수험청(守驗廳)에 가서 물었더니 남자 사범학교라고 하였다. 그래서 즉시 유람차 왔다고 하면서 명함을 주었더니 잠시 뒤 안에서 어떤 사람이 나와 안내하였다. 영객소에 이르러 의자에 앉아있는데 두 사람이 나와서 명함을 주었다. 한 사람은 나고야 무쓰(名兒耶六都)이고 한 사람은 오키쓰 나가타미(興津長民)로 모두 본교의 관원이었다.

두 사람이 인도하여 한 건물에 이르렀는데 30여 칸 정도 되었다. 앉는 탁상 100여 개를 네 줄로 설치해 놓았으니 모두 학도들이 앉아 학습하는 곳이었다. 정북 방향에 방석을 놓아둔 1층의 상(床)이 있는데 이것이 교사 자리이다. 두 사람의 그림을 걸어 두었는데 한 사람은 웃는 얼굴이고 한 사람은 근심하고 눈물을 흘리는 모습이다. 실물과 매우 흡사하게 그렸다. 또 한 곳에 가니 생도 수십 인이 각자 의자에 앉아서 일본책을 보거나 일본 글자를 쓰고 있었다. 7, 8칸 규모의 1층 건물에 가니 곧 서적을 보관하는 곳인데 한문과 일본책이 있었다. 또 가본 장소는 동식부(動植部)인데 새 중에 백로국(白露國 백러시아)의 닭과 위충(蝟蟲

고슴도치)이 매우 기이하였다.

또 한 곳에 간 장소는 수십 칸 건물인데 이곳은 희축(戲筑)[75]을 하는 곳이었다. 생도가 뒤이어 와서 모이기에 오키쓰 나가타미(興津長民)에게 희축을 보여달라고 요청하였다. 즉시 교사 한 사람을 시켜 시범을 보이게 하니 수십 명 생도가 곧바로 즉시 스승의 손에서 박자를 이어받아 축(筑)을 잡고 몸을 돌리며 입으로 소리를 내는데 하나도 어긋나지 않고 반응하는 것이 마치 물이 흐르는 것과 같았다. 또 그네[鞦韆][76]가 있기에 용도를 물어보니 생명을 기르고 몸을 조섭하는 일에 쓰인다고 대답하였다. 관람을 마치고 돌아오는 길에 학도의 수를 물었더니 본교 학도의 수는 378인인데 학교장 다카미네 히데오(高嶺秀夫) 1인이 교사 17인을 부린다고 하였다.

21일(임오), 흐리고 비가 옴

김정모(金正模)가 또 와서 동숙(同宿)하였다. 주령의 옆방에 거주하는 자【세를 내어 들어왔다.】는 나가사키항(長崎港)에서 와서 머물고 있는 사람이다. 이름은 시미즈 소이치(清水象一)[77]로 17살인데 자못 문자를 알았다. 그의 동향 사람인 19살 기무라 야스타다(木村保忠)와 함께 나의 처소

---

75 희축(戲筑) : '筑'은 동양의 현악기인데, 여기에서의 축(筑)이 서양의 악기를 지시하는 것이라고 한다면 '戲筑'은 '바이올린을 연주한다'라는 뜻 정도로 새길 수 있겠지만 자세하지 않다.

76 그네[鞦韆] : 원문은 '秋鞭'인데, 일반적인 용례에 근거하여 '秋鞭'을 '鞦韆'으로 바로잡아 번역하였다.

77 시미즈 소이치(清水象一) : 원문은 '清水一象'인데, 『조선시대 대일외교 용어사전』에 근거하여 '一象'을 '象一'로 바로잡아 번역하였다. 『조선시대 대일외교 용어사전 http://waks.aks.ac.kr/rsh/?rshID=AKS-2012-EBZ-2101 검색일:2017. 9.30』

에 와서 필담을 하였다.

22일(계미), 비가 옴

23일(갑신), 맑음

아침 식사 뒤에 민령(閔令)과 조령(趙令) 두 영공의 처소에 갔다가 또 박 참판(朴參判), 엄공(嚴公), 심공(沈公)의 처소에 가서 작별 인사를 하였다. 오시(午時)가 지나 일행이 인력거를 타고 도쿄 신바시(新橋) 철도국에 이르렀다. 지나는 길에 주령이 양재(養齋)와 함께 민령(閔令)·조령(趙令) 두 영공의 처소에 갔다가 또 홍공(洪公)과 어공(魚公) 두 영공의 처소를 방문하여 작별하고는 곧바로 철도국 대합소에 도착하였다.

미시(未時) 정각에 15량을 이은 기차를 탔는데 상등석이었다. 일행 5인과 통역관 우에노 케이스케(上野敬助) 총 6명의 기차 요금은 3엔(円)이다.【도쿄에서 요코하마(橫濱)까지이다.】 기차 안에서 도쿄에 사는 일본인 오누키 이치로(小貫一郎)【요코하마에서 벼슬하는 속관이다.】와 대화를 나누었다. 지나가는 길 좌우의 광활한 들판에는 모내기가 한참이다. 검은 하의에 맨다리를 하고 게걸음으로 모를 심는 방법이 우리나라와 다르지 않다. 다만 말을 써서 쟁기질하는 것은 아마 처음 보는 것 같은데 이 지역은 소를 치는 것이 드물다는 것을 미루어 알 만하였다. 그리고 각종 잡물과 일용하는 물건을 옮기는데 인력거를 사용하므로 소가 드문 것이다.

미시(未時) 말에 요코하마 철도국의 대합소에 도착하였다. 조금 쉬었다가 바로 인력거를 타고 2리 정도 거리의 벤덴초(辨天町) 우치야마 센조(內山仙三) 집【도쿄(東京) 오쿠라구미 상회(大倉組商會) 다카하시 헤이카쿠

(高橋平格)의 지점(支店)이다.】으로 갔다. 잠시 휴식한 뒤에 벤텐초 2초메(丁目)에 있는 니시무라 신시치(西村新七)의 층집 3곳에 각각의 처소를 정하였다. 모두 상업일로 요코하마항을 왕래하는 사람들로 이즈국(伊豆國)[78]【일본의 지명이다.】에 사는 고다마 조지로(兒玉朝次郎)【19살이다.】, 군마현(郡馬縣) 오라군(邑樂郡)【지명이다.】 다테바야시마치(館林町)에 사는 하야시 도모노리(林友紀)【40살이다.】·야마노이 헤이키치(山野井兵吉)【21살이다.】와 대화를 나누었는데 이는 같은 여점(旅店)에 머물게 되었기 때문이었다.

24일(을유), 비가 옴

같은 여점에 머물고 있는 요시무라 조스케(吉村恕介)와 만나 대화하였다. 그는 산요도(山陽道) 나가토국(長門國)【지명이다.】 사람으로 외직으로 가나가와현(神奈川縣)에서 벼슬하고 있는데 지방 관원이라고 한다. 아마도 속관(屬官)인 듯하였다.

주령이 양재(養齋)와 함께 세관과 청나라 공사관(公事館)에 갔다.【세관장은 모토노 모리미치(本野盛亨)[79]이고 청나라 영사관은 범석붕(范錫朋)이다.】

25일(병술), 맑음

오시(午時)가 지나 고다마 조지로가 내방하여 필담을 나누었다. 비록

---

78 이즈국(伊豆國) : 원문은 '伊斗國'인데, 일반적인 용례에 근거하여 '斗'를 '豆'로 바로잡아 번역하였다.

79 모토노 모리미치(本野盛亨) : 원문은 '大野盛亨'인데, 『조선시대 대일외교 용어사전』 및 일반적인 용례에 근거하여 '大'를 '本'으로 바로잡아 번역하였다. 『조선시대 대일외교 용어사전 http://waks.aks.ac.kr/rsh/?rshID=AKS-2012-EBZ-2101 검색일:2017. 9.30』

나이는 어리지만 문필(文筆)이 가상하여 종일 필담을 나누었다.

주령이 세관에 갔다. 혜성[尾星]이 추성(樞星 북두칠성의 첫째 별) 경계에 나타났다.

26일(정해), 맑음

아침을 먹은 뒤에 가나가와현(神奈川縣)의 6등 속관 나카우치 미쓰나오(中內光直)가 요시무라 조스케(吉村恕介)의 방에 왔기에 대화를 나누었다. 그의 고향은 도사국(土佐國)인데 이곳 항에 나와서 벼슬하느라 노게로(野毛路) 2초메(丁目) 48번지 관사(官舍)에 거주한다고 한다.

신시(申時)가 지나 벤텐도리(弁天通) 6초메(丁目) 109번지 호소이 규지로(細井久次郎)[80]의 집【오늘 도쿄(東京)에서 나와서 이 집에 처소를 정한 것이다.】에 가서 조 승지(趙承旨 조병직(趙秉稷))에게 인사하였다. 안(安 안종수(安宗洙))과 유(兪 유기환(兪箕煥)) 두 벗과 수일간 격조(隔阻)하였던 회포를 풀었는데 마치 수개월 못 본 것처럼 기쁜 마음이 드는 것은 실로 이국(異國)에 있기 때문이리라.

또 이마이 니헤에(今井二兵衛)와 대화를 나누었다. 이 사람은 조령(趙令)의 도쿄 집주인이자 바로 나의 전 식주인(食主人 식사 제공을 맡은 사람)이었다. 그의 집에서는 보지 못하다가 지금 요코하마(橫濱)에서 만난 것이다.

주령이 해관에 가고 없을 때 대청 영사관 범석붕(范錫朋)이 주령을 내방하였다.

---

80 호소이 규지로(細井久次郎) : 원문은 '細井允次郎'인데, 7월 16일 일기 및 『梅若實日記』 226쪽 기록에 근거하여 '允'을 '久'로 바로잡아 번역하였다.

27일(무자), 맑음

조령(趙令 조병직(趙秉稷))이 처소에 와서 주령과 함께 세관(稅關)에 갔다. 셋쓰(攝津)【세추[81]】, 고베(神戶)【고우메】에 사는 와쿠야마 이와오(和久山磐尾)【와꾸야마유와오】가 처소에 와서 만나 이야기를 나누었다. 그는 유람하러 하코타테(箱館) 지역으로 가다가 여기에 들러 배알한 것이다.

밤에 매문(賣問)하는 소리가 들리기에 "깊은 밤시간에 어떤 상인이 팔러 다니는가?"라고 물었더니, 거주민이 말하기를 "하나는 안마(按摩)를 권하는 소리인데 안마는 손으로 전신을 두루 주물러서 사지(四肢)가 풀리고 시원하게 하는 것입니다. 하나는 색(色)을 파는 소리인데 여색(女色)을 팔기 때문에 밤에 큰길을 두루 다닙니다. 안마법은 눈이 먼 여자가 많이들 배워서 생계를 잇습니다."라고 하였다.

28일(기축), 맑고 더움

신시(申時)에 양재(養齋)와 동반하고 또 우에노(上野 우에노 케이스케(上野敬助)), 고다마 조지로(兒玉朝次郎)와 함께 서쪽으로 2리 거리에 있는 이세산(伊勢山)에 갔다. 이곳은 곧 작은 언덕으로 위에 신궁(神宮)이 있었다. 또 순사 초혼비(巡査招魂碑)가 세워져 있어서 잠시 감상하였다. 주변에 다과를 파는 4, 5장 높이 정도가 되는 가건물이 있었다. 들어가 굽어보며 쉬는데 주인 여자가 다과를 내어왔다. 상(床)에는 원시경(遠視鏡)을 설치하여 유람하는 사람으로 하여금 살펴보게 하였다. 요코하마(橫濱) 전체를 굽어보니 동북쪽으로 큰 바다와 통해 있고 바다 위에는

---

81 세추 : 민건호가 당시 일본 발음의 한글음을 옮겨 적어 놓은 것인데, 바로 뒤이어 나오는 '고우메'와 '와꾸야마유와오'의 표기도 같다.

선박이 왕래하는데 한때의 경치를 선사하기에 충분하였다. 돌아오는 길가에는 꽃을 머리에 꽂은 소녀가 쌍쌍으로 의자에 기댄 채 길손을 부르고 대청 위에는 술과 음식 그릇을 늘여 놓았는데 우리나라의 색주가(色酒家)인 듯하였다.

저녁을 먹은 뒤에 도쿄에 거주하는 스노하라 유지로(春原雄次郎)를 만나 이야기를 나누었다. 그는 내무성(內務省) 서기관으로 노비루(野蒜) 지역에 갈 것인데 이 항구에서 배를 타고 가려고 하므로 이곳에 왔다고 한다. 한참 동안 필담을 나누었다. 떠나려고 할 때 맥주 1병을 보내주었는데, 또한 의외의 물건이라 여러 차례 사양하였지만 끝내 가져가지 않으니 이 또한 이상한 일이었다.

29일(경인), 흐리고 가랑비가 옴

사시(巳時) 초에 주령, 조령(趙令), 양재(養齋), 안기정(安起亭 안종수(安宗洙))·산한(汕僴 유기환(兪箕煥))과 함께 2구지(緱地) 거리에 있는 해관에 갔다. 해관은 서양식으로 건축한 3층 건물로 수십 장 높이에다 100여 칸이나 되는데 규모가 굉장하고 상중하 3층으로 되어 있다. 해관 관원 및 속관 각각의 정해진 처소를 일일이 다 기록할 수 없다.

잠시 관원들의 문부(文簿)와 기록하는 법식을 살펴보았는데 '목록과(目錄課)', '번등과(飜謄課)', '검사과(檢查課)', '검인과(檢印課)', '수세과(收稅課)', '창고과(倉庫課)', '미쓰이은행 출장소(三井銀行出張所)' 등이 있었다. 모두 숙달된 솜씨로 일하여 한문(漢文)·서양글·일본글을 제대로 쓰지 못하는 것이 없고 매우 신속히 처리하였다.

대합소 위층에 있는 의자에 가서 잠시 쉬고 있는데 얼마 뒤 부관장(副關長) 아시하라 세이후(葦原淸風)가 나와서 세관장(稅關長) 모토노 모리미치(本野盛亨)가 일이 있어 출근하지 않았다고 전해주었다. 함께 의자에 앉아 두 영공과 안부 인사를 나눈 뒤에 나 또한 명함을 전하고 대화를 나누었다. 나이가 30살 남짓인데 사람됨이 아주 영특하였다.

잠시 후 그가 들어가고 대합루(待合樓)에서 점심밥을 불렀다.【해관을 떠날 때 주인으로 하여금 점심밥을 해관 대합소에 차리게 하였다.】 검사과의 다카하시 단시치(高橋端七)와 명함을 전하고 대화를 나누었다. 또 사다하라 류타로(坂原勇太郎)와도 대화를 나누었는데 나이가 16살이고 아주 잘 생겼다. 이 사람은 품삯을 받고 일하는 자이다.

청인(淸人) 중에 머물며 교역을 하는 자가 많은데 유운종(柳雲從)과 방영생(方榮生)과 대화를 나누었다. 두 사람은 모두 광동성(廣東省)에 살고 있으니 유씨는 향산(香山) 사람이고 방씨는 동완(東莞) 사람이다. 장사하는 일로 이 항에 머문 지 10년이 된다고 하였다. 미시(未時)에 숙소로 돌아왔다.

∞ 6월 ∞

1일(신묘), 새벽에 비가 오고 늦게까지 흐림

주령이 청나라 영사관(領事館)에 갔다. 혼자 여사(旅舍)에 머물고 있는데 세 사람이 나를 방문하여 대화를 나누었다. 다카쓰 유스케(高津雄介), 나라자키 가게스케(猶崎景佑), 유아사 히데쓰구(湯淺英次)이다. 이

들은 모두 야마구치현(山口縣) 나가토국(長門國) 하기(萩) 땅에 거주하는데 다카쓰 유스케와 나라자키 가게스케는 시즈오카현(靜岡縣) 검사관(檢事官)이고 유아사 히데쓰구는 가나가와현(神奈川縣)의 경찰관이라고 한다. 사즈오카로 가는 길에 이곳 여점(旅店)에 들어왔다가 조선에서 유람 온 조사(朝士)가 여기에 와 있다는 말을 듣고 인사하러 온 것이라고 하였다.

2일(임진). 흐리고 비가 옴

사시(巳時)에 주령, 조령(趙令)과 함께 해관(海關)에 가서 물품을 수입(輸入)하는 선장(船長)과 화주(貨主)가 세관의 여러 과(課)에 문서를 올리는 의식(儀式)을 잠시 살펴보았다. 그리고 수세과장(收稅課長) 기쿠나 히로유키(菊名啓之)와 대화를 나누었고 또 무라야마 사부로(村山三郞)와 대화를 나누었다. 신시(申時)에 여관으로 돌아가려는 때에 또 쓰가와 료조(津川良藏)와 명함을 전하고 대화를 나누다가 비를 무릅쓰고 돌아왔다.

3일(계사). 비가 오다 오시에 맑았다 또 흐려짐

주령을 따라 해관에 가서 물품을 수출(輸出)할 때 단자(單子)를 제출하는 의식을 살펴보고 또 무게를 재는 모습을 관찰하였다. 개품소과(改品所課)의 관원인 스기우라 다메아쓰(杉浦爲篤), 네고로 도루(根來亨)와 명함을 전하고 대화를 나누었다. 신시(申時)에 여사(旅舍)로 돌아왔다. 우에노(上野)가 도쿄로 갔다.

4일(갑오). 맑음

신시(申時)가 지나 잠시 큰 거리로 나가 사기그릇[磁器]과 종이 가게를 구경하였다. 돌아오는 길에 잠시 조령(趙令)의 처소에 들렀다가 여인이 글씨 쓰는 것을 보았는데 자못 오묘한 솜씨였다. 여인의 이름은 교쿠에이(玉英)이다. 바로 여사로 돌아왔다.

밤에 꿈을 꾸었다. 경성(京城) 전동(磚洞)의 표정(杓庭 민태호(閔台鎬)) 사랑에 갔는데 안경을 낀 채 들어가 보고, 또 고향으로 갔다가 잠에서 깨어났다. 몸은 다른 나라에 있지만 마음은 꿈과 함께 어찌 그리도 빠르게 오고가는지 우스운 일이다. 우에노(上野)가 도쿄에서 돌아왔다.

5일(을미), 맑음

주령을 따라 해관에 가서 차고(借庫 창고)에서 수출(輸出)·수입(輸入)하는 의식 순서를 살펴보았다. 개품소(改品所)에 가서 각 상인의 견본 물품을 보았다. 붉게 거듭 물들인 융주(絨綢)는 영국의 생산품인데 실과 모(毛)를 교직한 것이고 시계는 스위스에서 생산한 것이다.

신시(申時)에 숙소로 돌아왔다. 민령(閔令)이 도쿄에서 이곳에 도착하였고 고 주부(高主簿 고영희(高永喜))와 윤치호(尹致昊) 또한 도쿄에서 나왔다. 떨어져 만나지 못하다가 악수하고 정담을 나누니 마음에 위로가 되었다. 우리나라였더라면 생각건대 지금과 같은 우의에 미치지 않았을 것이니 이역(異域) 땅에서 서로 기뻐하고 위로가 되는 것은 사람의 상정(常情)이다.

아침에 협동상사 사장 다카스 겐조(高須謙三)가 처소를 방문하였기에 그 이유를 물어보니 오늘 조선 공사(朝鮮公使) 하나부사 요시모토(花房義質)가 이 항구에 도착할 것인데, 그를 맞이하여 위로하기 위해 도쿄에서 이곳 여점(旅店)에 왔다가 영공들에게 안부를 묻는다고 하였다. 조금 지나 우에노(上野)에게 다시 물어보니 하나부사 공사는 벌써 이 여점에 와서 잠시 휴식했다가 바로 도쿄로 향하였고 그 역시 알지 못하여 공사를 보지 못했다고 하였다.

6일(병신), 비가 오다가 신시가 지나 맑아짐

저녁을 먹은 뒤에 여점 주인의 일꾼을 데리고 목욕실에 갔다. 욕실은 남녀 욕탕이 있는데 판벽(板壁)으로 구분하여 남녀 수십 명이 각자의 몸을 씻는다. 목욕 비용은 1전(錢)에서 40전까지인데 장탁문(藏卓門)에 적혀 있다. 층루(層樓)의 위에는 다반(茶盤)을 진설하여 두 소녀가 손님을 맞이하는데 웃으면서 차와 연초(烟草)를 내주었다. 또한 바둑판이 있어서 목욕을 한 뒤에 여점의 일꾼과 바둑 한 판을 두고 숙소로 돌아오니 밤이 이미 2경이었다.

7일(정유), 아침에 가랑비가 옴

밤에 흉몽을 꾸었다. 꿈속에서 일본을 유람하다가 큰길에 이르렀을 때 일본인 무뢰한(無賴漢)이 다가와 손을 휘두르며 가지 못하게 하였고 한 사람은 내 다리를 들어 올렸다. 우리나라 말을 할 수 있었으므로 "너희들은 조선 사람으로 죄를 짓고 도망 온 것이더냐?"라고 꾸짖었더니 그들 중에서 노파(老婆)가 큰소리로 시비를 걸었고 순사(巡査)에게 따져 들기까지 하였다. 대장성(大藏省)에서 패(牌)를 내려 나는 놓아주고 노파를 붙잡는 지경이 되었고, 모래사장으로 나아가서는 2개의 명패(命牌)가 나왔는데 하나는 나의 이름이 있는 것으로 "미시(未時)에 한(限)한다."라고 적혀 있고 다른 하나는 늙은 창기의 패로 "서로 다투어 죽이라."라고 유시(諭示)한 것이었다. 그래서 검을 빼어 노파를 베려는 때에 노파 또한 나의 머리를 공격하여 선혈을 낭자하게 흘렸으니 크게 놀라서 꿈을 깨었다. 그야말로 남가일몽(南柯一夢)이지만 무슨 조짐인지 몰라 일기에 기록해 둔다.

사시(巳時)에 해관에 따라 갔다. 민령(閔令)·이령(李令이헌영(李鑓永))·조령(趙令) 세 영공이 함께 가서 적반 의식(積返儀式)과 선이 의식(船移儀式)을 보고 제무과원(諸務課員) 쓰즈키 구니요시(都築邦義)와 명함을 나누고 대화를 나누었다. 혼자 개품소(改品所)에 가서 검사과원(檢查課員) 후루카와 아쓰시(古川敦)와 명함을 나누고 대화를 나누었다.

신시(申時)에 여사(旅師)로 돌아왔다. 조금 지나서 이름이 하야시 마타로쿠(林又六)라는 일본인이 내방하여 주령을 뵙기를 청하므로 명함을 전하고 만나뵙게 하였다. 그는 지금 청(淸)나라 영사관(領事館) 이사서(理事署)의 통역원(通譯員)이라고 하는데 올해 나이가 52살이고 대화를 세련되게 아주 잘하였다. 이전에 청나라를 유람한 적이 있어서 지금 청나라 통역원이 되었다고 한다.

8일(무술), 흐리고 비가 오다가 오시에 맑고 바람 붊

일본의 요일(曜日)[82]은 각 관부(官府)에서 공무를 보지 않는 날로 7일에 한 번 돌아온다고 하는데 오늘이 그 요일이라 해관에 가지 않았다. 신시(申時)에 김정모(金正模)가 도쿄에서 나와 잠시 방문하고 바로 조령(趙令)의 처소에 갔다. 청나라 영사관 이사서의 통역원이 다시 내방하여 이야기를 나누었다. 저녁을 먹고 조령과 민령(閔令)의 처소에 갔다가 밤이 깊어서야 숙소로 돌아왔다.

---

82 요일(曜日) : 여기서는 문맥상 '일요일(日曜日)'을 가리키는 듯하다. 이 당시에 일본은 이미 지금과 같은 요일 제도가 시행되고 있었다.

9일(기해), 더러 맑기도 더러 흐리기도 함

아침에 김정모가 와서 작별하고 도쿄로 돌아갔다. 사시(巳時)에 민령(閔令)·조령(趙令) 두 영공과 해관에 함께 가서 출항 절차(出港節次)를 살펴 본 뒤에 부두에 갔다.

부두는 괴석(塊石)으로 쌓았는데 넓이는 3칸이고 길이는 3구지(緱地)였다. 유리등을 표시하고 나무를 3곳에 세웠는데 또 순검청(巡檢廳) 3곳을 두었다. 또 배를 대는 3곳에 잔판(棧板)과 가로 난간이 있는데 수입해 들어오는 모든 물건은 이 잔판을 통하여 들어오게 된다. 만일 이 잔판을 벗어나 다른 곳을 통하여 하륙(下陸)시키면 모두 벌금을 징수하고 관에서 몰수한다고 한다. 문서과(文書課)의 마루모 도시쓰네(丸毛利恒), 감시과(監視課)의 나카무라 구라스케(中村庫輔), 개품과(改品科) 관리 무라우라 조소로쿠(村浦藏六)와 명함을 전하고 대화를 나누었다.

신시(申時)에 숙소로 돌아왔다. 잠시 휴식한 뒤에 조령(趙令)과 민령(閔令)의 처소에 갔다가 어둠을 무릅쓰고 숙소로 돌아왔다.

10일(경자), 새벽에 비가 오고 아침에 흐림

사시(巳時)에 주령을 따라 해관에 갔다. 신시(申時)에 개품과 관리 네고로 도루(根來亨)·이시카와 노리치카(石川德隣)와 함께 여관에 같이 돌아와서 필담을 나누었는데 한참 뒤에 그들이 돌아갔다. 그들은 종형제(從兄弟)라고 하였다.

11일(신축), 아침에 비가 오다가 신시가 지나 그쳤고 조금 추워짐

신시(申時)가 지나서 군마현(郡馬縣)에 사는 하야시 도모노리(林友紀)와 야마노이 헤이키치(山野井兵吉)가 고향으로 가는 도중에 지금 또 이 여점에 와서 인사를 하였다. 고 주부(高主簿)가 내방하였다. 주령이 해관에 갔다가 비를 무릅쓰고 숙소로 돌아왔다.

12일(임인), 잠깐 비가 왔다 잠깐 흐리고 또 추워졌다 또 비가 옴

아침에 조령(趙令)과 민령(閔令)의 처소에 갔다. 아침을 먹은 뒤에 일본인 하야시 도모노리와 야마노이 헤이키치【곧 상인이다.】가 와서는 이별 후 서로가 그리워질 때에는 사진【화상(畵狀)이다.】을 찍어서 수시로 열어보는 것만큼 좋은 것이 없으니 함께 사진을 찍으러 가자고 여러 번 요청하기에 어쩔 수 없이 양재(養齋)와 함께 사진사(寫眞師)한테 갔다. 하야시 도모노리·야마노이 헤이키치와 우리 2명이 한 유리(琉璃) 앞에 함께 나아가 같이 섰다. 사진을 찍는 기계는 의자 위에 하나의 큰 현미경 모양으로 놓여 있는데 천리경(千里鏡)의 제도와 같았다. 멀리 바라보는데 곧바로 본모습을 유리편(琉璃片)에 박아 내고 다시 기름으로 윤색하여 3일 뒤에 완성한다고 하였다. 사진사는 사쿠라다(櫻田)이다. 비를 무릅쓰고 여사(旅師)로 돌아왔다.

주령은 세관장이 초청한 연회 자리에 갔다. 청(淸)나라 영사관의 이사서(理事署) 역원(驛員)인 하야시 마타로쿠(林又六)가 내방하여 필담을 하고 돌아갔다.

13일(계묘), 맑음

주령을 따라 세관에 갔다. 개품소(改品所)에 또 가서 본과(本課) 관원 도미타(富田)와 필담을 나누었다. 미쓰비시사(三菱社) 선박이 왕래하는 곳인 위쪽 부두를 두루 살펴보다가 신시(申時)에 여사(旅舍)로 돌아왔다.

우에노(上野 우에노 케이스케(上野敬助))가 자신의 일로 도쿄(東京)에 가는데 석사 윤치호(尹致昊)가 같이 갔다. 주령이 와사국(瓦斯局)【바로 석탄가스를 다루는 곳이다.】에 갔다가 저물녘에 돌아왔다. 석탄가스를 저장한 솥은 둘레가 36보(步)인데 가스를 잡아내고 연기를 싸서 걸러내는 기계가 있다고 하였다.

14일(갑진), 맑고 더움

아침을 먹은 뒤에 조령의 처소에 갔다. 군마현(郡馬縣)에 사는 하야시 도모노리(林友紀)가 사진을 찾아서 주었고 또 작별을 고하기에 절구 한 수를 지어 주었다.

전에 그대와 약속하지 않았는데	與君曾不約
이곳 횡빈에서 해후하였네	邂逅此橫濱
열흘을 같은 여점 있으면서	一旬同一店
필담으로 절로 친하였다네	筆話自相親

15일(을사), 맑음

오후에 주령과 함께 대청(大淸) 영사관의 처소에 가서 영사 범석붕(范錫朋)과 명함을 전하고 인사를 나누었다. 영접소(迎接所)에는 각종의 물건이 배치되어 있는데 다음과 같았다. 의자 12개를 각각 비단 요를 씌워 좌우로 배열하였고 탁자 위에 한 사람의 영정이 걸려 있다. 탁자 위 오른쪽에는 천도(天桃) 복숭아 3그릇을, 왼쪽에는 불수감(佛手柑) 3그릇을 놓아두었다. 또 탁자 좌우의 아래에는 백학(白鶴) 모양의 촉대(燭臺)가 서 있고 또 기괴한 등상(燈床)도 서 있었다. 각종의 매등(煤燈)·유리등

(琉璃燈)·도금등(塗金燈)을 또 매달아 놓았는데 일일이 다 기록할 수 없을 정도이다. 현판(懸板)에는 '출의급공(出義急公 의로움을 일으키고 공익을 우선시함)' 네 글자가 쓰여 있는데 이것은 청나라 상인이 이홍장(李鴻章)에게 청한 것이다. 이홍장은 황제에게 주청하여 요코하마항에 청나라 상인이 회사를 설립하도록 윤허를 얻어 주었다. 왼쪽에는 신궁(神宮)이 있는데 이것 역시 청나라 상회사(商會社)의 신궁이다.

신시(申時)가 지나서 여사(旅舍)로 돌아왔다. 속관 요시무라 조스케(吉村恕介)가 와서 일본 연초(烟草) 1합(盒)을 주면서 작별을 고하는데 또한 무슨 의리로 그러는지 몰랐지만, 여러 날 숙소를 같이한 우의로 자기 마음을 표시한 것이라 하기에 어쩔 수 없이 받았다.

16일(병오), 흐림

아침을 먹은 뒤 민령(閔令)과 조령(趙令) 두 영공의 처소에 갔다. 고주부(高主簿)가 도쿄(東京)로 돌아가면서 작별하였다. 우에노(上野 우에노 케이스케(上野敬助))가 도쿄에서 돌아왔다.

저녁이 지나 일본인 하야시 도모노리(林友紀)와 목욕실에 간 뒤에 요시다교(吉田橋)를 배회하면서 야경(夜景)을 관람하였다. 온갖 물건들이 가게에 널려있고 환한 등이 늘어서 있는데 길가는 사람이 부딪히고 수레가 뒤엉킨 모습이 인해(人海)라고 부를 만하니 낮보다 밤이 북적였다. 빙수 2잔을 샀다.

17일(정미), 맑음

세관에 갔다가 오시(午時)에 여사(旅舍)로 돌아왔다.

18일(무신), 가랑비가 옴

전어관(傳語官 통역관(通譯官)) 다케다 구니타로(武田邦太郎)가 내알(來謁)하여 말하기를 "오늘 홍 승지(洪承旨), 어 교리(魚校理), 이 수사(李水使), 김용원(金庸元)이 도쿄에서 이곳 요코하마항에 왔다가 요코스카(横須賀)에 가서 해군항(海軍港)을 관람한다고 하여 조령과 함께 요코스카로 갑니다."라고 하였다.

신시(申時) 초에 우에노(上野 우에노 케이스케(上野敬助))가 도쿄로 갔다. 세관 문서과(文書課) 관원 쓰가와 료조(津川良藏)가 나에게 주련(柱聯) 한 쌍을 써주기를 요청하기에 졸필로 써서 주었다. 또 5언 절구를 지어 가나가와현(神奈川縣)【요코하마항 어귀에 있다.】의 속관 요시무라 조스케(吉村恕介)에게 주었다. 시는 아래와 같다.

고국은 삼천리 밖	故國三千里
이국의 구십일 봄	殊邦九十春
이 땅에서 그대와 만나	與君逢此地
한번 보고 곧바로 친하였네	一見卽相親

19일(기유), 맑음

오쿠라구미 상회(大倉組商會)의 주인 다카하시 헤이카쿠(高橋平格)[83]가 부산항에 가는데 고다마 조지로(兒玉朝次郎) 또한 부산에 간다고 하였다. 그래서 고다마 조지로 편에 정동(貞洞) 대감댁에 보내는 편지를

83 주인 다카하시 헤이카쿠(高橋平格) : 4월 28일 일기 및 『일사집략(日槎集略)』의 기록에 의할 때 다카하시 헤이카쿠의 정확한 직함은 부장(副長 부사장)이다.

부쳤고 해남(海南) 집에 보내는 편지도 같이 부쳤다.

오시(午時)가 지나 행장을 꾸려서 철도국에 이르렀다. 민령(閔令) 일행과 기차를 함께 타고 도쿄의 철도국에 돌아왔다. 가는 길 좌우의 평야에 볏모의 색이 짙은 것은 뿌리가 내린 지 오래되어서이다. 내린 비가 적당하여 풍년의 조짐이 있는데 우리나라도 이러한지는 모르겠다.

인력거를 타고 지나가는 길에 주령과 함께 엄령(嚴令)·심령(沈令)·박령(朴令) 세 영공의 처소를 방문하였다. 한 시각이 지나서 전 주인 스루가다이(駿河臺) 미나미코가초(南甲賀町)의 오쿠노 세이토쿠(奧野政德) 집에 다시 이르렀다. 조 참판(趙參判 조준영(趙準永))이 처소에 왔다. 저녁이 지나 엄령·심령·박령 세 영공이 처소에 왔고, 강 승지(姜承旨)가 처소에 왔다. 함 참봉(咸參奉 함낙기(咸洛基))과 엄 사과(嚴司果 엄석주(嚴錫周)) 또한 처소에 왔다. 우에노(上野)가 와서 인사하였다.

20일(경술), 맑고 더움

나카노 고타로(中野許多郎)가 와서 인사하였다. 오시(午時)에 주령과 영공들이 조지국(造紙局)에 가서 종이 만드는 것을 살펴보았다. 또 국립은행【이것은 방채(放債 빚을 놓음)하는 곳인데 국가에서 세웠기 때문에 '국립(國立)'이라고 한 것이다.】에서 우리 조사를 맞이하는 연회에 참석하고 밤이 깊어서야 돌아왔다. 은행국(銀行局)의 주인은 시부사와 에이이치(澁澤榮一)라고 한다.

21일(신해), 맑음

아침에 심령(沈令)의 처소에 갔다. 잠시 『조약유찬(條約類纂)』의 초본(草本)을 교정하고 여사(旅舍)로 돌아왔다. 왕 참봉(王參奉 왕제응(王濟

應))이 내방하였다.

통사 임기홍(林基弘)을 데리고 미즈노 세이이치(水野誠一)의 집에 가볼 요량으로 조 참판(趙參判)의 처소에 갔는데 참봉 이봉식(李鳳植), 석사 서상직(徐相直)과 악수하며 회포를 나누었고 또 나카노 고타로와 다케다 구니타로(武田邦太郎)를 만났다. 밤이 되었으므로 미즈노 세이이치의 집에는 가지 못하고 곧바로 돌아오는 길에 민공(閔公)의 처소를 방문했다가 밤이 깊어서야 숙소에 왔다.

22일(임자), 맑음

아침에 엄령(嚴令)·박령(朴令)·심령(沈令) 세 영공의 처소에 갔다. 조령(趙令 조병직(趙秉稷))이 요코하마에서 도쿄로 와서 우리 처소를 방문하였다.

23일(계축), 흐리고 무덥다가 가랑비가 옴

심령의 처소에 갔다. 엄령의 처소에서 마쓰다이라 야스쿠니(松平康國)·구라카케 이사무(鞍懸勇)와 명함을 전하고 대화를 나누었다. 주령이 하나부사 요시모토(花房義質)를 가서 만나 보았다. 요시모토가 말하기를 "조선인 정중우(鄭重羽)가 통사 김채길(金采吉)을 데리고 해관(海關) 일로 나가사키(長崎)에 와서 머물고 있는데, 신사(信使) 김홍집(金弘集)이 정중우가 돌아오기를 기다려 다음 달 중순에 길에 오릅니다."라고 하였고, 또 이건혁(李健赫)과 정병하(鄭秉夏)가 기계를 구매하는 일로 오사카에 와서 머물고 있다고 하였다.

24일(갑인). 흐리고 또 가랑비가 옴

아침에 조령(趙令)의 처소에 갔다. 돌아오는 길에 홍 직각(洪直閣 홍영식(洪英植))과 어 교리(魚校理 어윤중(魚允中))의 처소에 들렀다.【중간에 여기에서 가까운 곳으로 옮겨 지내게 되었기 때문이다.】 아침을 먹은 뒤에 심 승지(沈承旨 심상학(沈相學))의 처소에 갔다.

오늘은 바로 계숙모(季叔母)의 기일(忌日)이다. 아득히 먼 수천 리 밖에서 생각해보니 마음이 너무 애통하고 괴롭다.

25일(을묘). 맑음

오시(午時)에 심령(沈令)의 처소에 갔다. 오늘 또한 계숙모의 기일이다. 멀리 우리나라 방향을 바라보니 심신(心神)이 치달려 가서 울적한 심정을 가눌 수 없었다. 일본인 마쓰다이라 야스쿠니(松平康國)·구라카케 이사무(鞍懸勇)가 내방하여 한 시간 넘게 필담을 하였다.

엄령(嚴令) 집에서 온 서신을 통해 서울 소식을 들으니, 일본인을 교관(教官)으로 삼고 또 세검정(洗劍亭) 부근에 처소를 정해 주어 조련을 시키게 하는데 새로 만든 우리 군병이 왜병(倭兵)의 군복을 착용한다고 한다. 윤성진(尹成鎭)을 강수관(講修官)으로, 김홍집(金弘集)을 신사(信使)로 삼았다고 한다. 해백(海伯 황해도 관찰사) 강난향(姜蘭馨)이 갑자기 죽어 남정익(南廷益)을 해백으로 삼았고, 4월에 이만손(李晩孫)[84]이 상소 문제로 추국(推鞫)을 당하는 지경이 되었는데 이는 한경원(韓敬源)이 이만손을 얽어 넣는 내용으로 상소하였기 때문이라고 한다.

---

84 이만손(李晩孫) : 원문은 '李萬遜'인데 『승정원일기(承政院日記)』 고종 18년 4월 1일과 2일 등의 기사에 근거하여 '萬遜'을 '晩孫'으로 바로잡아 번역하였다.

26일(병진), 맑음

심령(沈令)·박태(朴台 박정양(朴定陽))·엄령(嚴令 엄세영(嚴世永))의 치소에 갔다. 주령이 행차하여 세관장 하치스카 모치아키(蜂須賀茂韶)[85]를 만났다. 어 교리(魚校理)가 처소에 왔다. 구라카케 이사무(鞍懸勇)가 한학(漢學)을 하는 마에하시 요시키치(前橋義吉)와 함께 내알(來謁)하여 필담을 나누었는데 자못 재예(才藝)가 있었다. 나이가 겨우 20살이다. 밤에 민령(閔令)이 처소에 왔다. 밤에 유 진사(兪進士 유진태(兪鎭泰))와 욱루(旭樓)의 목욕실에 가서 목욕하고 돌아왔는데 비용은 1전 5리(里)였다.

27일(정사), 맑음

석사 민재후(閔載厚)와 고 주부(高主簿)가 내방하였다. 다케다 구니타로(武田邦太郎)와 나카노 고타로(中野許多郎) 또한 왔다. 민령(閔令)이 처소로 돌아갔다.[86] 심령(沈令)의 처소에 갔다. 구라카케 이사무·마쓰다이라 야스쿠니·마에하시 요시키치·□□□□ 4인이 보러 와서 잠시 필담을 나누었다.

28일(무오), 맑고 더움

듣기로 어제 미야모토 고이치(宮本小一)가 각 처소를 방문하였는데 엄령(嚴令)·박령(朴令)·심령(沈令) 세 영공의 처소에 갔을 때에 엄령·박

---

85 하치스카 모치아키(蜂須賀茂韶) : 원문은 '蜂鬚賀茂韶'인데, 이달 9일 기록 및 『조선시대 대일외교 용어사전』에 근거하여 '鬚'를 '須'로 바로잡아 번역하였다. 『조선시대 대일외교 용어사전 http://waks.aks.ac.kr/rsh/?rshID=AKS-2012-EBZ-2101 검색일:2017. 9.30』

86 처소로 돌아갔다 : 원문은 '枉于下處'인데, 문맥을 살펴 '枉'을 '往'으로 바로잡아 번역하였다. 어젯밤 민종묵이 밤에 방문하여 그대로 묵고 다음날 돌아간 것으로 보인다.

령·심령·조태(趙台)·강공(姜公)·민공(閔公) 여섯 영공[87]이 미야모토에게 다음달 10일 무렵에 귀국할 수 있도록 외무성에서 배를 빨리 잡아달라고 부탁했다고 하였다.

민령(閔令)이 처소에 와서 주령과 세관에 함께 갔다가 오시(午時)에 돌아왔다. 심령의 처소에 가서 나카타 다케오(中田武雄)와 명함을 전하고 대화를 나누었다. 이 사람은 자못 문장을 잘 하였다. 나이가 29살인데 도쿄 우시고메(牛込) 오카기시타마치(赤城下町) 63번지에 산다. 날마다 자주 심령의 처소에 와서 『조약유찬(條約類纂)』의 번역을 교정하였다. 나를 방문하기로 약속하고 돌아갔는데 신시(申時)에 과연 나카타 다케오가 나의 처소를 방문하여 필담을 하고 돌아갔다. 우에노(上野 우에노 케이스케(上野敬助))가 요코하마에서 돌아와서 인사하였다.

29일(기미), 아침에 흐리고 무덥다가 늦게 맑음

나카타 다케오가 처소에 왔기에 그대로 『조약유찬』【일본이 각국과 통상할 때에 정한 조약과 세칙을 비슷한 것끼리 모은 것이다.】에서 자세하지 못한 번역 부분을 토론하였다. 심령(沈令)의 처소에 가서 『조약유찬』 책자를 찾아와 다케오와 종일토록 자세히 토론하였다.

저녁에 이웃에 세 들어 살고 있는 암곡안보(巖谷安寶)[88]의 집에 가서 그와 대화를 나누었다. 이 집의 여주인은 삼현금(三絃琴)과 십삼현금(十三炫琴)을 연주하며 소일하는데 10살짜리 딸도 거문고를 탈 수 있고 또

87 여섯 영공: 원문은 '五公'인데 문맥에 근거하여 '五'를 '六'으로 바로잡아 번역하였다.

88 이와야안보(巖谷安寶) : 원문에는 '巖谷' 뒤에 두 글자가 없으나 7월 9일 일기에 근거하여 '谷' 뒤에 '安寶'를 보충하여 번역하였다.

문자도 알았다. 용모도 예쁜데 이름은 기토(喜登)라고 하였다. 날마다 여학교에 가서 『일본사략(日本史略)』을 학습한다고 한다. 밤에 엄령(嚴令)·박태(朴台 박정양(朴定陽))·심령이 처소에 왔다.

30일(경신), 아침에 흐림

우에노(上野)·임기홍(林基弘)과 함께 동리목산(洞裏木山)【바로 『조약유찬』을 한역(漢譯)한 사람이다.】의 집에 갔으나 마침 출근하고 없어서 그저 명함만 남기고 돌아왔다. 다케오(武雄)가 또 와서 종일 『조약유찬』을 교정하였다.

∞ 7월 ∞

1일(신유), 맑고 더움

아침에 양재(養齋)와 함께 서림에 갔다. 나카타 다케오가 또 와서 『조약유찬』을 교정하였다. 미야모토 고이치(宮本小一)가 처소를 방문하였다. 고 주부(高主簿 고영희(高永喜))와 우에노(上野)가 요코하마로 나갔다. 조 승지(趙承旨 조병직(趙秉稷))의 겸인(傔人) 임석규(林錫奎)가 『조약유찬』에 관한 심부름으로 요코하마에서 이곳에 왔다가 바로 돌아갔다. 민공(閔公)의 처소에 갔다. 밤에 심령(沈令)과 박태(朴台)의 처소에 갔다.

2일(임술), 맑음

석사 손붕구(孫鵬九)와 윤치호(尹致昊)가 내방하였다. 우에노(上野)가 요코하마에서 왔다. 심령의 처소에 갔다.

3일(계해), 맑고 더움

시내에 가서 상점을 구경하였다. 신시(申時)가 지나 손붕구가 내방하여 저녁을 먹은 뒤에 바로 돌아갔다. 듣기로, 청 공사(公使)[89] 하여장(何如璋)이 말하기를 "미국 선박이 상해(上海)【청국(淸國)이다.】에서 조선으로 향하고, 영국의 황자(皇子)는 유람하기 위해 일본을 방문했다가 또 조선으로 향하며, 독일인이 병선(兵船) 20척을 이끌고 장차 조선으로 향할 것입니다."라고 하는데 정확히 알 수는 없지만 너무나 걱정된다.

4일(갑자), 맑고 더움

다케오(武雄)가 나에게 부채에 글을 써주기를 청하기에 절구 한 수를 지어서 주었다.

5일(을축), 맑고 더움

아침에 민령(閔令)의 처소에 갔는데 마침 우쓰노미야(宇都宮)【20리 밖에 있다.】에 가는 일황의 동가(動駕)가 있었으므로 양재(養齋)·민재곤(閔載坤)·변택호(邊宅鎬)·통사 임기홍(林基弘)·오문(五文 김오문(金五文))과 마음껏 구경하였다.

---

89 공사(公使) : 원문은 '公事'인데, 일반적인 용례에 근거하여 '事'를 '使'로 바로잡아 번역하였다.

첫 번째로 물건을 실은 군병 수백 명이 나가는데 조관(朝官) 중에 인력거를 타고 먼저 가는 자도 많았다. 기병(騎兵)은 더러 갑옷을 착용하기도 하고 칼을 지니기도 하였는데 말구종[牽夫]은 없었다. 투구에 백로(白鷺) 깃을 꽂고서 깃발을 잡고 있었고 또 칼을 지닌 자는 100여 명을 넘지 않았다. 일황은 쌍마(雙馬)가 끄는 수레를 탔는데 수레에 1인이 안좌(案坐)하여 배승(陪乘)하였다. 일황은 체구가 비대하고 얼굴 또한 통통한데 눈에는 정채(精彩)가 있었다. 뒤에 쌍마가 끄는 수레가 따르니 황후가 탄 것이었다. 또 시녀(侍女)를 태운 쌍마가 끄는 수레 2대가 뒤따르고 백관은 모두 말이 끄는 수레를 탔는데 겉으로 보기에는 별달리 위의가 없었으나 기실은 참으로 정강(精强 우수하고 강력함)한 제도이다. 주령이 청나라 공사관에 갔다. 서림에 갔다.

6일(병인), 맑고 더움

신시(申時)에 다케오(武雄)가 『대세일람(大勢一覽)』을 초록(抄錄)하여 특별히 보내주었으니 이 책은 곧 17개 나라의 제도를 적은 것이다. 조령(趙令)의 통사인 이장오(李章五)가 요코하마로부터 와서 인사하였다. 가서 민령(閔令)을 만나고 돌아왔다.

저녁을 먹은 뒤에 주령·엄공(嚴公)·박공(朴公)·심공(沈公)·양재(養齋)와 함께 홍령(洪令)·어령(魚令) 두 영공의 처소에 갔는데 이는 작별하러 간 것이다. 민령(閔令)과 조태(趙台 조준영(趙準永))가 또한 와서 자리하고 있었고 참봉 이봉식(李鳳植)·석사 서상직(徐相直)·선달 심의영(沈宜永)·변택호(邊宅鎬)도 따라왔다. 어 교리(魚校理)의 수행원인 석사 김양한(金亮漢)과 대화를 나누었다. 어공(魚公)과 홍공(洪公) 두 영공이 출타했다가 밤에 돌아오기를 기다려 작별을 하고 돌아왔다. 어령·홍령

두 영공은 내일 축시(丑時)에 우쓰노미야(宇都宮)에서 육군 교련(陸軍教鍊)을 관람하는 일정이 있다고 하였다.

7일(정묘), 새벽에 비가 오고 아침에 맑다가 늦게 더움

이장오(李章五)가 내알(來謁)하였다가 요코하마로 돌아갔다. 밤에 심령(沈令)의 처소에 갔다.

8일(무진), 비가 옴

우에노(上野 우에노 케이스케(上野敬助))가 요코하마에서 들어왔다. 주령이 일인(日人) 나카무라 마사나오(中村正直)를 방문하였는데 이 사람은 도쿄(東京)의 문아(文雅)한 선비이다. 윤치호(尹致昊)가 이 사람에게 가서 『논어(論語)』를 배웠다.

밤에 오언 절구를 지어 부채에다 적어서 주인 아들에게 주었는데, 10살이고 이름은 오쿠노 요노스케(奧野洋之助)이다. 시는 다음과 같다.

사랑스럽구나 너의 총명한 자질이여	憐爾聰明質
각국의 글에 재능이 있구나	才能各國書
응당 이름을 드날리는 날에	應識揚名日
일가의 경사 남음이 있음 알겠네	一家慶有餘

9일(기사), 흐리고 간혹 가랑비가 옴

주령이 외무성(外務省)에 갔다. 이웃에 사는 암곡안보(巖谷安寶)의 집에는 종종 가서 술도 마시고 빙수(氷水)도 먹었으므로 이별을 앞두고 선물이 없을 수 없었다.[90] 오언 절구를 지어 주었다. 시는 다음과 같다.

일본에 따라 왔다가	附驥來日本
석달을 이웃으로 함께 지냈네	三朔共隣家
만나고 또 서로 헤어지는데	相逢又相別
뱃길에는 석양이 비껴있네	船路夕陽斜

밤에 박태(朴台 박정양(朴定陽))·심령(沈令)의 처소에 갔다가 야심한 시각에 돌아왔다.

10일(경오), 아침에 비오고 오후에 흐림

행장을 꾸렸다. 우에노(上野)가 요코하마에서 들어왔다.

11일(신미), 맑고 더움

요코하마의 주인집으로 짐을 내어 보냈다. 조 승지(趙承旨 조병직(趙秉稷))가 요코하마에서 들어와 처소를 내방하였다. 안우(安友 안종수(安宗洙))·유우(兪友 유기환(兪箕煥)) 두 벗 또한 따라와서 함께 점심을 먹었다. 대청(大淸) 참찬관(參贊官) 황준헌(黃遵憲)이 처소에 와서 주령·조령(趙令)과 작별하고 돌아갔다. 저녁에 우에노(上野)가 와서 일본 낭경(囊鏡) 1개와 담뱃갑 1개를 전하며 마음을 표하였다. 석사 김양한(金亮漢), 석사 손붕구(孫鵬九), 석사 유길준(兪吉濬), 석사 유정수(柳正秀), 석사

---

90 선물이……없었다 : 원문은 '不可無增'인데, 문맥을 살펴 '增'을 '贈'으로 바로잡아 번역하였다.

윤치호(尹致昊)가 또한 내방하였다.

12일(임신), 맑고 더움

강령(姜令)·엄령(嚴令)·박령(朴令)·심령(沈令) 네 영공들이 처소에 와서 주령과 동반하여 센소지(淺草寺)[91]와 조령(趙令)의 처소에 갔다. 오늘 요코하마로 나갈 계획이었으나 홍공(洪公)과 어공(魚公) 두 영공이 우쓰노미야(宇都宮)를 유람하고 아직 들어오지 않아서 오늘 여사로 돌아올 때 작별할 것이므로 하루 출발을 늦추었다.

13일(계유), 맑고 더움

교도단(教導團)의 보병과(步兵科) 생도인 야베 긴시로(矢部金四郎)와 고지마 분지로(小島文次郎) 두 순사군(巡查軍)이 찾아와 글을 구하기에 주령이 써서 주었다. 이 수사(李水使 이원회(李元會))가 내방하였다.

저녁을 먹은 뒤에 주령 및 엄령·박령·심령 세 영공들과 함께 홍공과 어공 두 영공의 처소에 갔다. 홍공과 어공 두 영공과 수행원 고 주부(高主簿 고영희(高永喜))·함 참봉(咸參奉 함낙기(咸洛基))은 우쓰노미야(宇都宮)에 가서 육군의 열무(閱武)를 보았고, 또 닛코산(日光山)에 가서 옛 간파쿠(關白) 도쿠가와 이에야스(德川家康)의 묘와 대원사(大院寺)를 관람하였는데[92] 사원 건물 1동(棟)이 금으로 되어있으며 값이 8만원이나 된

---

91 센소지(淺草寺) : 원문은 '淺草社'인데, 일반적인 용례에 근거하여 '社'를 '寺'로 바로잡아 번역하였다.

92 닛코산……관람하였는데 : 이 부분에 대해서는 민건호가 전문한 것이라 기록의 오류가 의심된다. 닛코산에 있는 쇼군의 사당은 제3대 도쿠가와 이에미쓰(德川家光)를 기리는 것으로 구체적으로는 린노지(輪王寺)에 있는 다이유인(大猷院)이다. 따라서 원문의 '德川源家康'는 '德川家光'로 '大院寺'는 '大猷院'을 의미한다고 보아야 할 것이다. 실제로 다이유

다고 하였다. 저물녘에 두 영공과 수행원들이 여사로 돌아왔으므로 몇 마디 말로 작별하고 돌아왔다.

14일(갑술), 맑고 극도로 더움

아침을 급하게 먹고 행장을 꾸렸다. 사시(巳時)에 인력거를 타고 엄령(嚴令)·박령(朴令)·심령(沈令)의 처소에 갔다. 주령이 세 영공과 함께 강령(姜令 강문형(姜文馨))의 처소에 갔다가 조령(趙令 조병직(趙秉稷))의 처소와 하나부사 요시모토(花房義質)의 집을 옮겨 가며 작별을 나누었다. 나와 양재(養齋)는 통사 임기홍(林基弘)과 김오문(金五文)을 데리고 짐수레를 챙겨 곧바로 신바시(新橋) 철도국 대합소에 갔다.

오시(午時)에 영공들이 일제히 도착하였고, 이 수사(李水使 이원회(李元會))가 철도국에 도착하여 작별하기를 "고베(神戶)에서 영공들께서 7일을 머물고 있으면 23일에 조 승지(趙承旨 조병직(趙秉稷))와 홍 승지(洪承旨 홍영식(洪英植))와 함께 배를 타고 갈 것이니 그때 서로 만납시다."라고 하면서 굳게 약속하였다. 송(宋 송헌빈(宋憲斌))·심(沈 심의영(沈宜永))·유(柳 유정수(柳定秀))·유(兪 유길준(兪吉濬))·윤(尹 윤치호(尹致昊)) 5인 또한 철도국으로 와서 작별을 나누었는데 떠나고 머무는 양쪽이 슬픈 감정에 있어서 피차가 없다는 생각이 들었다. 어공(魚公)은 뒤처져 있어서 16일에 요코하마로 나와서 작별할 것이라 하였다.

일본인 나카타 다케오(中田武雄)·미즈노 세이이치(水野誠一)와도 이곳에서 송별하였는데 미즈노 세이이치는 요코하마항까지 함께 왔고 우에노(上野)와 나카노 고타로(中野許多郎)는 기차에 동승하였다.

인의 본전(本殿)은 금으로 채색되어 '금각전(金閣殿)'으로 별칭되기도 한다.

오시(午時) 정각에 출발하여 미시(未時) 정각에 요코하마에 이르렀다. 옛 주인 니시무라 신시치(西村新七)의 집에서 점심을 내어왔다. 기운이 너무 없어 피곤함을 이기지 못해 쓰러져 곤한 잠을 잤는데 깨어서 시간을 보니 때가 벌써 유시(酉時)였다. 밤에 민령(閔令)이 처소에 왔다가 한밤이 되어서야 돌아갔다.

15일(을해), 맑고 더움

주령이 아침을 먹은 뒤에 민령(閔令)·조령(趙令)·강령(姜令)과 함께 세관(稅關) 및 청(淸)나라 영사(領事)의 관소에 갔다가 청인(淸人) 거류지에 있는 대덕당(大德堂)을 구경하고 돌아왔다. 주인 하은식(何恩植)은 본래 광동(廣東) 사람으로 요코하마에 와서 살면서 상업으로 생활하고 약국(藥局)을 세웠다. 한 시각을 넘게 필담을 나누었는데 너무도 즐겁고 좋았다. 차를 내오고 담배를 권하고는 작별을 하였다. 돌아오는 길에 서양인의 거류지를 두루 살펴보았다.

점심을 먹은 뒤에 주령이 세관 선장(稅關船長)의 집에 가서 작별하였다. 우에노(上野)가 도쿄에 들어갔다. 저녁을 먹은 뒤에 주령과 함께 하야시쇼 고지로(林庄五次郎) 집에 갔는데 바로 엄(嚴 엄세영(嚴世永))·조(趙 조병직(趙秉稷))·박(朴 박정양(朴定陽))·심(沈 심상학(沈相學))·강(姜 강문형(姜文馨)) 다섯 영공의 처소이다. 밤이 깊어서야 숙소로 돌아왔다. 민 승지(閔承旨 민종묵(閔種默)) 또한 자리에 있었다. 이날 짐을 꺼내어 나고야마루(名護屋丸)에 실었다.

16일(병자), 맑고 더움

청나라 영사 범석붕(范錫朋)이 여관에 와서 주령과 작별을 하였다.

세관장 모토노 모리미치(本野盛亨)[93]의 아들 이치로(一郎)가 여사(旅舍)에 왔기에 나와 명함을 나누고[94] 대화를 한 다음 작별하였다. 나이가 15살인데 '형제(兄弟)' 운운하였다. 양재와 하야시쇼(林庄)의 집에 함께 갔는데 어 교리(魚校理)와 김 우후(金虞侯 김용원(金鏞元))가 이미 작별하러 나와 있었다. 즉시 여사로 돌아와 주위의 모든 짐들을 배에다 보냈다.

조금 뒤에 우에노(上野)가 나와서 말하기를 "조 승지(趙承旨 조병직(趙秉稷))께서도 나왔습니다."라고 하였다. 즉시 호소이 규지로(細井久次郎) 집에 가서 조령(趙令)을 보고 바로 여사로 돌아왔는데 김 우후와 하나부사 요시모토(花房義質), 외무성 권대서기(權大書記) 기타자와 마사노부(北澤正誠)가 작별하기 위해 이미 자리에 있었다. 또한 그들과 명함을 나누고 이야기를 한 뒤 작별을 하였다. 하나부사가 말하기를 "오래지 않아 귀국(貴國)으로 나갈 것인데 조선에서 만나볼 수 있을 듯합니다."라고 하였다.

이어서 점심을 급히 먹고 오시(午時)에 곧바로 주인 니시무라 신시치(西村新七)와 부두에 갔다. 작은 배를 타고 부두 밖으로 나가 미쓰비시사(三菱社)의 나고야마루(名護屋丸)에 올랐다. 배는 길이가 1구지(緱地)이고 폭은 5칸 정도인데 좌우에는 수레바퀴가 있고 선장은 서양인이었다. 배 위에 작은 배 8척이 매달려 있고 상중하 3층으로 되어 있다.

상층의 좌우에는 방이 있는데 방안에는 2층의 가횡(架橫 2층 침대)이

93 모토노 모리미치(本野盛亨) : 원문은 '本野盛享'인데, 『조선시대 대일외교 용어사전』에 근거하여 '享'을 '亨'으로 바로잡아 번역하였다.

94 명함을 나누고 : 원문은 '傳喇'인데, 일반적인 용례에 근거하여 '喇'를 '刺'로 바로잡아 번역하였다. 이하의 '傳喇'도 마찬가지이다.

있고 1층의 거상(踞床)이 있으며 유리창(琉璃牕), 체경(體鏡), 세면대, 유리수종(琉璃水鍾), 침구 등이 있다. 중간층의 좌우에 있는 방 안에는 2층의 가횡이 있고 1층의 거상이 있으며 유리창이 있다. 중간층의 중간에는 탁상을 설치하여 유리등을 달아 놓았는데 탁상 위에는 무늬가 있는 서양포(西洋布)를 덮었고 서양 음식을 진설해 놓았으니 모여서 식사하는 곳이다. 아래층은 짐을 실어놓고 아랫사람이 거처하는 곳이다. 화륜선의 제도가 전에 탔던 비각선(飛脚船)의 그것에 비해 더욱 헤아리기 어려웠다. 청인(淸人)·서양인·일인(日人) 남녀로 같은 배에 탄 사람의 수효를 알지 못할 정도이다.

조령(趙令 조병직(趙秉稷))이 배 위에 올라와 작별하기를 "오는 22일 배를 탈 것이니 고베(神戶)에서 머무시다가 만납시다."라고 하면서 약속하였다. 안(安 안종수(安宗洙))·유(俞 유기환(俞箕煥)) 두 벗과도 배 위에서 작별하였다. 일본인 요시무라 조스케(吉村恕介), 니시무라 신시치【요코하마에 있을 때의 식주인(食主人)이다.】, 우에노 케이스케(上野敬助), 미즈노 세이이치(水野誠一) 또한 배 위에서 작별하고 돌아갔다.

신시(申時)에 중간층에 모여서 서양 음식을 진설한 식당에서 저녁밥을 먹었다. 상등(上等)의 수행원은 한 상에서 같이 식사하였다. 유시(酉時)에 배가 출발하였는데 동쪽으로 향했다가 이내 남쪽 방향으로 틀어 밤새 운항하였다.

17일(정축), 대풍이 불고 오시가 지나 잠깐 비가 옴

종일 배로 가는데 바람 때문에 배가 흔들거려 배 안의 사람 중에 괴로워하지 않는 자가 없었으니 어떤 사람은 구토를 하며 정신을 차리지 못하였다. 세끼 식사를 전부 거르고 단지 한 그릇 미숫가루를 물에 타

마셨을 뿐이었다. 밤새 운항하였다.

18일(무인), 맑음

묘시(卯時)에 고베항(神戸港)에 도착하였는데 1,800리를 온 것이다. 닻을 내리고 즉시 작은 배를 타고 육지에 내렸다. 해안(海岸) 4초메(丁目)의 사노 쇼지로(佐野莊治郎)의 집에 처소를 정하였는데 민령(閔令)과 같이 머물렀다. 오사카협동상회(大阪協同商會)의 사장 다카스 겐조(高須謙三)가 주령을 만나러 왔는데 나 또한 명함을 전하고 대화를 나누었다. 바로 돌아가 점심을 올렸다.

구마모토주(熊本州)에 사는 17살의 오카마쓰 고키(岡松虎基)가 마침 여점(旅店)에 같이 있었는데 그는 류조함(龍驤艦)의 해군이라고 하였다. 세이키함(淸輝艦)이 일본 날짜로 7월 28일에 조선으로 나가는데 무슨 일인지는 모른다고 하였다. 변택호(邊宅鎬)가 보러 왔다.

19일(기묘), 맑고 더움

신시(申時)에 두 주인이 힘들고 싫어하는 내색을 보이기에 부득이 이전 주인인 안도 가자에몬(安藤嘉佐衛門)과 하타나카 료스케(畠中良助)[95]의 집으로 거처를 옮겼다. 정병하(鄭秉夏)와 통사 백인수(白仁壽)가 오사카에 와서 머물고 있다가 우리 행차가 고베(神戸)에 도착하였다는 말을 듣고는 오늘 아침 오사카를 나와서 내방하였으니 너무도 반가웠다. 6월

95 하타나카 료스케(畠中良助) : 원문은 '畠田良助'인데 4월 15일 기록 및 『조선시대 대일외교 용어사전』에 근거하여 '田'을 '中'으로 바로잡아 번역하였다. 『조선시대 대일외교 용어사전 http://waks.aks.ac.kr/rsh/?rshID=AKS-2012-EBZ-2101 검색일:2017. 9.30』

15일에 일본에 왔다고 하는데 이번에 같은 배를 타고 귀국하기로 약속하였다.

유 상사(兪上舍 유진태(兪鎭泰))·강 오위장(姜五衛將 강진형(姜晉馨))·이 참봉(李參奉 이봉식(李鳳植))·엄 사과(嚴司果 엄석주(嚴錫周))가 사노 쇼지로(佐野莊治郞)의 집을 내방하였는데 이공(李公)·엄공(嚴公) 두 영공은 새 거처에 도착해서는 그대로 휴식하였다. 그 뒤에 양재(養齋) 및 이공·엄공 두 영공과 시내의 서림에 함께 갔다가 곧장 숙소로 돌아왔다. 주령은 사노(佐野)의 집에 있다가 세관장 다카하시 신키치(高橋新吉)와 서기관 오쿠이 세이후(奧井淸風)를 방문하고 또 청(淸)나라 영사 요석은(廖錫恩)의 처소에 갔다.

점심을 먹은 뒤에 주동(主童 주인집 아이)을 데리고 모토마치도리(元町通) 4초메(丁目)의 '옥문당(玉文堂)'이라고 하는 조각하는 집에 가서 오모리(大森)를 만나 도장[圖書] 7자(字)를 새겨주기를 부탁하고는 비를 무릅쓰고 여사로 돌아왔다.

다카하시 헤이카쿠(高橋平格)가 오사카에서 나와 우리를 만나보고는 다시 오사카로 돌아갔다. 이번에 같은 배를 타고 부산항에 간다고 하는데 실로 부산에 지점이 있기 때문이리라.

20일(경진), 극도로 덥고 맑음

나카노 고타로(中野許多郞)가 보러 왔다. 정병하(鄭秉夏)와 이건혁(李健赫)이 와서 만나보고는 곧바로 오사카로 돌아갔다. 오시(午時)가 지나 양재와 함께 임기홍(林基弘)을 데리고 청(淸)나라 이사관에 가서 요석은을 만나보고 곧장 숙소로 돌아왔다. 석사 서상직(徐相直)·오위장 최성대(崔成大)·엄 사과(嚴司果 엄석주(嚴錫周))가 처소에 왔다.

월루(越樓)에 갔는데 가고시마현(鹿兒島縣) 출신의 두 소년이 글을 구하기에 각자에게 2편씩 써 주었다. 한 사람은 고레에다(是枝)이고 한 사람은 니시무라(西村)인데 모두 감사하다고 하였다. 저녁에 박 참판(朴參判 박정양(朴定陽))이 처소로 주령을 찾아왔고 사과 왕제응(王濟膺)이 내방하였다. 깊은 밤에 목욕을 하였는데 매우 상쾌하였다.

21일(신사), 맑고 극도로 더움

조 참판(趙參判 조준영(趙準永))이 처소에 왔다.

22일(임오), 맑고 더움

아침에 엄공(嚴公)·조공(趙公)·박공(朴公)·심공(沈公)·강공(姜公)의 처소인 신세이샤(新盛社) 집에 갔다. 밤에 양재(養齋) 및 일본 가고시마현(鹿兒島縣) 사람 시지뢰관(是枝賴寬)과 목욕실에 같이 갔다.

23일(계미), 맑고 더움

아침에 도장 새기는 집에 갔다. 아침을 먹은 뒤에 통사 임기홍(林基弘)을 데리고 고베 세관에 갔다. 세관 건물은 서양식의 2층 건물인데 매우 거대하고 넓어 오래도록 영객실에 앉아 있어도 삼복더위가 괴로운지 몰랐다. 바다 위에 증기선과 돛배가 왕래하는데 많은 풍광을 눈으로 다 보니 '오초(吳楚)는 동남으로 갈라졌고 하늘과 땅은 밤낮으로 둥둥 떠 있구나.[吳楚東南坼 乾坤日夜浮]'[96]라는 시구는 오늘을 위해 준비해 놓

96 오초의 …… 있구나 : 당 시인 두보(杜甫)가 동정호 가에 있는 유명한 정자 악양루에 올라가 지은 『등악양루(登岳陽樓)』에 나오는 싯구이다.

은 말이었다.

마침 세관장 다카하시 신키치(高橋新吉)가 휴가를 가 자리에 없어 서기(書記) 한자와 사카에(榛澤榮)·문서과(文書課) 관원 호리 모모치(堀百千)와 명함을 나누고 대화를 하였다. 호리 모모치는 이곳 문서과의 직임에 있은 지 8년이 된다고 하는데 사람됨이 글재주가 있고 아주 차분하였다. 객실(客室)에 앉기를 청하여 차와 궐련을 내어왔는데 한 시각이 넘도록 필담을 나누었다.

돌아오는 길에 민령(閔令)의 처소에 잠시 갔다가 숙소로 돌아왔다. 저녁을 먹은 뒤에 홍령(洪令 홍영식(洪英植))·조령(趙令 조병직(趙秉稷)) 두 영공과 이 수사(李水使 이원회(李元會)) 일행이 도착하였다는 소식을 듣게 되었으므로 홍령·조령·이령 세 영공의 처소인 호라이(蓬萊)의 집으로 가서 만났는데 각 일행이 바람 없이 태평양(太平洋)을 편하게 건너왔다고 하였다. 곧바로 숙소로 돌아왔다.

아래는 호리 모모치가 스나코야마(砂子山)【고베의 뒷산이다.】에 올라 지은 것인데 나에게 보여주기에 기록해 둔다. 시는 다음과 같다.

맑고 한가하여 뜻에 맞으면 술이 더욱 맛있고 淸閑適意酒添味
경치는 기이하나 뜻이 사나우면 시에 공교함이 없다네 奇景悔情詩欠工
기흉【지명이다.】은 아득하고 담산【지명이다.】은 붉은데 紀凶茫茫談山紫
석양에 앉은 사람 그림 속에 살아 있는 듯하네 夕陽人坐活圖中

24일(갑신), 맑고 더움

여점(旅店) 주인집의 하녀가 병으로 죽어 당일로 절에 가서 장례를 치르는데, 절의 중이 와서 경문을 외고 신위를 설치하여[97] 세 끼 밥을 올려 주니 가상한 일이다.

25일(을유), 맑고 더움

아침을 먹은 뒤에 도장 새기는 집에 갔다가 또 시내에 갔다. 오시(午時)에 홍 직각(洪直閣 홍영식(洪英植))과 조 승지(趙承旨 조병직(趙秉稷))가 처소에 왔다. 협동상회(協同商會) 사장 다카스 겐조(高須謙三)가 오사카에서 보러 왔다. 우에노 케이스케(上野敬助)가 어제 저녁에 홍공(洪公)·조공(趙公)과 함께 배를 타고 왔는데 오늘 아침에 보러 왔다. 대청(大淸) 이사관(理事官) 요석은(廖錫恩)이 한 쌍의 연구(聯句)와 한 폭 글을 주령에게 보내왔다.

26일(병술), 맑고 더움

홍령(洪令)·조령(趙令)·엄령(嚴令)·이 수사(李水使)가 처소로 와서 주령과 함께 효고현(兵庫縣)에 가서 작별하였다. 오시(午時)가 지나 양재(養齋)와 시장에 갔다. 듣기로 선박 지토세마루(千歲丸)가 들어왔는데 내일 타서 자리를 정한다고 하였다.

---

97 신위를 설치하여 : 원문은 '設位神'인데, 문맥을 살펴 '位神'을 '神位'로 바로잡아 번역하였다.

27일(정해), 맑고 더움

일찍 일어나 통사 임기홍(林基弘)을 데리고 3리 정도 거리에 있는 세관 문서과장(文書課長) 오쿠이 세이후(奧井淸風)의 집으로 가서 명함을 전하고 이야기를 나누었다. 필담을 해 가며 『조약유찬(條約類纂)』에 나오는 재물(財物) 명칭과 고베(神戶) 세관의 관원 등의 수효에 관해 물어보았다. 그리고 『세관도(稅關圖)』를 부산관(釜山館)의 우에노 케이스케(上野敬助) 집으로 나중에 바로 부쳐주기를 부탁하고는 그대로 작별하였다. 돌아와 지토세마루(千歲丸)에 짐을 보냈다. 청나라 이사서(理事署)의 속관 양금정(楊錦廷)이 오시(午時)에 처소로 와서 작별 인사를 하였다.

28일(무자), 맑음

묘시(卯時)에 고베에서 작은 배를 타고 지토세마루에 올랐다. 주령과 영공들은 뒤늦게 배에 올랐다. 배의 너비는 20척이고 길이는 180척인데 선장은 일본인 마쓰모토 지고로(松本侍五郎)이다. 이 배는 단지 상하 두 층이 있는데 상등(上等)의 사람은 위층에 거처한다. 방마다 2층의 침대가 있고 침대 위에는 요가 덮여있으며 문 옆에는 체경(體鏡)이 있다.

상등 방은 좌우로 다만 네 개만이 있는데 두 방은 일본인이 거처하고 두 방은 우리 조사(朝士)가 거처하였다. 방 옆에는 마루가 있고 마루는 그림을 그린 요로 덮여 있는데 영공들이 함께 머물렀다. 중등(中等)의 수행원은 하등(下等)의 장소에 거처하는데 일본인과 좌우로 나뉘었다. 그런데 막혀있어 너무도 답답하였다. 조금 뒤 정병하(鄭秉夏)가 같은 배에 올랐다.

미시(未時) 초에 배가 출발하여 밤새도록 700리를 갔는데, 이요국(伊

豫國) 핫칸지마(百貫島) 앞바다에서 선부(船釜)의 잠철(簪鐵)이 충격으로 파손되어 인시(寅時) 말에 멈춰 서서 닻을 내리고,[98] 잠시 수리했다가 묘시(卯時)에 그대로 출발하였다.

29일(기축), 맑음

종일 밤낮으로 배를 탔다. 파도는 잠잠하고 바람은 불지 않아 배안에서 편안히 지내니 진실로 너무 다행이었다. 밤중에 운항할 때 만경(萬頃)의 끝없는 바다에는 오고가는 윤선(輪船 증기선)들이 등불을 매달고 있었다. 하늘에는 별이 있고 바다에는 등불이 있으니 하늘과 바다가 똑같았다. 위를 보고 아래를 보니 너무도 광활하고 아득하여 창해의 한 좁쌀이라는 탄식이 절로 나왔다.

30일(경인), 맑음

자시(子時) 초에 아카마가세키(赤馬關)에 멈추고 닻을 내렸는데 600리를 온 것이다. 오사카협동상회(大阪協同商會)에서 수박 11개를 일행에게 내어왔다. 미곡을 싣고 신시(申時) 초에 출발하였다. 선원 23인과 일본인 50여 명 및 우리 일행 53명이 같은 배를 탔는데 서양인은 없었다. 작년의 신사(信使)[99]도 이 배를 탔다고 한다.

항구 밖을 벗어나니 바다 좌우에 등대가 있는데 모두 4곳이다. 몇 리를 가니 무쓰레지마(六連島)가 있었다. 이는 부산에 곧장 이르는 바닷길

---

98 닻을 내리고 : 원문은 '留錠'인데 문맥을 살펴 '錠'을 '碇'으로 바로잡아 번역하였다. 이하의 '留錠'도 마찬가지이다.

99 작년의 신사(信使) : 2차 수신사로 활동한 김홍집(金弘集)을 가리킨다.

이다. 여기에서 항로가 나뉘는데 나가사키(長崎)를 향하여 서남 방향으로 배를 몰았다.

대저 아카마가세키항은 잔산(殘山) 한 줄기가 네 면을 둘러 해문(海門)을 감싸고 있으며 항구 밖에는 회일산(回日山) 한 줄기가 좌우로 이어져 5, 60리를 뻗어 있다. 나가사키에는 전선(電線)이 가설되어 있다. 육지에서는 해저에서 육지로 이르게 하고, 바다에서는 육지에서 해저로 이르게 하는데 수천 리 거리에 전선을 설치하는 방식으로 도쿄(東京)에서 요코하마(橫濱)까지 요코하마에서 아카마가세키까지 아카마가세키에서 나가사키까지 모두 전선을 가설하였다. 지쿠젠주(筑前州)를 지나는데 해도(海島)의 바위 위에 있는 등대가 아주 높고 컸다.

❧ 윤7월 ❧

1일(신묘), 맑음

인시(寅時) 정각에 나가사키항에 도착하여 정박하였다.【900리 거리이다.】 진시(辰時) 정각에 영공들과 수행원들은 육지에 내리고 나와 7, 8인은 배에 머물렀다. 한쪽에서 석탄을 싣는데 고인(雇人) 중에는 여자가 많았다. 한쪽에는 미곡을 내리고 또 각각 서양 무명과 화물을 싣느라 배 안이 매우 어수선하였다.

신시(申時)가 지나 영공들이 배에 올라탔다. 나가사키의 세관 사무를 탐지(探知)하기 위해 여기에 머물고 있던 정중우(鄭重羽)가 통사(通事) 김채길(金采吉)과 하인 1인을 이끌고 배에 올라와서 이야기를 나누고는 같은 배로 돌아갔다.

술시(戌時) 초에 배가 출발하여 몇 리를 가자 히젠주(肥前州) 오가와지마(小川島)와 마다라시마(班島)를 지나는데 왼쪽에 고토(五島)가 있었고, 몇 리를 더 가니 오른쪽에 평호(平湖)[100]가 나왔다. 몇 리를 더 가서 히젠주(肥前州) 모자도(帽子島)의 등대를 지나는데 밤이 되도록 항해하였다. 밤이 깊어진 뒤에 선장에게 물어보니 나가사키에서 400리를 왔다고 하였다. 오른쪽에는 바다 위에 가로로 뻗쳐 있는 이키노시마(壹岐島)가 있었다.

2일(임진), 맑음

새벽에 바람이 갑자기 불어 배가 매우 요동쳤지만 계속 운항하였다. 이 배는 외해도선(外海導船)이라서 대마도(對馬島)에 들어가지 못하고 오른쪽으로 대마도를 끼고 곧장 부산에 도착한다고 하는데 이는 안네이마루(安寧丸)와 무게 차이가 있기 때문이다.

기관사 판구성일랑(坂口誠一郎)과 이야기를 나누었다. 그는 지바현(千葉縣)에 속하는 나가라군(長柄郡) 이치노미야(一宮)에 사는 사족(士族)이라고 하는데 50엔(円)의 월급을 받았다. 이 배는 우편 기선(郵便汽船)으로 미쯔비시사(三菱社)의 배이고 부산항에 도착한 뒤에는 또 원산항으로 갈 것이라고 하였다.

광뢰계서(廣瀨季序)라는 자는 나이가 겨우 21살로 부산항으로 가서

---

100 평호(平湖) : 히라도시마(平戶島)를 가리키는 듯하다.

안약(眼藥) '세이키스이(精錡水)'를 파는 것을 생업으로 하였다. 도쿄 아카사카구(赤坂區) 후쿠요시초(福吉町) 2번지에 거주한다고 하는데 또한 함께 대화를 나누었다. 인천이 개항한 뒤에 자기가 인천에 갔다 경성에 이르게 된다면 만나 인사할 수 있을 듯하다고 하였다.

신시(申時) 초에 부산항에 도착하여 정박하니 500리 거리이다. 주령이 영공들과 육지에 내려 영사(領事) 곤도 마스키(近藤眞鋤)의 처소에 갔다. 나와 양재(養齋)는 작은 배를 타고 곧바로 두모포(豆毛浦)에 도착하여 이전 주인이었던 김윤규(金允圭) 집에 숙소를 정하였다. 저물녘에 주령이 영사 관소에서 배를 타고 숙소로 왔다. 저녁은 주인집에서 내어온 것이다.

밤이 깊어진 뒤 판찰관(辦察官)이 보러 왔다. 동래부의 유리(由吏) 이상흔(李相昕), 호장 이재기(李載基), 김호규(金浩圭)가 내알하였다. 본관 수령 역시 어둠을 무릅쓰고 와서 주령을 만났다. 역학 유광표(劉光杓)가 보러 왔다.

3일(계사), 잠시 비가 옴

부산 첨사 임형준(任衡準)이 보러 왔다. 아침을 먹은 뒤에 주령이 곧장 본부(本府)에 행차하였다. 나는 양재(養齋)와 배 안의 화물이 오기를 기다리다가 그대로 점심 끼니를 지나쳤다. 판찰 장교 나만석(羅萬石)이 내알하였고 덕조(德兆)가 내알하였다.

신시(申時)에 동래부에 도착하여 서문(西門) 안쪽의 기생 화선(華仙) 집에 처소를 정하려 했는데 화선이 작년에 죽었다 하여 나와 양재는 이웃에 사는 기생 진옥(眞玉) 집에 다시 처소를 정하였다. 영사관(領事官) 곤도 마스키와 나카노 고타로(中野許多郎)가 부(府) 안에 들어왔으므로 영공들이 가서 작별을 하였다.

4일(갑오), 아침에 맑다가 오후에 흐리고 매우 더움

본부 장교(將校) 이희윤(李喜允)이 내알하였다. 이 장교는 그림 그리는 재주가 있으므로 고베와 나가사키의 『세관도(稅關圖)』를 주면서 모사해 오라고 하였다. 서사리(書寫吏) 김치민(金致珉)과 유치귀(兪致龜)가 내알하였다.

서울로 가는 인편이 있어서 정동 대감댁에 편지를 부치고 성면(聖勉)의 편지 속에 집으로 보내는 편지를 같이 부쳤다. 점심은 동래부 관아에서 특별히 내어온 것이다. 밤에 여주(驪州)에 사는 승지 곽치섭(郭致燮)의 조카 기현(基鉉)이 내방하여 같이 유숙하였다.

5일(을미), 비가 옴

아침을 먹은 뒤에 부산관(釜山館)의 일본인이 작별하러 온다고 하여 주령과 무사청(武士廳)에 함께 가서 우에노(上野 우에노 케이스케(上野敬助)), 하시베(橋邊 하시베 리타이에몬(橋邊利大衛門)) 및 그 밖의 세 사람을 만났는데, 한 사람은 협동상사(協同商社) 지점에서 일을 보는 사람이었다. 각 일행들에게 작별을 기념하는 신물(贐物)이 있어서 가지고 왔다 하였다.

곧장 숙소로 돌아왔다. 엄령(嚴令)과 강령(姜令) 두 영공이 처소에 왔다. 판찰관이 별도로 점심을 차려 주었다. 나는 오늘 아침부터 우연히 설사와 후중증(後重症)에 걸려 청서육화탕(淸暑六和湯) 2첩을 달여 복용하였다. 종일 밤낮으로 고통스러웠다.

절영도(絶纓島) 첨사 이정필(李正弼)이 와서 주령을 만났다. 금성 별장

(金城別將) 김한기(金漢基)가 주령을 내알하였는데 사람이 자못 힘이 있었다. 몇 해 전에 일본인이 본부에서 난동을 부렸을 때 이 사람이 잘 처리한 공이 있어서 지금 별장에 이르렀다고 한다. 본부의 서사리 김치민(金致珉)과 유치귀(兪致龜)가 또 내알하였다. 심 승지(沈承旨)가 동래(東萊)로 갔는데 늦은 시간이었다.

6일(병신), 비가 옴

민령(閔令)이 처소에 왔다. 오늘 현풍(玄風)으로 출발할 것이라서 작별 인사를 나누었다. 양재(養齋)가 부산관(釜山館)에 갔다. 점심을 먹은 뒤 주령이 범어사(梵魚寺)에 갔는데 오문(五文)이 수행하였다. 조 참판(趙參判 조준영(趙準永))은 영덕(盈德)으로 가는데 참봉 이봉식(李鳳植)이 와서 작별하였다. 박 참판(朴參判 박정양(朴定陽))은 상경하는 길에 대구에 머문다고 하는데 이상재(李商在)가 와서 작별하였다. 최성대(崔成大)가 보러 와서 다음날 동행하기로 약속하였다. 판찰관과 역학(譯學) 및 정병하(鄭秉夏)가 와서 작별 인사를 나누었다. 혼자 숙소에 머물고 있는데 양재가 어둠을 무릅쓰고 부산관에서 돌아왔다.

7일(정유), 맑음

양재와 함께 짐 신는 말을 이끌고 동래를 떠나면서 옥란(玉蘭)의 집에 가서 엄 사과(嚴司果)와 작별하였다. 우에노(上野 우에노 케이스케(上野敬助))와 나카노 고타로(中野許多郎)가 일본에 있을 적에 나에게 시를 요구하였으나 미처 지어 주지 못하였는데, 이제 와서는 지어 주지 않을 수 없기에 절구 한 수를 지어 이별의 정을 나타내었다. 우에노에게 준 시는 다음과 같다.

우연히 우리 땅에서 만나고	偶然逢我境
만리 바닷길을 또 함께 하였네	萬里又同舟
지닌 성품은 물고기가 바다에서 노니는 듯	率性魚遊海
밝은 마음은 달빛이 누각에 가득한 듯하였네	明心月滿樓
매사에 능히 성실하여	每事能誠實
쌍방이 이 사람 의지하여 일을 하였지	雙方賴接酬
어제 서로 헤어진 뒤인데	昨日相分後
이별한 심정은 이미 삼추라네	別懷已屬秋

나카노 고타로에게 준 시는 다음과 같다.

그대가 우리 땅 머문 지 한 해가 지났을 때	君居我境已經年
만리 길을 한 배로 함께 가고 왔다네	萬里一船共往來
조용한 그대 심사 논할 수는 없지만	從容雖未論心事
세속과 다른 회포를 진작에 알았다네	已識胸懷逈絶埃

동래부에서 역마를 타고 출발하여 50리 거리의 양산 읍점(梁山邑店)에 도착하여 점심을 먹으려는데 주령이 벌써 엄령(嚴令), 조령(趙令)과 함께 범어사에서 동행하여 먼저 이 읍점에 도착해 자리잡고 있었다.

점심을 먹은 뒤 출발하여 세 영공의 일행이 횃불을 들고 통도사(通度寺)에 도착하였다. 산문(山門) 어귀는 깊고도 그윽하고 수목은 하늘로 우뚝 솟아 있는데 어둠이 점점 짙어져 제대로 살필 수 없었다. 승려들이 산문에서 기다리고 있었다. 문수전(文壽殿)에 처소를 정하였다. 자리를 정돈했을 때 주과상(酒果床)을 내어왔다. 저녁밥은 산나물로 반찬을 만든 8첩상이었다.

8일(무술), 맑음

다시 화엄전(華嚴殿)에 처소를 정하였다. 엄령(嚴令)은 화엄전 동쪽 전각(殿閣)의 한 방에 거처하고 조령(趙令 조병직(趙秉稷))은 보광전(普光殿)에 거처하면서 서로 왕래하였다. 저녁에 양산에 사는 황아(黃雅)[101]가 내방하여 같이 유숙하였다. 밤에 조령의 처소에 갔다가 밤이 깊어서야 숙소로 돌아왔다.

9일(기해), 맑음

조령의 처소에 가서 안우(安友 안종수(安宗洙))와 『조약유찬(條約類纂)』을 교정하였다. 홍 직각(洪直閣 홍영식(洪英植))과 이 수사(李水使 이원회(李元會)) 일행이 범어사에서 여기로 도착하여 조령의 처소가 있는 보광전에 거처를 정하였다. 동래부의 서사리 김치윤(金致允)과 유치귀(兪致龜)가 내알하였다. 양산 수령 조만식(趙晩植)[102]이 이 절에 올라왔다.

10일(경자), 맑음

아침은 본관 수령이 올린 것이다. 식사를 한 뒤에 양재, 최 오위장(崔五衛將), 전 노인(仝老人)과 함께 절에 갔다. 문을 지키는 나무로 만든 사천왕(四天王)이 매우 거대한 모습으로 좌우에 각각 서있는데 그 크고

---

101 황아(黃雅) : 여기서 '雅'는 사람에게 붙는 미칭이다.

102 조만식(趙晩植) : 원문은 '趙司晩植'인데, '司'를 연문으로 보아 번역하지 않았다.

사납고 특별한 형상을 처음 보았다. 밖의 좌측 석벽에는 이름이 새겨져 있는데 명공(名公)과 거경(巨卿)의 이름이 많았다.

이 절은 신라 자장 율사(慈藏律師)가 서역(西域)에 가서 석가여래의 사리(舍利)와 가사 한 벌을 받들고 와서 창건한 것이다. 대웅전(大雄殿) 뒤에 석가여래 사리의 부도탑(浮屠塔)을 세웠으므로 대웅전 안에는 불상이 없고 단지 탱화만 걸려 있다.

이곳 전각 터는 본래 아홉 용의 못이었는데 여덟 용을 쫓아내어 하나의 용지(龍池)만 남게 되었으니 지금도 못이 있어서 이 못에다 비를 빈다고 한다. 큰 건물 여섯에 암자(庵子)는 13개가 있고, 물레방아 14개에 승려가 500여 명이니 이 절은 바로 조선의 으뜸가는 사찰이다. 산의 이름은 취서산(鷲栖山)인데 누운 소 모양이라서 여기에 큰 사찰을 세운 것이다. 화엄전(華嚴殿) 조전승(朝殿僧) 구연(九淵)은 나이가 서른 아홉이고 속가(俗家)는 양산(梁山)이라고 한다.

황아(黃雅)가 내려갔다. 언양(彦陽) 수령 권일규(權一圭)가 각 일행에게 음식 한 쌍씩을 보내주었다. 점심을 먹은 뒤에 홍 직각(洪直閣)과 이수사(李水使)가 출발하기에 산문(山門) 밖으로 나가 배웅하면서 유정수(柳正秀), 고영희(高永喜), 함낙기(咸洛基), 전낙운(全洛雲), 송헌빈(宋憲斌), 심의영(沈宜永)과 작별 인사를 나누었다. 전낙운은 양산으로 되돌아 갔다가 진주(晉州)로 향한다고 한다. 두 일행은 언양으로 갔다가 경기 여주(驪州)로 갈 것이라고 하였다. 기장(機張) 아전 5인이 올라왔다. 【서사리(書寫吏)인 김세홍(金世洪), 김필홍(金弼洪), 권치빈(權致彬), 권의돈(權義墩), 박래상(朴來祥)이다.】

11일(신축), 맑음

보광전(普光殿)의 조령(趙令) 처소에 가서 안우(安友 안종수(安宗洙))와 『조약유찬(條約類纂)』을 교정하였다.

12일(임신), 맑음

보광전의 조령 처소에 가서 안우(安友)와 『조약유찬』을 교정하였다.

13일(계묘), 맑음

보광전의 조령 처소에 가서 『조약유찬』을 교정하였다. 동래부 아전 이재기(李載基)가 올라왔는데, 우에노(上野 우에노 케이스케(上野敬助))의 답장을 건네받아서 보았다.

14일(갑진), 아침에 가랑비가 왔다가 오시부터 폭우가 연이어 쏟아져 저녁까지 계속됨

점심은 절에서 마련한 것인데 국수, 떡, 과일로 특별히 대접한 것이었다. 보광전에 갔다가 비 때문에 되돌아오지 못하여 점심밥을 가지고 보광전의 조령 처소에서 함께 식사하였다.

15일(을사), 흐리고 또 비가 옴

보광전에 가서 『조약유찬』을 교정하였다.

16일(병오), 흐리고 또 맑음

동래부 아전 김치민(金致珉)이 말미를 받아 내려갔다.

17일(정미), 맑음

엄령(嚴令 엄세영(嚴世永))이 이 절에서 출발하여 영천(永川)의 은해사(銀海寺)로 향하므로 아침을 먹은 뒤에 산문 밖으로 나가 작별인사를 하였다. 10일을 같은 절에서 머물다가 먼저 서울 길에 오르니 부럽기도 하고 서운하기도 하였다.

동래부 아전 이재기(李載基)가 돌아갔다. 동래부의 변택호(邊宅鎬)가 인사하러 올라왔다. 동래부 아전 이광욱(李光昱)과 이유응(李裕膺) 2인은 엄령의 서사(書寫)인데 오늘 그만두고 돌아가려 하기에 다시 잡아 두고 서역(書役 글씨를 쓰는 작업)을 시켰다. 황산역(黃山驛)의 서리(書吏) 김도운(金道運)·김성우(金聲宇)·방원혁(方圓赫)을 불러왔다.

18일(무신), 맑음

아침에 일어나 살펴보니 산 높고 하늘 맑은데 가을의 서늘함이 점점 생긴다. 문득 고향 산천이 생각났다. 이곳과 고향은 천리 거리지만 일본에 있는 것과 비교하면 고향에 돌아왔다 할 만하다. 그래도 편지를 받아보기 힘든 것은 매한가지니 마음이 절로 슬프고 걱정스럽다.

변택호와 중군(中軍) 곽서봉(郭瑞鳳)은 바로 동래부 사람으로 엄령(嚴令)의 서사(書寫)였는데 작별을 고하고 돌아갔다. 양산(梁山)의 아전 이호림(李浩林)과 정달호(鄭達浩)가 불려 왔다. 지도(地圖)를 찾아오는 일로 현풍(玄風)의 민령(閔令) 처소에 사람을 보냈다.

19일(기유), 흐리다가 저녁에 가랑비가 옴

보광전(普光殿)에 갔다가 잠깐 뒤에 돌아왔다.

20일(경술), 밤부터 날이 밝을 때까지 비가 내리다가 늦게 갬

오시(午時)가 지나 보광전에 가서 『조약유찬』을 교정하고 돌아왔다.

21일(신해), 맑음

아침에 일어나 살펴보니 하늘은 높고 바람이 서늘한 것이 서리를 재촉하는 듯하였다. 무명 적삼과 헌 옷을 바꿔 입었으나 한기는 여전하였다. 밤에 꿈자리가 어수선한데 아마 집에 일이 생겨 그러한 것인가, 생각이 비통한 까닭에 그런 것인가? 모두 믿어지지가 않는다. 아침을 먹은 뒤에 동래부 아전 김치민(金致珉)이 올라왔다. 오시(午時)가 지나 보광전에 갔다가 잠깐 뒤에 돌아왔다.

22일(임자), 맑음

장정(章程)[103]을 교정하여 초고를 정서(正書)하였다. 오시(午時)가 지나 현풍(玄風)의 민령(閔令) 처소에 보낸 이례(吏隷)가 돌아왔는데, 현풍의 경저리(京邸吏) 김시탁(金時鐸)이 고목(告目)으로 문안하였다. 황산역(黃山驛) 아전 방경호(方景昊)가 올라와 문안하였다. 서사리 방원혁(方圓赫)의 아비로 아들 여섯을 두었다고 한다.

23일(계축), 맑음

밤부터 심해진 감기로 콧물을 진정시키기 어려워 너무도 답답하였다. 오시(午時)가 지나 황산 찰방(黃山察訪) 이강훈(李康勳)이 올라와 주령을 만나고 즉시 관아로 돌아갔다. 황산 아전 방경호가 돌아갔다. 동

---

103 장정(章程) : 『조약유찬(條約類纂)』을 가리킨다고 할 것이다.

래 부사가 명을 내려 관노 1명을 보냈는데 상경할 때에 짐말을 끌고 갈 자이다. 이재기(李在琪)가 고목(告目)으로 작별을 알렸다.

24일(갑인), 비가 옴

감기가 점점 심해져 너무도 괴롭고 답답하였다.

25일(을묘), 아침에 비가 오다가 늦게 흐림

내일 출발할 것을 생각해보니 골짜기를 다니고 내를 건널 일이 매우 마음에 걸렸다. 오시(午時)가 지나 동래부 아전 김호규(金浩圭)가 올라왔고 교군(轎軍)도 와서 대기하였다. 저녁에 보광전 조령(趙令)의 처소에 가서 내일 서울 가는 길을 같이하기로 약속하였다. 밤이 깊은 뒤에 양산 수령 조만식(趙晩植)이 와서 주령을 만났는데 아마도 작별인사를 위해 온 듯하였다.

26일(병진), 흐리고 잠깐 비가 오다 오후에 맑아짐

행장을 챙기고 점심을 먹은 뒤에 큰 절의 법당을 두루 살펴보았다. 대웅전에 석가여래와 자장 율사(慈藏律師)가 입었던 가사(袈裟)가 한 벌씩 있었다. 석가여래의 가사는 사람이 만든 것이 아니고 천녀(天女)가 만든 것이라고 하는데 어떤 비단인지 모르겠다. 자장 율사의 가사 또한 어떤 비단인지는 모르겠는데 수천 년을 거쳤으니 참으로 오래된 물건이다.

이어서 보광전에 가서 조령(趙令)과 작별하였다. 조령은 언양(彦陽)과 경주(慶州) 등지로 여정을 잡았다고 한다. 기장(機張)과 황산(黃山) 두 읍의 서사리(書寫吏)를 내려보내고 바로 산문 밖으로 나갔다. 승려들이 전

송하는데 돌아보고 연연하는 정이 있어 서글픈 마음이 절절하였다. 호성(虎惺)·구연(九淵) 두 스님에게 산문의 입석(立石)에 내 이름을 새겨주기를 부탁하였는데 작업 비용과 내가 잘 머물도록 보살펴 준 사례금을 주었다. 승려 구연은 나와 동갑이라 각별한 정이 더 있었다.

역마를 타고 40리 거리의 양산읍(梁山邑) 여점에 도착하였다. 본관 수령 조만식(趙晩植)이 오늘 산사(山寺)에서 내려와 성내(城內)에 처소를 정해놓고는 여러 차례 여관(旅館)을 옮기라고 전갈을 보냈으나 이미 짐을 풀었으므로 처소를 옮길 수 없었다.

아전 엄순관(嚴淳觀)이 문안 인사를 하였는데 이는 엄령(嚴令)이 전에 읍을 지날 때에 이 아전의 집에 거처를 정하여서 나 또한 주령과 가서 만나본 적이 있으므로 그가 와서 인사한 것이다. 그리고 관에서 처소를 정하였다고 한 것은 바로 이 아전의 집에 정한 것이었다. 저녁을 관에서 내어 바쳤다지만 실은 이 아전의 집에서 낸 것이다. 본관 수령이 나갔다가 밤이 깊어서야 관아로 돌아왔다. 나와 양재는 너무 피곤하여 즉시 잠들었다.

27일(정사). 아침에 흐리다가 오시에 비가 오고 저녁까지 개지 않음

책방(冊房 고을 수령의 비서)인 석사 이근(李根)은 주령과 일족인데, 아침에 나왔기에 나 또한 대화를 나누었다. 아침 역시 관에서 내어준 것이다. 동래부의 서사리(書寫吏)도 이곳에서 하직하는데 여러 날 동안 함께 생활한 정의 때문에 또한 서글픈 마음이 들었다.

즉시 역마를 타고 양산읍에서 20리를 가서 물금역(勿金驛)에 이르렀다. 육로가 장맛비에 잠겨서 역마로 갈 수가 없었으므로 작은 배를 타고 대신 갔는데 물을 거슬러 올라가느라 사공들이 있는 힘을 다하였고 또 예질군(曳絏軍)을 입역(立役)하였다. 각 역참에서 이렇게 배를 끌게 하므로 예질군이라고 부른다. 종일토록 비를 무릅쓰고 40리를 가서 밀양(密陽)의 삼랑창(三浪倉) 여점에 도착하였다. 숙소로 정하였다.

28일(무오), 아침에 흐리고 늦게 맑아짐

비로 물이 불어나 육로로는 말에 짐을 싣고 갈 수 없어서 배를 타고 예질군을 입역시켜 배에 짐을 싣되 말과 하인은 육로로 보내었다. 아침을 먹은 뒤에 배를 출발시켰는데 신시(申時)에 30리 거리의 밀양읍 남쪽 구창(舊倉) 앞에 도착하였다.

땅에 올라 밀양부 성(城) 밖 여점에 도착하여 짐을 정돈한 뒤에 혼자 영남루(嶺南樓)에 올라 연죽(烟竹) 몇 대를 피우고 우연히 오언 절구를 읊었다. 시는 다음과 같다.

긴 강은 밤나무 동산 밖에 흐르고	長江栗園外
절간은 대나무 숲 동쪽에 보이네	蕭寺竹林東
석양 무렵 난간에 기대 앉았는데	夕陽憑檻坐
물색은 고금과 같구나	物色古今同

곧바로 여점으로 돌아왔다. 수령 오장정(吳章程)이 나와서 주령과 응대하고는 관아로 돌아갔다. 부기(府妓 부에 소속된 관기) 봉희(鳳姬)가 내알하였다. 이 기생은 양재(養齋)의 선친이 이 고을을 다스릴 때 가장 가까이한 기생이므로 와서 인사한 것이다. 저녁은 관아에서 내어 준 것이다.

밤에 영남루에 기악(妓樂)이 마련되어 주령과 양재를 따라 영남루를 함께 올랐는데 본관 수령이 벌써 자리에 있었다. 기생은 아기(兒妓)와 소기(小妓)를 합쳐 모두 8명이었다. 시가(詩歌)를 들어보니 별로 볼만한 것이 없었으므로 나는 먼저 여점으로 돌아왔다. 여점 등불 아래에서 송운(宋雲) 대사【사명당(四溟堂)[104]이다.】가 등장하는 『임진록(壬辰錄)』을 보았다. 닭이 운 뒤 주령이 여점에 돌아왔는데 그때서야 잠자리에 들었다.

29일(기미), 맑음

아침【관아에서 내어준 것이다.】을 먹은 뒤에 역마를 타고 30리를 가서 청도(淸道) 유천역(楡川驛)[105]에 도착하여 점심을 먹었다. 사당패 여자 4, 5명이 또한 이 역점에 있다가 와서 인사를 하는데 보기에 너무 지저분하였다.

점심을 먹은 뒤에 역마를 타고 30리를 가서 청도읍 여점에서 말을 먹였다. 성현 찰방(省峴察訪) 이공엽(李公燁)이 마침 이 읍에 도착하였는데 와서 주령을 만났다. 애초에는 산길이 험준하고 시간이 많지 않아 청도읍에 숙소를 정하려 하였는데, 성현 찰방의 말을 들어보니 시간이 아직 여유가 있고 비록 산길이라고 하지만 그다지 험하지 않다고 하여 즉시 출발하였다. 그리하여 20리를 가서 성현(省峴)에 도착하여 작청(作廳)에 처소를 정하였다. 주승(主丞)이 우리와 함께 역(驛)으로 돌아왔는데, 일을 챙기고 주선(周旋)하는 정성이 너무도 극진하였다. 술과 안주

---

104 사명당(四溟堂) : 원문은 '四明堂'인데, 일반적인 용례에 근거하여 '明'을 '溟'으로 바로잡아 번역하였다.

105 유천역(楡川驛) : 원문은 '鍮川驛'인데, 일반적인 용례에 근거하여 '鍮'를 '楡'로 바로잡아 번역하였다.

에다 저녁밥이 극히 푸짐하고 정결하였고, 소를 잡아 바쳤는데 나 또한 술에 취하고 배불리 먹었다.

서울 회동(會洞)에 사는 김□□(金□□)가 이 역에 와서 머물고 있는데 올봄에 내려왔다가 아직도 상경하지 못하고 있으므로 와서 인사를 하였다. 선달(先達) 정상우(鄭相遇)는 바로 올봄에 내려왔을 때 여점 밥을 준비하여 대령한 주인이다. 이 역에서 잘 사는 사람인데 문안을 하였다.

∞ 8월 ∞

1일(경신), 새벽에 비가 온 것이 아침까지 이어짐

아침을 먹은 뒤에 전에 타던 말로 늦게 출발하였다. 30리를 가서 경산 읍점(慶山邑店)에 도착하여 점심을 먹었다. 본관 수령 이수영(李秀永)이 와서 주령을 만났다.

점심을 먹은 뒤에 역마를 교체하여 출발하였다. 30리를 가서 대구(大邱) 서문 밖 배 동지(裵同知)【이전 행차 때의 주인이다.】 집에 도착하였으니 저물녘에 횃불을 든 채 도착하여 숙소로 정한 것이다. 조령(趙令)의 겸인(傔人) 임석규(林錫圭)가 경주(慶州)에서 이곳으로 와 주령에게 조령의 서찰을 전해 주었다.

2일(신유), 맑음

대구에 머물렀다. 책장(冊匠)을 불러와 어람용(御覽用)『조약유찬(條約類纂)』을 장정(裝幀)하여 완성하였다. 달성 판관(達城判官) 이보인(李普仁)이 와서 주령을 만났다. 아침은 감영(監營)에서 주령에게 내어준 것이다. 오시(午時)에 순사(巡使) 대감이 나와서 주령을 만났다. 나 좌병우후(羅左兵虞侯)가 나를 보러 왔는데 듣자하니 서울에서 온 답신에 정동대감의 환후가 심해졌다고 하여 매우 걱정이 되었다.

신시(申時)가 지나 김□□(金□□)가 성현(省峴)에서 달려왔는데 서울에 따라 가려고 하였다.【영문(營門)의 상영(上營) 통인(通引)인 김창진(金昌鎭)이다.】 밤에 달성 판관 어른이 나와서 기생을 불렀는데 노래를 듣다가 밤이 깊어서야 잠자리에 들었다.

3일(임술), 맑음

호막(戶幕)의 남정식(南廷植)과 병막(兵幕)의 우후 나준식(羅遵植)이 전갈(傳喝)을 보내어 나에게 작별을 고하였다. 편지를 작성하여 단성(丹城) 관아에 부쳤다.

아침을 먹은 뒤에 출발하여 20리를 가서 칠곡읍(漆谷邑)에 도착하였다. 점심을 먹는데 비가 왔다. 배남교(裵南喬)[106]가 이곳에서 작별을 고하고 돌아갔다. 칠곡 수령이 근친(覲親)하러 갔기에 만나서 인사하지 못하였으니 비할 데 없이 서글펐다. 비를 무릅쓰고 점심을 먹은 뒤 출발하

---

106 배남교(裵南喬) : 원문은 '裵南圭'이다. 3월 13일 일기 및 이헌영의 『일사집략』 같은 날 기록에 근거하여 '圭'를 '喬'로 바로잡아 번역하였다. 8월 1일 일기의 "배 동지(裵同知)"를 가리킨다.

였는데 30리를 가서 인동(仁同)의 뇌원역(耒院驛)에 도착하였다. 숙소로 정하였다.

4일(계해), 종일 비바람이 크게 몰아침

역점(驛店)에 머물렀다. 앞으로 가는 길목마다 또 이별할 것을 생각하니 근심스럽고 심란하다.

초5일(갑자), 맑음

아침을 먹은 뒤 출발하여 20리를 가는데 산골짜기의 물을 몇 번이나 지나고서야 장내 역점(場內驛店)에 도착하여 점심을 먹었다. 이 역참은 바로 상림역(上林驛)이다. 말이 없어서 말 대신 소에 짐을 싣고 3리 거리의 장천 시점(場川市店)에 도착하였다. 숙소로 정하였다.

6일(을축), 맑음

전날의 역마를 그대로 타고 아침을 먹은 뒤에 출발하였다. 40리를 가서 선산(善山)의 연향 역점(延香驛店)에 도착하여 점심을 먹었다. 이 역 또한 말이 없어서 점심을 먹은 뒤 전날의 역마를 그대로 타고 출발하였다. 40리를 가서 상주(尙州)의 낙동강(洛東江)에 이르렀다.

잠시 관수루(觀水樓)에 올랐는데 퇴계(退溪 이황(李滉)), 점필재(佔畢齋 김종직(金宗直)), 탁영(濯纓 김일손(金馹孫))의 시를 새긴 세 현판이 있었다. 저물녘에 강을 건너 여점(旅店)에 도착하였다. 숙소로 정하였다.

오늘밤은 곧 증조 할아버지의 제삿날이다. 천리 밖에 몸이 있어 제사에 참석하지 못하니 그저 불초자의 심한 죄책감으로 마음이 안정되지 않는다. 남쪽을 바라보고 서글퍼할 따름이다.

7일(병인), 맑음

일찍 아침을 먹고 말을 갈아타 40리 거리의 낙원역(洛原驛)[107]에 도착해서 점심을 먹었다. 그대로 출발하여 50리 거리에 있는 문경(聞慶)의 유곡역(幽谷驛)에 도착하였다. 숙소로 정하였다.

8일(정묘), 맑음

일찍 아침을 먹고 말을 갈아타고서 40리 거리의 문경읍(聞慶邑) 노성역(魯省驛)에 도착하여 점심을 먹었다. 연로읍(沿路邑) 가운데 문경이 큰 풍년이 들었다. 산간의 전곡(田穀)과 협야(峽野 골짜기와 들판)의 벼가 점점 익어가니 한창 가을로 접어들고 있었다.

점심을 먹은 뒤에 말을 교체하고 출발하여 10리 거리의 초곡(草谷)에 도착했다가 남여(藍輿)로 갈아타고 5리 정도 거리의 주흘관(主屹關)【안에 '영남제일관(嶺南第一關)'이라고 쓴 편액(扁額)이 있다.】을 지났다. 조금 더 가니 교귀정(交龜亭)이 나오고, 또 조금 더 가니 조동문(鳥東門)【안에 '주서문(主西門)'이라고 쓴 편액(扁額)이 있다.】이 있었다. 고개 위에 이르니 '진남문(鎭南門)'이 있는데 안에 '조령관(鳥嶺關)'이라고 쓴 편액이 있고 왼쪽에는 성황당(城隍堂)이 있었다.

3리쯤 가서 고산리점(高山里店)에서 남여군(藍輿軍)을 교체하였고 조금 더 가 체파소점(替罷所店)에 이르러 말을 탔는데 날이 이미 어두웠다. 횃불을 들고서 연풍(延豐)의 안부역(安富驛)에 도착하였다. 숙소로 정했다.【초곡(草谷)에서 안부(安富)까지 20리이다.】 신사(信使) 조병호(趙秉鎬)가

---

107 낙원역(洛原驛) : 원문은 '洛元驛'인데, 일반적인 용례에 근거하여 '元'을 '原'으로 바로잡아 번역하였다.

6일에 서울에서 출발하여 11일에 안부(安富)에 숙소를 정했다는 노문(路文)이 있었다.

9일(무진), 맑음

일찍 아침을 먹은 뒤 출발하여 50리 거리의 충주(忠州) 달천역(達川驛)에 도착하여 점심을 먹었다. 점심을 먹은 뒤에 달천강(達川江)을 건너 2리 거리의 대추원(大楸院)에 이르렀다. 횃불을 들고 20리를 가서 용원(龍院)에 도착하였다. 숙소로 정했다.

10일(기사), 아침에 짙은 안개가 낌

동틀 무렵 출발하여 40리 거리의 권주애점(勸酒崖店)에 도착했는데 이 여점은 신사(信使)가 점심을 먹을 곳이다. 연원 찰방(連原察訪) 김□□(金□□)가 역참을 나와 주령을 보러왔는데 나 또한 대화를 나누었다.

말을 바꿔 타고 출발했는데 도중에 신사(信使) 조병호(趙秉鎬), 주사(主事) 이조연(李祖淵)과 자문(咨文)을 받들고 가는 고영희(高永喜)를 만났다. 고영희는 바로 이번에 동행하였던 사람인데 서울에 들어간 지 며칠 만에 이내 이 일행에 들었으니 과연 자급(資級)이 올랐다. 잠깐 말 위에서 만났다 이내 헤어졌다. 신사·주사와 주령이 한참 동안 이야기를 나눈 뒤에 출발하였는데 10리 거리의 음죽(陰竹) 관촌역(關村驛)에 도착하여 점심을 먹었다.

말을 곧바로 대령하지 않아서 저녁이 되어서야 간신히 말을 갈아탔다. 횃불을 들고서 30리 거리의 죽산(竹山) 비선거리(飛仙巨里) 분양역(汾陽驛)에 도착하니 밤이 이미 깊었다. 숙소로 정했다. 기장(機張)에 사는 사인(士人) 노□□(盧□□)와 대화를 나누며 앞서기도 뒤서기도 하면서 동행하였다.

11일(경오), 아침에 안개가 끼고 늦게 맑음

밥을 먹은 뒤에 타던 말로 출발하여 40리 거리의 죽산(竹山) 좌찬역(佐贊驛)에 이르렀다. 주령이 곧바로 양지(陽智) 평촌(坪村)의 심씨(沈氏) 집【바로 주령의 처가이다.】에 갔다. 나와 양재(養齋) 및 하인은 이 역점에서 점심을 먹고 짐말도 먹였다.

점심을 먹은 뒤 출발하여 30리 거리의 용인(龍仁)의 직동역(直洞驛)에 도착하여 숙소로 정하였다. 주령이 추후에 평촌에서 출발하여 이곳에 도착하였다.

12일(신미), 아침에 안개가 끼다가 늦게 맑아짐

아침을 먹은 뒤 역마를 교체하여 출발하였다. 60리를 가 달은천(達銀川)에 도착하여 점심을 먹었다. 점심을 먹은 뒤 말을 바꿔 타고서 20리 거리의 광주(廣州) 마죽거리역(馬竹巨里驛)에 도착하여 숙소로 정했다. 저녁을 먹은 뒤 나와 양재가 하인을 이끌고 달빛을 틈타 출발하였다.

20리 거리에 있는 서빙고강(西氷庫江)을 건너 숭례문에 도착하였는데 이미 파루(罷漏 통행금지를 해제함)가 되어 성문이 열려 있었다. 곧바로 대정동(大貞洞)의 주령 댁에 가서 즉시 마죽거리역의 주령 처소에 하인을 보냈는데, 주령이 마죽거리역 숙소에 있다가 동틀 무렵 보은사(報恩寺)에 갔는데 다른 새 절로 향할지 사대문(四大門) 밖으로 향할지를 아직 확실히 결정하지 못했다고 하였다.

13일(임신), 맑음

아침에 대감을 가서 뵈었다. 환후가 매우 깊어 보고는 놀랍고 근심스러워 어찌할 바를 몰랐다. 아침을 대감댁에서 해결하고, 식사 뒤 오시(午時) 무렵 서소문(西小門) 밖 합동(蛤洞)의 김 선달(金先達) 집으로 다시 나갔는데 주령이 이미 이 집에 처소를 마련해 놓고 있었다. 그대로 같이 머물렀다.

14일(계유), 맑고 더움

아침에 대감댁에 가서 잠시 환후를 살피다가 작년 11월부터 금년 2월까지 집에서 보낸 편지를 보았는데 새로운 소식이나 특별한 것은 없었다. 이어 즉시 합동으로 나왔더니 변수연(邊壽淵)이 보러 와 기쁘게 맞이하였다. 그가 나주(羅州)에 간다고 하기에 집에 편지를 써 전주(全州)의 해남(海南) 영저리(營邸吏) 집으로 부쳤지만 편지가 전해질지는 모르겠다.

15일(갑술), 아침에 흐림

양재가 여기로 나와서 종일토록 정답게 지냈다. 대감 이규영(李珪永)이 주령을 내방했다가 신시(申時)에 돌아갔다. 오늘은 바로 추석이다. 고국에 돌아왔으나 고향으로 돌아갈 수 없으니 마음 속 회포를 달래기 어렵다.

16일(을해), 비가 옴

하루 종일 글 쓰는 일을 하였다.

17일(병자), 맑음

글 쓰는 일을 하였다. 엄령(嚴令 엄세영(嚴世永))이 내방하였는데 생화정(生花亭) 아래에 거처를 정하였다고 하였다. 진사 민영직(閔永直)【주령의 사위이다.】이 여기에 왔다. 양재가 전동(磚洞)과 재동(齋洞) 두 곳에 갔다가 나왔는데 여전히 복명할 날이 늦어지고 있다고 하였다. 석사 서상직(徐相直)【조 참판(趙參判 조준영(趙準永)) 일행이다.】이 와서 이야기를 나누었다.

점심을 먹은 뒤에 민 진사 및 양재와 함께 정동(貞洞)에 갔는데 나는 대감댁에 가서 환후를 여쭈고 인정(人定) 무렵 다시 합동(蛤洞)의 처소로 나왔다. 혼자 유숙하였다.

18일(정축), 아침에 안개가 끼고 늦게 맑아짐

아침을 먹은 뒤에 정동(貞洞)에 가서 대감의 환후를 여쭈었다. 며칠 사이 병증이 깊어져 보기에 너무 놀랍고 근심스러웠다. 민 진사(閔進士)와 양재가 이곳에 왔다. 오위장 최성대(崔成大)가 내방했다가 바로 돌아갔는데 이 사람은 엄령(嚴令) 일행이다.

19일(무인), 맑음

조령(趙令 조병직(趙秉稷))의 수행원인 유기환(兪箕煥)이 파계사(波契寺)에서 왔는데 너무 기뻐 그칠 줄 모르고 정담을 나누었다. 조령은 이 절에 머문다고 하고 홍 직각(洪直閣 홍영식(洪英植))은 도선암(道善菴)에 머물고 있다고 하였다. 양재가 나왔다가 다시 들어갔다.

20일(기묘), 흐렸다 맑았다 함

경기 감영(京畿監營)의 계서리(啓書吏) 정관호(鄭寬鎬)【장단(長湍)의 아전이다.】를 불러서 계본(啓本)을 다시 쓰게 하고 안산(安山) 독동(篤洞)에 보내는 서찰을 이 아전에게 부쳤다.

오늘은 바로 감시(監試)의 초장(初場)이다. 일소(一所)의 상시관(上試官)은 조병식(趙秉式)이고 이소(二所)의 상시관은 이면영(李冕榮)이다.

21일(경진), 아침에 안개가 끼었다가 늦게 맑아짐

글 쓰는 일을 하였다. 진사(進士 민영직(閔永直))가 여기에 왔다가 바로 들어갔다. 밤에 전해지는 말에 "좌포도대장 신정희(申正熙)를 체차하고 전 병사(兵使) 한규직(韓圭稷)을 제수하였다.【한규직은 금년 봄에 경상 좌수사[萊梱]에서 체차되었다가 전라 병사(全羅兵使)에 차함(借啣)되었다.】"라고 하는데 이는 드문 격식이다.

22일(신사), 자시부터 비가 와서 종일 개지 않음

한 사람도 내방하지 않아 책자를 교정하면서 소일하였다. 오문(五文 김오문(金五文))이 대감 댁에서 와서 청주 우후(淸州虞候) 박유진(朴有鎭)이 5월에 부친 편지를 전해주고 대감의 환후가 여전하다는 소식도 알려주었다.

23일(임오), 맑음

엄령(嚴令 엄세영(嚴世永))이 거처를 옮겨 이 집에 함께 머물게 되었다. 밤에 조태(趙台 조준영(趙準永))와 심령(沈令 심상학(沈相學))이 주령을 내방하여 파루(罷漏)가 된 뒤에야 돌아갔다.

석사(碩士) 엄주완(嚴柱浣)과 만나 이야기하였다. 엄 학관(嚴學官)[108]이 만나러 와서 이야기를 나누고 날이 저물어서 돌아갔는데 이 사람은 엄령(嚴令)의 일행이다. 일소(一所)와 이소(二所)에서 치른 감시(監試)의 합격자를 출방(出榜)하였다.

24일(계미), 아침에 안개가 끼다 늦게 맑아지고 더러 흐림

양재가 아침에 이곳에 왔다. 오시(午時)에 정동에 들어가 대감의 환후를 여쭈고 또 서 병사(徐兵使)의 집에 갔는데 마침 입직하러 가서【금위별장(禁衛別將)이다.】 만나지 못하였다. 그리고 순동(巡洞) 성용(聖用)의 소가(小家)에 갔는데 또 마침 과장(科場)【7월에 상이 친림하여 치르는 춘당대시(春塘臺試)이다.】에 가서 만나지 못하고 바로 숙소로 돌아왔다.

25일(갑신), 아침에 안개가 꼈다가 저녁에 또 안개 낌

남문의 외점(外店)에 가서 해남(海南) 소식을 물어보고 돌아왔다. 종일 글 쓰는 일을 하였는데 신시(申時)에 남문 밖의 심령(沈令)과 조태(趙台 조준영(趙準永))의 처소에 갔다가 돌아왔다. 저녁이 지나 또 심령과 조령 두 영공의 처소에 갔다가 왔다.

26일(을유), 지난밤에 서리가 내려 아침에 매우 쌀쌀함

신시(申時)가 지나서 석사 서상직(徐相直)이 내방하였다. 오전에는 글 쓰는 일을 하였다. 교리 조인승(曺寅承)이 주령을 내방하였다. 교리 엄주

---

108 엄 학관(嚴學官) : 바로 뒤에서 엄세영의 일행이라는 말로 볼 때 '엄석주(嚴錫周)'를 말하는 듯하다. 보통 이 일기에서 엄석주를 지칭할 때 '엄 사과(嚴司果)'라고 하였다.

한(嚴柱漢)과 서로 대화를 나누었다.

27일(병술), 맑음

참봉 이봉식(李鳳植)【조 참판(趙參判 조준영(趙準永)) 일행이다.】이 내방하였다. 오늘은 바로 나의 생일인데 생일을 객지에서 보내려니 너무나 견디기 힘들다.

저녁을 먹은 뒤에 정동(貞洞)에 들어가 대감의 환후를 여쭈고 나왔다. 순동(巡洞)에 가서 성용(聖用)을 만났다가 파루(罷漏)가 된 뒤에 여사로 돌아왔다. 강령(姜令)·조태(趙台)·심령(沈令)이 이 집에 단체로 모여 담소를 나누었다. 마침 비가 내렸는데 조태(趙台)는 그대로 유숙하였다.

28일(정해), 비가 오다가 흐리다가 개기도 함

석사 이상재(李商在)【박 참판(朴參判 박정양(朴定陽)) 일행이다.】가 내방하여 아주 즐겁게 맞이했다. 밤에 승지 이호철(李鎬喆)과 연천(漣川) 수령 유진일(兪鎭一)이 주령을 내방했다가 파루가 된 뒤에 자리를 파하고 돌아갔다.

29일(무자), 맑음

서교(西郊)에 능행(陵幸)이 있기에 천안(天顔)을 가서 보고는 여사(旅舍)로 바로 돌아왔다. 참판 윤태경(尹泰經)이 내방하고 승지 홍만식(洪萬植)이 주령을 내방하였다.

양재(養齋)가 이곳에 왔다. 화개동(花開洞)에 사는 석사 송순철(宋淳哲)【바로 양재의 조카사위이다.】이 환궁(還宮)하는 광경을 보러 나왔는데 함께 저녁을 먹고 이야기를 나누었다.

박태(朴台 박정양(朴定陽))가 남문 밖으로 처소를 옮겼으므로 주령과 엄령(嚴令)이 함께 방문하였다.

30일(기축)

개합법(開合法)

ㄱク 가갸거겨고교구규그기ᄀᆞ

ㄴン 나냐너녀노뇨누뉴느니ᄂᆞ

ㄷツ 다댜더뎌도됴두듀드디ᄃᆞ

ㄹル 라랴러려로료루류르리ᄅᆞ

ㅁム 마먀머며모묘무뮤므미ᄆᆞ

ㅂフ 바뱌버벼보뵤부뷰브비ᄇᆞ

ㅅツ 사샤서셔소쇼수슈스시ᄉᆞ

ㅇワ 아야어여오요우유으이ᄋᆞ

●● 자쟈저져조죠주쥬즈지ᄌᆞ

일본인 통사(日本通辭) 다케다 구니타로(武田邦太郎), 우에노 케이스케(上野敬助), 하시베 리타이에몬(橋邊利大衛門), 나카노 고타로(中野許多郎)
안네이마루(安寧丸) **선장** 히로세 가이키치(廣瀨魁吉)

이헌영(李鑓永) 자 경탁(敬度), 호 동련(東蓮), 정유생(1837), 관향 전주(全州), 품계 통정대부(通政大夫), 거주지 정동(貞洞).

수행원 이필영(李弼永) 자 여식(汝良), 호 양재(養齋), 기유생(1849), 관향 전주(全州), 관직 오위장(五衛將), 거주지 순동(巡洞).

별배(別陪) **김오문**(金五文).

통사(通詞) **임기홍**(林基弘) 동래 초량인(東萊草梁人).

십(十)

어윤중(魚允中) 자 성집(聖執), 호 일재(一齋), 무신생(1848), 관향 함종(咸從), 관직 응교(應校), 거주지 화개동(花開洞) *대장성(大藏省) 시찰.

수행원 유길준(兪吉濬) 자 성무(聖武), 호 구당(矩堂), 병진생(1856), 관향 기혜(杞溪), 유학(幼學).

유정수(柳定秀) 자 이정(而靜), 호 뇌원(雷園), 정사생(1857), 관향 전주(全州), 유학(幼學).

윤치호(尹致昊) 자 성흠(聖欽), 을축생(1865), 관향 해평(海平), 유학(幼學).

황천욱(黃天彧) 자 자경(子冏), 계묘생(1843), 칠원(漆原) 아전.

김양한(金亮漢) 자 명경(明卿), 호 소룡(小龍), 기유생(1849), 관향 안동(安東), 유학(幼學), 거주지 차동(車洞), 추후에 일본에 들어옴.

하인(下人) **김영근**(金永根)

오(五)

조병직(趙秉稷) 자 치문(致文), 호 창혜(蒼惠), 계사생(1833), 관향 양주(楊州), 품계 통정대부, 거주지 재동(齋洞), *해관(海關) 시찰.

수행원 안종수(安宗洙) 자 경존(敬尊), 호 기정(起亭), 기유생(1849), 관향 광주(廣州), 유학(幼學), 거주지 맹현(孟峴).

유기환(兪箕煥) 자 경범(景範), 호 산한(汕僩), 무오생(1858), 관향 기계(杞溪), 유학(幼學), 거주지 수원(水原).

겸인(傔人) **임석규**(林錫奎) 나이 37세, 거주지 누각동(樓角洞).

통사(通事) **김기문**(金箕文) 나이 42세, 거주지 초량(草梁).

사(四)

강문형(姜文馨) 자 덕보(德甫), 호 난포(蘭圃), 신묘생(1831), 관향 진주(晉州), 품계 통정대부, 거주지 장동(長洞) *공부성(工部省) 시찰

수행원 강진형(姜晉馨) 자 경선(景先), 호 지포(芝圃), 경인생(1830), 관향 진주(晉州), 관직 오위장(五衛將), 거주지 필동(筆洞).

종인(從人) **변택호**(邊宅鎬) 갑신생(1824), 자 양오(養吾), 관향 원주(原州), 거주지 동래 오륜리(東萊五倫里)

별배(別陪) **유복이**(劉福伊) 나이 39세, 거주지 장동(長洞).

통사(通事) **김순이**(金順伊) 나이 35세, 거주지 동래 구관(東萊舊館).

삼(三)

엄세영(嚴世永) 자 윤익(允翼), 호 범재(凡齋), 신묘생(1831), 관향 영월(寧越), 품계 통정대부, 거주지 사동(社洞), *사법성(司法省) 시찰.

수행원 엄석주(嚴錫周) 자 경교(景敎), 호 북란(北蘭), 기해생(1839), 관향 영월(寧越), 관직 음사과(蔭司果), 거주지.[109]

---

109 거주지 : 사는 곳을 알지 못했거나 미처 기록하지 못한 듯하다.

최성대(崔成大) 자 사행(士行), 호 운고(雲皐), 갑오생(1834), 관향 수성(隋城), 관직 오위장(五衛將), 거주지 수원(水原).

별배(別陪) **박춘봉**(朴春鳳)

통사(通事) **서문두**(徐文斗)

육(六)

민종묵(閔種默) 자 현경(玄卿), 호 한산(翰山), 을미생(1835), 관향 여흥(驪興), 품계 통정대부, 거주지 장동(長洞), *해관(海關) 시찰.

수행원 민재후(閔載厚) 자 경곤(景坤), 호 석남(石南), 경술생(1850), 관향 여흥(驪興), 유학(幼學), 거주지 묵동(墨洞).

종인(從人) **박회식**(朴晦植) 나이 37세, 거주지 동래(東萊).

겸인(傔人) **이정호**(李貞浩) 나이 25세, 거주지 회동(會洞).

통사(通事) **김복규**(金福奎) 나이 61세, 거주지 초량(草梁).

일(一)

조준영(趙準永) 자 경취(景翠), 호 송간(松磵), 계사생(1833), 관향 풍양(豊壤), 품계 가선대부, 거주지 회동(會洞), *문부성(文部省) 시찰

수행원 이봉식(李鳳植) 자 원강(元岡), 호 소은(小隱), 무자생(1828), 관향 전주(全州), 관직 참봉.

서상직(徐相直) 자 사온(士溫), 호 인초(仁樵), 을미생(1835), 관향 달성(達城), 유학(幼學).

하인(下人) **문순석**(文順錫).

최윤이(崔允伊).

이(二)

박정양(朴定陽) 자 치중(致中), 호 죽천(竹泉), 신축생(1841), 관향 반남(潘南), 품계 가선대부, 거주지 죽동(竹洞), *내무성(內務省) 시찰.

수행원 왕제응(王濟膺) 자 치수(穉受), 호 소암(小岩), 임인생(1842), 관향 제남(濟南), 관직 참봉, 거주지 안암동(安巖洞).

이상재(李商在) 자 계호(季皓), 호 월남(月南), 경술생(1850), 관향 한산(韓山), 유학(幼學), 거주지 한산(韓山).

하인(下人) **이수길**(李壽吉).

통사(通事) **김낙준**(金洛俊).

팔(八)

심상학(沈相學) 자 덕초(德初), 호 난소(蘭沼), 을사생(1845), 관향 청송(青松), 품계 통정대부, 거주지 팔판동(八判洞), *외무성(外務省) 시찰.

수행원 이종빈(李鍾彬) 자 화경(華卿), 호 이당(彛堂), 갑오생(1834), 관향 정읍(井邑), 관직 부장(部將), 거주지 통진(通津).

유진태(兪鎭泰) 자 중암(重巖), 호 기천(杞泉), 신묘생(1831), 관향 기계(杞溪), 진사(進士), 거주지 홍현(紅峴).

하인(下人) **윤상룡**(尹相龍).

통사(通事) **김영득**(金永得).

구(九)

홍영식(洪英植) 자 중육(仲育), 호 금석(琴石), 을묘생(1855), 관향 남양(南陽), 품계 통정대부, 거주지 재동(齋洞), *육군성(陸軍省) 시찰.

수행원 고영희(高永喜) 자 자중(子中), 호 우정(雨亭), 기유생(1849), 관향 제주(濟州), 관직 주부(主簿).

함낙기(咸洛基) 자 건지(健之), 호 옥파(玉波), 경술생(1850), 관향 강릉(江陵), 관직 참봉.

전낙운(全洛雲) 자 경서(敬瑞), 병술생(1826), 관향 완산(完山).

하인(下人) **정용석**(鄭龍石).

통사(通事) **백복주**(白福周).

십일(十一)

이원회(李元會) 자 선경(善卿), 호 중곡(中谷), 정해생(1827), 관향 광주(廣州), 관직 수사(水使)·승지(承旨), 품계 무통정대부(武通政大夫), 거주지 효교(孝橋), *육군 조련(陸軍操鍊) 시찰.

수행원 송헌빈(宋憲斌) 자 문재(文哉), 호 동산(東山), 신축생(1841), 관향 은진(恩津), 유학(幼學), 거주지 양근(楊根).

심의영(沈宜永) 자 명여(命汝), 호 하정(霞汀), 계축생(1853), 관향 청송(青松), 출신(出身), 거주지 나동(羅洞).

하인(下人) **김홍달**(金鴻達).

이순길(李順吉).

통사(通事) **이수만**(李壽萬).

별견(別遣)

김용원(金鏞元) 자 선장(善長), 호 미사(薇史), 임인생(1842), 관향 청풍(淸風), 관직 우후(虞侯), *선함(船艦) 시찰.

종인(從人) **손붕구**(孫鵬九) 자 석규(錫圭), 임자생(1852).

통사(通事) **김대홍**(金大弘)

일본통상각국

대영제국[大不列顚【영길리(英吉利) 또는 영국(英國)이라고 부른다.】]

프랑스[佛蘭西【대법국(大法國)이다.】]

게르만[日耳曼【대덕(大德)*이다.】]

오스트리아[澳地利]

스페인[西班牙]

러시아[魯西牙【아라사(峨羅斯)이다.】]

터어키[土耳其]

벨기에[白義耳]

이탈리아[伊太利]

스위스[瑞士【서전(瑞典)과 같다.】]

덴마크[丁抹]

네덜란드[和蘭【아란타(阿蘭陀)이다.】]

동인도 및 태국[東印度及暹羅]

오스트레일리아[豪士多剌利亞]

스웨덴 및 제위[瑞典及諸威【제위(諸威)는 곧 영국의 속국이다.】]

포르투갈[葡萄牙]

---

* 대덕(大德) : 원문은 '大德'인데, '大德國'을 줄여서 쓴 말인 듯하다.

하와이[晞哇]

독일[獨逸【발루생(孛漏生 프로이센)이 부속하고 또 덕국(德國)에 속한다고 한다.】]

중국[支那【대청(大淸)이다.】]

미국[合衆國【미리견(米利堅)이다.】]

페루[秘魯]

1 2 3 4 5 6 7 8 9 0 양수(洋數)
일 이 삼 사 오 육 칠 팔 구 영

가 계 고 구 기 　과 궷 온 읏 긧
カ ケ コ ク キ 　ガ ゲ ゴ グ ギ
나 네 노 누 니 　라 데 돗 루 딧
ナ ネ ノ ヌ ニ 　ダ デ ド ヅ ヂ
다 데 도 두 디 　쟈 년 욧 윳 니
タ テ ト ッ チ 　ザ ゼ ゾ ズ ジ
라 례 로 루 리 　마 몟 모 무 미
ラ レ ロ ル リ 　バ ベ ボ ブ ビ
마 몌 모 무 미 　파 페 포 푸 피
マ メ モ ム ミ 　パ ペ ポ プ ピ
사 셰 소 수 시
サ セ ソ ス シ
하 혜 호 후 히
ハ ヘ ホ フ ヒ

아 야 예 예 오 오 요 유 우 이 이 와

ア ヤ エ ヱ オ ヲ ヨ ユ ウ イ 井 ワ

ㄴ 고도 도모 도기 시데 ㄱ ㅂ ㅈ

ン ヿ ト モ ト メ ク ○ ゾ

∞ 원문 ∞

東行日錄

辛巳二月二十八日

二十八日。庚申晴。

貞洞主令家，早朝飯將發程。與同件李五衛將 弼永【字汝養，號養齊，主令之四從也】，步出南大門城下。至關王廟前蟾巖，乘驛負馬。至西氷庫江邊店，小憩。而已，主令轎軍來到，共飮一盃酒，渡江至三十里馬竹巨里，日已申時矣。中火。

邊壽鉉落後，追到。有一傔人來謁，此是趙承旨 秉稷之隨去傔林錫奎也。分路先至龍仁邑，待候爲敎，故到此店云。仍爲宿所。下人，則五文，驛卒，朴萬吉，金啓昌二人也。

二十九日。辛酉晴。

自廣州 馬竹巨里，仍朝飯發行。至六十里龍仁邑店，小間。林傔來告渠之令監趙承旨行次，故主令往見。本倅李祖淵來見主令。夕飯後，主令往趙令處所，與主倅偕來私處，閑話夜深相分，仍爲就宿。

三十日。壬戌晴。

自龍仁邑，朝飯後發行。龍仁山川姸美，片片金，可居之地也。至四十里陽智邑界, 邑無城郭。山川之美, 土沃之利, 彷彿於龍仁也。主令分路, 訪坪村 沈生員【其聘宅也】家, 故一行先到竹山 左贊驛, 占心待候主令。申後, 主令行次。趙令又到同驛上店, 主令會話, 仍爲宿所。

三月

初一日。癸亥晴。

自左贊驛, 朝飯後, 仍前馬發行時, 主令往趙令處所, 出門時, 無一介下人, 故問之, 則主店女, 不得擅入下人云, 故不勝慨然, 主婆卽押去轎前。外貌觀之, 主婆著唐鞋, 年至五十也。不至一馬場, 卽分付放去。

至四十里竹山 非仙巨里店, 中火。此是驛村, 而無一介驛漢, 問其委折, 殘驛支供末由, 又無馬匹, 鎖門逃逐云。亦是年來使行之頻數故也。中火。發行至陰竹 冠村驛。宿所。

初二日甲子。朝霧晏。

自冠村, 朝飯仍前馬發行。至忠州 龍院驛, 中火。魚校理【允中】隨行人, 車洞居金碩士上京故, 詳聞洪承旨【永植】, 魚校理留於幽谷驛耳。

中火後發行。移店不遠之地, 有一介鎭卒, 橫竹衝來, 卒輩呼而禁之, 鎭卒以手持竹移口, 才過主令轎軍, 又橫竹衝馬, 故不勝駭歎, 卽爲押去馬前, 不過二馬場, 曉喩放去。

四十里忠州府前, 越丹江, 至越川驛。北望彈琴臺, 山上松林盛茂。

此地, 故申將軍 立, 戰亡處。南望達川驛, 此村, 卽林將軍之生長地也。山川雄包, 湖西之一雄府耳。往拜於林忠敏公 忠烈祠 影堂。慶業影幀, 如生畵, 面上有七星黑子。名振三國, 其豐功灼烈, 令人欽服。其夫人完山李氏烈女碑閣, 亦甚欽歎也。宿所。

今夜卽親忌也, 移家留京之時, 每當忌辰, 深負不肖之責矣, 今當此地, 又思千里, 則心摧腸裂, 是豈人心之可堪耶? 獨自耿耿, 只望南天, 有誰知之。鷄鳴後就睡。夢歸家旋覺, 悲抑而已。

初三日乙丑。朝晴午陰申時乍雨。

自達川驛, 朝飯仍前馬發行。挾川, 至一馬場, 路險巖矗。此是林將軍, 自少時工夫處。有三層巖, 試勇處, 又有巖石一蛇打擲處, 此是將軍擲鼇心處云耳。

行不過十餘里, 延豐 毛豆院店。前山窄險路。忽有前來女轎三介, 前轎軍, 以手杖衝前騎李五衛將負馬, 至于落馬。幸不至受傷, 後人看之大驚。卽押來女轎軍, 問之, 則邑女溫泉之行, 故結縛立於馬前, 不過五里, 又爲放送。我亦平地落馬, 不爲受傷, 幸甚。

四十里延豐 茂頭里, 小憩。沽酒飮之。此是驛也, 前路極險, 不能乘馬, 故此驛, 木藍輿軍等待。故乘藍輿, 越險路, 至水安保店, 輿軍還送。有溫井。

更乘負馬二十里延豐 安富驛。宿所。此驛亦爲驛汗逃避。店主女賣酒, 甚是淫婆。本以聞慶女, 嫁於尙州矣。又嫁於此驛, 年爲三十云耳。

初四日丙寅。朝陰微灑晏晴。

朝飯後，自安富替驛負馬。踰聞慶 鳥嶺關。大抵此嶺左右，巖石嵺巖，樹木參天，只通棧道，蜀道之難，想不過於此也。登鳥嶺關 北門樓，有城，又往西邊，城隍堂致齋後，發行。至五里中門，門額主西門也。門外有巡使交龜亭，亭下有龍湫石刻，古有飛龍上天，飛瀑聾人耳。

又至五里許，山谷間第三門，門額主屹門也。門內有別將處所，小瓦屋也。其下有草室店，　比櫛成村也。小憩沽酒。酒婆年才二十餘，有姿色矣。

行至聞慶邑四十里店，店主卽前吏房林漢之小家也。房舍甚精，飮食又潔，不可以峽邑論之。有草笠童兩人，招而問之，則林吏之子侄也。中火後，替馬發行。至二十里堆倉 越木橋，甚廣橋圮，故立越川人渡灘。上流有姑城舊址，下有長川，左右回包，其洞壑之雄邃，不可量。

至十里許，日已暮矣。立炬火至十里幽谷驛，時則人定也。此地洪承旨【永植】，魚校理【允中】逗遛。主令先爲傳喝，夕飯後洪，魚兩學士，來見主令，夜深各歸私處。宿所。

初五日丁卯。晴。

留幽谷，趙令追後來到。主令往見。

初六日戊辰。晴。

留幽谷。

初七日己巳。雨。

留幽谷。

初八日庚午。雨。

留幽谷。

初九日辛未。晴。

留幽谷。

初十日壬申。晴風。

朝飯後, 自幽谷, 替騎駟負馬發行, 至咸昌邑。過孔葛池邊, 小憩尙州 延逢亭店。

六十里尙州邑, 申時到來。山勢遠遠涵包, 北有將臺, 樹木如城環匝, 中廣可容萬騎, 下有鎭營, 營樣大剏。入西門, 則城堞新固, 城內城外人戶之櫛比, 可稱嶺南之雄府也。定私處于衙門前金先達 載鳳家。趙令定私處于上店。宿所。

十一日癸酉。晴。

朝飯, 自尙州, 仍前駟發行。與趙令一行, 或先或後, 至四十里善山 洛東江店, 中火。午後越洛東江, 江上有觀水樓, 此樓自古有之, 入我朝, 更爲移建於江左, 登樓觀之, 有退溪, 佔畢齋, 濯纓詩懸板也。北望一馬場許, 有古宅瓦家, 此是柳相國 厚祚宅也。

與趙令一行, 共到四十里汾陽驛店。店窄不可而私處, 故趙令先行海平, 故一行獨爲宿於此店, 有所如許, 卽立炬至十里善山 海坪店,時可人定也。宿所。

十二日甲戌。風。

朝飯后，仍前騈發行。五十里仁同 未院【싸부원】，中火。午後發行，至三十里漆谷邑，先爲通奇於主倅李載旭。主倅病臥云，故入東軒。主倅吟病，處於後房，握敍積年之阻，仍入內衙。夕飯後，與主倅偕來私處矣。趙令來坐於主令坐，故待其趙令之還，主倅見主令，以其同宗，曾有面分故耳。夜深後，主倅還衙。宿所。

十三日乙亥。曉雨至朝不霽。

早起入於東軒，與主倅談話。舊誼送二盤栢粥於主令及五衛將，又進一盤於趙令，而且進一盤於我，饌盒一座，酒一壺於主令行中，又送饌盒一座，十緡銅，白紙三束於我，仍爲作別。適有靈巖 玉泉面 多山 金碩士，來留數日間卽還云，故付家書。出私處則雨已霽矣。

趙令去夜，來主令房，還其私處時，訪我相面，萬里同去之誼，豈可不知爲教，我爲先訪而趙令先問，不勝愧歎。曾於趙晩熙【字成伯，已作故】家，拜而有面，忽於二十年後，此行路店拜候，世事不知也。其隨行人兪碩士【箕煥】，卽水原人也。同伴之誼，故往訪私處，年二十四，字景範也。

仍前騈發行，與趙令一行，自漆谷，十里渡金烏江 柳店，小憩。左右山川，形勢遠遠，平布百餘里，泰山峻嶺，到此開局，四面通明。

至十里嶺營 達城。山四面如圍如畵，樹木環匝，似是人巧，實是天作。此是大邱徐氏古基云。

先至西門外酒店，小憩後定私處于西門外遮陽亭洞，裵校 南喬家。

主令處之隔墻前家, 卽妓錦香家也。與李令共處【使漆谷營吏許□□, 定此處所, 有漆谷倅托。】。定頓私處, 短簡於嶺營戶幕南【五衛將】廷植, 兵房羅【虞侯】遵植。已而, 會計朴僉知 榮湜, 訪李令於私處, 同座故, 相話通姓名。

夕飯後, 往趙令處所, 夜深後, 買喫虛祭飯, 此是徐巡使 箕淳, 莅營時刱始云。各歸就宿。朝夕支供, 裵同知 南喬家備待。

十四日丙子。晴。

朝飯前, 會計朴僉知 榮湜, 來別。食後付上書於貞洞大監宅, 【兵所】羅虞侯便。又付書於慶州衙中【府尹】閔致庠, 又付書於丹城衙中【縣監】閔致駿也。午飯後, 自戶所南五衛 廷植, 送二十柄扇及一饌盒, 而有碍所關, 未得出來作別, 回答。羅虞侯出來作別。

仍前馹負馬發行。東至三十里慶山邑, 趙令一行先到, 定私處, 而其由吏預知, 定處所於金吏 芝弘家。小間, 自官送酒盤。夕飯, 自官廚支供。夕後本倅【李秀永, 卽主令之同宗也】出來見主令。夜深後, 又送酒盤於吾之私處, 與李令痛飮。

主吏家, 自三代以下, 子孫繁衍, 至今芝弘, 爲十三從行。家勢不貧, 有義莊, 冠婚喪祭, 隨其事機, 近親窮交, 尙今周恤, 見甚可尙處也。

十五日丁丑。晴。

朝飯, 主吏金芝弘備待。食後發行, 自慶山至三十里淸道 省峴驛, 定私處於鄭先達【相愚】家。家勢饒足, 爲人不楚楚。有子八人, 有女六人, 八字極好。午飯極待。小焉, 主丞李公熚【定州人】出來, 見于主令【前渠之城主】也。或雨乍晴。

與趙令一行，同爲中火，卽仍前騈馬發行。冒雨至三十里，日暮立炬十里清道 楡川驛店，夜已深矣。店陋食麤，僅爲留宿。

十六日戊寅。晴。

早起，卽爲仍前騈發行，與趙令一行。三十里密陽府 南門外店，朝飯兼中火，招見妓蘭香，彩鳳【蘭香，卽李令之先考莅此邑時，所愛妓，年三十九】。彩鳳，趙令之從氏，莅邑時所愛者也，年三十九云。有善筆妓云耳。

午飯後，主令與趙令，俱爲上嶺南樓，則閔參判 泳翊，洪承旨 英植，魚學士 允中，已到定坐。閔參判之行，誠意外也。主倅吳章默，來見樓上諸令公，旋下。

與李令，兪友，共觀樓上多小景江山。樓臺之盛，人物之繁，南來初見。樓東邊，有僧舍竹林周匝。樓下長江橫流，漂娥群群作隊，與平壤 練光亭，彷彿云云。樓額嶺南第一樓【李憎石十三歲書也】。名公，巨卿，多有詠題，不可記錄耳。自樓上下來時，與李令，共往碑閣觀之【此碑閣李令之先考，曾經此府伯，建之也】，歸私處。

發行越嶺南樓前江，與趙令一行，同行至四十里三浪倉店。店主朴致範也。金海妓玉仙，來居於此浦口，卽招來。年二十二，貌可免醜，雜歌詩調頗解。此浦，卽嶺南 左漕倉，都會地也。舟船來集，稍有繁華地矣。宿所。

十七日己卯。靑。

朝飯後，與趙令一行，涉三浪西江，四十里金海府城內，紅箭門前店，中火。府西，有許王陵，南有首露王陵。新羅王，所都於此府，千年古都。極其海隅，左右通遠，山川高闊。城內，有涵虛亭，亭下有燕子樓，可玩其景槪也。

主倅金益成，來見主令。招來妓錍蟬，柳綠。京柳綠，錍蟬，卽李令之先考所愛者也。錍仙夕後，備酒盤而來，故與李令共醉。仙年四十六云。府南門額，古都南門也。夜深後，主倅請主令與趙令，設卓于涵虛亭，鷄鳴後，各歸處所。宿所。

十八日庚辰。朝雨至午。

中火後，冒雨發行。至十里金海 立岩，越津五里渡梁山 平江津。十五里梁山 南倉，渡九江津，小憩後，步行越東萊 萬德嶺，極其險峻路窄。山谷中間，有人家，又有山畓數十石落，可居之地也。

薄昏，立炬二十里東萊府西門外店，小住。店主，卽成川人也。小間，自本府，探吏問安，進下馬酒盤。店主進夕飯。飯後，主倅金善根，留門出來，拜于主令，小話旋去。同夜移處所於西門內，華柱傍妓淩波家。此是自官，預爲修葺私處也。

十九日辛巳。晴。

吾之私處，不可容膝，故更定處所於磷家，定頓。趙參判【準永】，朴參判【定陽】，嚴承旨【世永】，姜承旨【文馨】，沈承旨【相學】，相爲傳喝，又爲尋訪。一行支供，自官府定吏擧行。吏則戶長李載基，金浩圭也。三時支供盤，有四楪或五楪，附騏餘綜，有此盛嚮，可笑可笑。

二十日壬午。晴。

姜承旨隨行姜五衛將 晉馨，來于私處相見。

二十日癸未。晴。

京轎軍回，付書於貞洞 林敬甫家，付家書於科便云云。

二十一日甲申。晴。

有關倭，日日往來於府中云，故與李令，兪友，邊壽鉉，共往南門內。門額，無憂樓。倭不來，故卽還私處。路逢趙參隨行徐碩士 相直，相面。

二十二日。曉雨至朝晩晴。

洪承旨【英植】，魚校理【允中】，到府中。閔參判【泳翊】，自梁山，卽爲承命上京云【此條在二十日】。閔承旨【種默】，到府中【此在二十一日】。

二十三日乙酉。晴風。

京驛卒朴萬吉，金啓昌回便，付上書於貞洞大監宅。午後與李令，共往趙令私處【卽妓桂仙家上鱗】則趙令，已會于朴參判【定陽】私處團就所【今日十員令公共會一處定行中條約云】，只有兪碩士。又坐有自京新來隨員安碩士【宗洙年三十三】，與之初面敍話【貞洞大監宅，慣面人】。小焉，又有二客來座，初面敍話。魚校理隨員，一則柳碩士【正秀年二十五】，校理柳墑之堂侄也，一則兪碩士 吉浚，年二十七也。

二十四日丙戌。晴。

朝飯後, 往趙參判【準永】私處, 拜候。隨行李參奉 鳳植, 初面相話。洪承旨【英植】隨員, 高主簿 永喜, 來於主令私處, 接面敍話。午後, 見慶州衙中答簡。張碩士 文逸, 送二斤草, 甚感。又見韓生員 致諄書。【俱留慶衙。回便更付答簡】

二十五日丁亥。晴。

沈承旨【相學】隨員 兪進士【鎭泰】, 訪余接話。午後束行具。李水使【元會】, 亦承命追到于萊府。

二十六日戊子。朝晴午陰申乍雨。

朴參判【定陽】, 來于主令私處, 請見拜謁。午飯後, 率行具負馬, 先至釜山下, 豆毛浦辨察所, 而中間逢雨, 衣服漸濕。及到辨察關, 定私處于金允圭家。本關兵校, 羅萬石擧行。辨察官玄星運, 來見接話【年三十二, 家在標橋云】。小間, 沈承旨隨員李部將 鍾彬, 來見接話【年四十八, 居通津。今部將也】。

主令一行, 又未幾, 來到定頓。夕飯, 自辨察所支供。自萊府, 至釜山鎭二十里, 辨察所, 亦接屋於釜山也, 城下接洋。左右人家之稠疊, 四方行商之去來, 猶勝於萊府。

今夜卽祖考忌辰也。在遠感慕之思, 不能自抑。外雖和平, 心實遺不肖之責。遙想家中如在目睹。然緣於路憊, 卽就睡。

二十七日己丑。自朝雨至夕不霽。

辨察官, 冒雨來見。辨察送烟竹, 故主令各分一介竹。申時量, 日本船安寧丸, 來泊於草梁關。將爲乘此, 姑未定議云耳。

二十八日庚寅。朝霽鎭日陰。

朝飯后, 主令與諸令, 往見草梁關領事官近藤眞鋤【卽日本人】, 申時還駕【養齋與邊壽顯, 往觀草梁, 獨留下處】。

二十九日辛卯。陰午雨。

萬里同船之誼, 諸令公, 不可不一拜。故食前往趙承旨【秉稷】, 閔承旨【種默】, 趙參判【準永】, 洪承旨【英植】, 魚應校【允中】, 嚴承旨【世永】, 姜承旨【文馨】, 沈承旨【相學】, 朴參判【定陽】, 下處。

釜山僉使任衡準, 送一卓床于各下處, 得喫一床, 多設倭種。又送妓, 妓名菊姬, 貌甚紫而完。本昌原妓云耳。招見妓綠珠, 年十七。有歌調。本昌原妓, 來居於豆毛浦辨察官所居。

四月初一日

初一日壬辰。雨。

朝東萊水使韓圭稷, 來見主令。嚴承旨隨員嚴司果 錫周, 崔五衛將成大, 訪余接話【裁家書與貞洞大監上書】。

初二日癸巳。晴。

午飯，以麵與餠，自本府支供。午後，與養齋共登倭人立碑處，卽日本故參判使之招魂碑也。賞玩下來之際，又有二倭倚墻而立，故使問其由，則送人於本府，將待之於此云云耳。釜山僉使任衡準，來謁主令而還。譯學劉光杓，來于下處，接話。家在。

初三日甲午。風陰申後微雨。

自昔信使之行，致祭海神于釜山 永嘉臺，已有例也，而此行雖有異於信使，萬里溟濤，不可無致誠，故十一行中，收合十兩，致祭奠于海神於永嘉臺，使姜承旨從人邊□龍，【卽東萊人】幹事。祭文曰："兩間瀆四，維東爲最，萬折咸歸，百靈攸會。國有秩禮，以時明禋，默運冥騭，功利及人。保佑我邦，幾千萬年，自昔交隣，于彼日邊。顧我僉官，承命遠游，匪敢專對，不煩行舟。淑裝來思，薄于邊鄙，諏吉啓行，揚帆萬里。遠涉鯨濤，疇憑疇恃，於赫尊神，實主張是。鑒臨在玆，冀獲護持，叱退風伯，詔却雨師。波恬不揚，船疾如駛，利往穩返，罔非神賜。虔誠齋沐，將事今夕，奠此牲酒，倘垂歆格。"

李參奉 鳳植，所製也。領事官，有回謝之行，十一令公，齊會于辨察東軒【洪，魚 兩令下處】。午時，領事官近藤眞鋤，中野郞，武田邦太郞，陸軍工兵中尉海津三雄，澁山顯藏，騎馬來于東軒，迎接有公幹事。申後席散，有酒案進茶之擧。李水使【元會】隨員宋碩士 憲彬，來訪接話【楊根人】。朝飯后往李水使下處，與沈先達 宜永接話，又往東軒，觀領事官接見禮，彼語一未可曉。

初四日乙未。自朝瀑雨鎭日不霽。

李水使【元會】, 來于主令下處, 鎭日談話。

初五日丙申。陰。

早朝, 往李水使【元會】下處拜話, 又往朴參判下處, 與隨員王參奉 濟膺【字穉受, 壬寅生, 本濟南, 居東小門外安巖洞】, 李碩士 商在【字季皓, 庚戌生, 韓山人, 居韓山】, 接話。

食後與邊壽顯, 共登東山而來。午時量, 安寧丸船, 將到泊於草梁關, 故出門望泛來樣。本府吏房李秉憲, 問安次出來見之。釜山僉使任衡準, 來見主令。

初六日丁酉。雨。

初七日戊戌。霽終日風。

本倅金善根, 出來作別於主令。戶幕姜五衛將 膺善, 來于吾所, 接話仍作別。

初八日己亥。微雨不霽。

午後捉船隻, 自豆毛浦, 十一員共乘, 至領事官所, 接見領事, 行具先載。安寧丸, 退去前洋一矢場。申時, 與養齋共持近身諸具, 載于小小舟, 臨江岸別邊壽鉉, 至于安寧丸。大舶有船規上中下三等處所, 定頓於中等間, 間可坐五十人。

戌時諸令公, 到船上。領事官亦來作別, 釜僉亦來於船上, 與我敍舊, 仍作別。辨察官與譯學, 至于船上作別。夜深後分船去。

初九日庚子。風且雨。

寅時量, 安寧丸船同騎六十餘人, 自釜港 黑巖, 前洋行船, 至五六島外七十里許, 風浪忽起, 不能作行, 旋又還泊於釜港。人有船疾不可堪焉。

朝飯後, 辨察官聞知還泊之由, 復到船上, 釜僉, 亦追後至船上, 談話。日昏後, 送來酒肉, 飽喫相別。至夜深, 小宿與日人上野敬助, 中野許多郎, 武田邦太郎。

初十日辛丑。乍雨。

午正發行於釜港。乘汽船, 名安寧丸, 長三十五把, 廣可三間, 高則三層。船長則廣瀨魁吉, 船上主人, 橋邊利大衛們。

酉正, 抵對馬島四百八十里。大星山, 有明山, 卽島主舊居主山。泉村, 鰐浦, 佐須浦, 鴨居浦, 綠青山, 大船越, 柱吉浦, 黑浦, 內院浦, 則日人秘記, 將日後, 分南北朝, 所居云也。阿須浦, 燈臺, 嚴原縣, 卽舊島主所居, 島革罷, 今爲十三年。今置縣屬於長崎。夕飯後, 閔, 趙, 洪, 魚 四公下陸, 暫處於津館中谷家, 丑正還乘船。

十一日壬寅。晴。

丑正發船, 未正抵長崎【長崎縣令, 內海忠勝】七百里。馬島發二十里, 羅針指甲卯, 以後指巳午。左馬島, 右一岐, 一岐末, 筑前縣。馬島末, 豐嶺。右平戶, 左肥前, 平, 肥兩山間左, 九十九島, 牛頭島, 太村縣, 北崎浦, 松島, 福田, 右, 平戶, 河內, 木浦, 黑島, 池島, 角力島, 高山島, 燈臺。

抵長崎, 諸公處于筑町一木四十九番地吉見家。家主, 橋本欣治也。隨員處于青木利吉店。店主，　以興商留于元山港云。長崎縣令，使其屬官大浦九馬，作勞問。縣內，兩山分坼，彼所謂男神山，女神山，而大海通環其間。各國商船之來往，萬餘戶人家之櫛比，亦可謂大都會也。

十二日癸卯。晴。

以身氣不平，半日臥于床褥，不得出門，以同僚所見聞記之。

長崎，屬肥前州而其管轄者，有勅任，奏任，判任之別。勅任者，其主上親勅而命之，奏任者，其所屬官長，奏聞而自命之，判任者，其官長專命之。以四年爲一期，每一期加一等，十二年爲滿期。勅任，從一等至三等，奏任，從四等至七等，判任，從八等至十七等，現今縣令，奏任而四等官也，姓內海，名忠勝。又有二副官，一金井□□，二上村正則。

各國奏準通商者，不可一一殫記，但置領事官者，支那【淸國】，英吉利，魯西亞，阿米利加 四國而已。

東去數里許，有陸軍砲兵鎭臺【熊本所屬】，置小尉一人，領率四十名砲兵鎭戍。向海門，筑臺設大墩八座，最大者，可容八十斤丸【火藥，五斤子母丸】，小者，二十四斤丸。藥丸，各設庫儲置，外他器械，無非精利，而彼以爲猶屬舊制，今將新備云耳。

諸公往于師範學校，則本縣令忠勝，先到迎接，遍示敎場。第一敎場，諸生徒各持鐵筆，以細畫，倣本移模，第二，寫生各展人形圖績，受師敎，第三，諸生徒各持籌板，學數，第四不見云。第五，諸生徒，方讀古文豐樂亭記, 第六, 諸生徒, 肄習羅馬文字。

又有理學, 化學場實地試驗。表題其理學, 第一, 壓迫空氣, 噴出器內之水, 第二, 眞空中, 水之噴騰, 第三, 電氣之試驗, 第四, 電雺電霰。其化學, 第一, 酸素水素之曝鳴, 第二, 水素化學之調音, 第三, 燐火水素發生之際, 放散一種奇怪之環烟。

公園有源家康廟, 有縣會所, 有博物會, 曲曲亭榭, 池塘, 幽且閑矣。午初, 清人來傳三月十三日, 慈安皇太后崩逝云耳。

自長崎, 西北船行七十里, 有高島。四十年前, 始採石炭, 而十餘年來, 創施器械, 一日採一百噸【一千六百八十斤, 洋銀七圓, 紙幣十四圓可量】。役夫可三千名, 採運器械, 四處造置。自平地, 至採炭處, 二十四丈, 壙闊, 六百餘間, 又有四器械所, 鐵路縱橫, 搬運石炭, 懸出平地【建電汽信】。

十三日甲辰。晴。

以減祟, 不出門外。酉正, 自長崎, 行中乘船, 戌正發行, 還渡肥前州海。

十二日出西海新聞紙, 云朝鮮國開化黨, 趙, 朴, 姜, 趙, 李, 閔, 李, 沈, 洪, 魚, 嚴 以下六十餘人, 本年五月日未正, 下碇于長崎, 定處于筑町 吉見家, 又處于青木利吉家云 一夜之間, 其刊行之敏, 何如是也【此在十二日下】。

十四日乙巳。晴。

卯向至筑前州 福岡 博多浦六百里, 留碇暫憩, 時卯末也。遙望人家櫛比於港口之傍, 似勝於長崎也。

巳正發船寅向。右挾福岡, 武田, 出玄海外洋, 過小倉城【屬肥前州】, 白島, 六連島, 福浦【有海中浮標紅, 有燈臺, 又有浮標黑】, 大里【幷屬長門。而大里, 丁卯, 與洋人大戰也】, 抵赤馬關三百五十里, 時申正也。

左長門, 右豐前本港, 則屬於長門州 山口縣, 而縣令之衙舍, 在於港西一里許。神舍大創於港邊, 瓦屋, 塗如白粉, 三門, 高可四十丈, 人戶之繁衍, 舟楫之湊泊, 亦不可殫記也。

留碇卽時, 自馬關, 二人乘小葉舟, 到于船上, 請艦長魁吉, 詳探而去。小焉, 送到道尾魚四介, 大柑數十介, 海鰲十介, 此是協同社長 高須謙三, 水野誠一【去大坂城】, 谷村留助, 聞我行, 使家人送之于船上者也。

粧家【卽我國寺黨也】, 群群作隊, 乘一片舟, 環會于汽船左右玩賞, 或揷頭花, 或持雨傘, 年可十五六, 至二十餘也。酉末, 自赤馬關放盪篙三聲發船。丑艮向過周防州, 行五百里。

十五日丙子。晴。

卯向, 左挾安藝州, 右挾伊豫州, 行三百五十里, 抵讚岐州【屬愛媛縣】, 多度津, 左有位山包聳。留碇小憩, 時午初也。此浦, 雖不開港, 閭閻之稠疊, 舟楫之往來, 不及於長崎, 赤馬之繁衍, 其港口之密奧, 人物之新新, 亦可觀也。

午正, 卯向右挾高枯城, 遠可數百里, 過好木島, 山勢奇妙。右挾高松, 古播广國墟, 右阿波, 前淡路。丸龜縣左, 播磨, 左挾明石戌正, 到神戶港, 四百五十里。水野成一【東京四品官】, 來于汽船, 各問行中之行勞, 而渠云自東京來此港, 等待已有多日云。亥時量, 卸卜乘葉舟, 下埠頭。

東蓮, 蒼惠, 瀚山, 凡齋 四行, 幷定舍館於海岸通四丁目安藤代理【畠中良助家】, 松磵, 蘭圃, 竹泉, 蘭沼 四行, 定舍館於□□□□家, 琴石, 一齋, 中谷, 金虞侯 四行, 定舍館於□□□□家。

十六日丁未陰。晩雨。

朝飯後, 東蓮, 蒼惠, 瀚山 三令公, 往海關, 見海關長高橋新吉, 冒雨而還。

十七日戊申。晴。

諸公往見淸國理事官。午初, 乘人力車, 至鐵道局。自舍館, 西向三馬場路傍, 有小石堆起, 丈餘噴水臺, 水自下達上, 向空噴出。又有電氣信標木, 種種建立。

至鐵道局, 觀數處。造汽車, 木工役, 各異所。治木之具器, 有圓鉅, 大如車輪, 環轉甚忙, 遇木遵繩切入, 瞬息作片。又有直鉅, 下垂一條, 如帶回環, 嚙木微圓。治鐵之具, 用鍛鐵, 作片圓, 隨機上下, 量度鑿穴, 易如穿紙。又有切鐵之具, 壓斷片鐵, 如切魚肉。役所鋪廳板, 廳底革條, 周通連絡, 環旋皆由火輪巧法, 省勞倍功, 類多如此。

午正乘汽車。將行也, 發盪篇聲三次。其汽車之製, 上有屋樣, 左右有倚板。窓鏡一屋, 可坐十餘人, 如此之屋六七個。有上中下三等, 等次之別也。各國人, 間間分乘, 從鐵路行速, 如奔電, 至三宮【有製所】, 住吉, 西宮, 神岐, 此四處, 將乘汽車人, 從時刻待候於此, 任其乘且下也。

半時分, 抵大坂城一百二十里。大抵大坂, 日東第一大都會也。所過山川明麗, 人家稠疊。穴山開道, 道路跨水浮橋, 通衢列肆, 萬貨委積, 危樓層閣, 粉壁琉璃之飾, 百玩眩曜, 令人應接無暇, 領略不能記。

本府知事建野鄉三, 以屬官傳言, 要諸朝士, 遊覽於造紙製絲兩局。製紙局主人眞島襄一郎, 進茶果。本府知事飭定舍館於北邊大長寺前網島町 白山彦治郎家。隨員以下, 幷上停汽車所複道樓, 小憩, 卽乘人力車, 歸于定舍處。其家舍之宏大, 許多之接應, 不可記也。

十八日己酉。陰。

中庭彌七郎, 來見進名帖。西區 土佐堀裏町 河口淳, 遣名帖致款。安寧丸船主, 將向釜山云, 故主令付書。朝飯後, 往于上隣江邊, 觀日人男女飾春之遊, 別無可玩, 略有理火之擧而已。 歸路入大長寺, 亦一小菴也。只有僧一名, 無足觀矣。

遊覽過刑獄分署, 徧觀囹圄, 與我國獄制逈異。四面, 長廊曲遮, 高可數三丈, 設重門, 以方木爲壁扇固之。罪滿囚, 日人之犯法之多, 亦可知矣。

又往觀博物會, 廣畜天下各國珍寶奇怪之物。或有眞品, 或以象形。花卉, 菜菓, 鳥獸, 蟲魚, 銅石之類, 鍾鼎之屬, 古之珠貝, 介甲,圖書, 器皿, 不遺巨細, 蒐羅畢集, 皆用琉璃障蔽, 護之以作玩賞。至若花酒, 藥餌, 衣, 履, 簞, 褥, 一應須用之具, 不可盡記。長可五六十步卓夾, 左右羅列, 如入波斯之市, 焜燿奪目, 如此者, 几六七處。又有孔雀, 錦鷄, 熊罷, 豬, 兎之圈, 以鐵絲籠之, 又有人腹中蟲屬, 及婦人孕胎具體之象, 藏之玻璃壺中以照之, 甚弔詭難信矣。

安寧丸船主住友吉左衛門, 邀余諸朝士于樓上, 進茶果, 供午飯, 頗有誠款之意。樓下有佳卉名花, 小渠石橋養魚, 多赤色鯽魚, 苔逕幽邃, 愈入愈奇。

歷路, 入觀病院。院宇皆數層, 複道, 高梯, 殆近數丈之間。有醫長十人敎授學徒百餘人, 蒙被臥床者, 亦不知其幾十百人。一處有木刻半身, 具臟腑筋絡, 倣古經之銅人形。一處有刮骨, 割肉, 納喉, 探胱之具, 凡爲千數云, 尤爲可駭者。

到滋石橋, 橋長五六十步。三分一當中, 旋斡開鎖, 俾便帆檣之出入, 蓋引海水, 爲大川長橋。橋皆欄干, 或石, 或木, 或鐵, 其制不一也。

知府建野鄉三, 邀諸朝士于公衙, 款待歌樂。樂名, 嘉祥樂, 羅陵王兩曲而已。日暮罷還。

往製紙局。製紙之法, 不用楮皮, 只以雜毛, 片革, 草根, 弊皮, 敗布, 破綿等屬, 混入於鐵桶, 桶之形, 如巨釜。傍有水機, 灌之桶中, 設木輪轉回。如是不已, 和如濃粥, 更移大桶, 潤色而登箔之。箔有上下分層, 替相浮運, 自移大機上, 焙乾, 因轉出鐵輪底。輪旋之際, 有鼓動斷割, 大小由之。又因輪而砧之, 滑如氷面, 力致不半, 功用必倍。其他制度, 亦皆倣此也。

十九日庚戌。晴。

朝飯後, 諧諸公往于造幣局。用金銀銅三品, 大小有等。或五分, 一二錢。金銀各一圓。屋甚宏闊, 不知幾千間, 中有烟桶聳入雲中, 以鐵桶引水, 縣於空壁, 縱橫瀉出石涵。又設一大火輪, 轉旋諸小輪, 一齊隨旋者, 數不可量。鍊銅如餅饀之轉, 廣鑄錢本者, 及榻字磨光, 皆不由人力, 而由機自成, 其捷如神。立見之間, 造成數斗。諸所皆如是, 一日所造, 大小各數三萬云。該局副長, 卽大藏權大書記官大野直輔, 獻名帖, 邀諸朝士及一行于迎接舍【掛黃金燈, 校倚, 纒繡袱】, 進茶菓。

歸舍館, 午饁後, 往陸軍小將高島鞆之助【三等勅任】演武。登臨鎭臺, 城高濠深, 石築甚厚完。最上層, 立標木, 左右有往往柱礎, 未知經何時火災, 有大釜半間屋可量, 未知用何時也。日人云平秀吉時, 所築云。

遂往敎場, 觀演武。初以步兵作隊, 佩劍持銃, 背負方席樣, 伴吹囉叭行陣。隊長一人, 但以口聲, 坐作進退, 衆軍一時應諾, 無一毫差錯, 甚肅且整。無金鼓, 旗幟方色之別, 只以一囉叭, 用於陣中。本鎭, 陸軍五千名, 工廠兵四百名, 砲臺兵五百名云云。馬兵, 載車大安鼓, 作陣布陣, 卽放四五次後, 還撤車輪與大安鼓載, 馬疾走, 以爲追逐決勝負之狀。陣名蝴蝶。

歸路, 往府社天滿宮, 卽日本忠臣簡丞相 進道廟。有朝鮮翰林金縉書桂風二字懸板。金縉, 未知何代之人也。

協同社長高須謙三, 住友吉左衛門【安寧丸船主】兩人, 邀諸朝士及隨員于楚國神社【石虹門, 金字縣板】內, 自由亭。亭榭極奢, 二層屋上, 掛金燈【垂以水晶珠, 燃以白玉顆】三個, 設夜宴, 十二次, 進酒饌, 三次作樂。

二女幷唱協律, 初次奏日本樂, 御鼓一, 笙簧一雙, 篳一雙, 嵇琴一缸, 琵琶一圓, 洋琴一雙, 木板一。再次奏支那樂, 淸雅且閑。三次還奏日樂罷宴【曲名羽衣】。

歸路乘葉舟, 泝流而上, 月白兩岸, 燈影照水, 萬戶樓臺, 與月色共纈纈, 水面亦一夜景可觀也。

二十日辛亥。晴熱。

巳正偕諸件, 乘人力車, 直到于前到大坂鐵道局。午正, 輪車先送上野敬助及通事金福奎, 領率諸具。

聞自砲兵工廠, 所觀所傳, 則堅大鐵柱上下有輪, 上掛鐵連環, 下懸大鐵器, 左旋受鐵水, 右旋注範土, 百工執役, 或治輪軸, 或造大砲卵, 或穿卵納丸, 皆藉輪力, 不勞而功倍, 一火輪出天下, 無難事也【本廠長大坂府御用掛吉野喜馬, 納刺也】。

入中學校, 校長折田彦市, 適往東京。副校長小川鉀吉, 獻名帖後筆談。諸生徒各因事散四, 未知其數。所謂理學者, 以琉璃壺, 盛水列置卓上, 以水注于空壺, 再三之, 變爲各色, 或烟焰起壺中。又以花卉葉, 及蟲蛙之屬, 拈取小許, 蛙則屠取點血, 置琉璃片上, 以顯微鏡照之。逐類見其本形。必是左道幻術, 烏可謂理學也哉!

兵庫縣令森崗昌淳, 無往觀人耳。未初, 乘汽車【連十餘屋房】, 向西京。所過地名, 不能記。過一大川橋, 左山右野, 路傍有練苧木。又過大川橋, 逢來汽小憩。又過一橋, 抵電信分局。小住, 逢來車又行。山勢秀麗, 村樣饒足, 比比連屬。左右竹林, 松樹, 不知幾里。田有紅花草, 亦不知其名。又過一大川橋, 麥穗向黃, 秧苗抽青, 聊度節序, 無彼我之別也。

未末, 抵西京一百三十里。鐵道局, 登複道樓小憩, 因乘人力車。隨員, 先行至府中【十里可量】三條石橋南 堂島町 內田誠次家, 定舍館【上野先到, 定所也】。趙, 李, 閔, 李 四公同館。

西京即日皇舊都, 屋宇宏傑, 層榭疊臺, 懸板號, 燈號, 不可勝記。民物殷盛, 衢道正正方方, 一條, 二條, 三條, 各有區別, 大路傍左右, 皆立燈屋, 每懸一燈, 夜如晝矣。各國奇貨湊聚, 似勝於大板舟楫之所會也。車轂擊, 人肩磨, 終夜不絶車轔之聲。

趙, 朴, 沈, 姜, 嚴 五公, 下處于越進 吉岡彌吉家。洪, 魚 兩公, 下處于下京 六組 中島町 吉川古次郎家。西京府, 知事北垣國道, 治之。

二十一日壬子。晴。

往博覽會。西往小廡, 列各國所產物種。中西洋綿樹登盆, 形如我國枸芭子樹。又到一閣, 閣內, 模成各國塔形, 畫以綵色, 小穴着顯微鏡照之, 別無神奇。廛廛, 奇怪珍寶之物, 堆成一區, 眩人耳目。一卓上, 設置琉璃函, 函中置水晶珠一顆, 大如地球儀形, 價三千五百圓云, 以我國計錢, 洽過萬兩。

又到一處, 設朝鮮物產。平壤明紬, 北道北布, 羅尾扇, 白鞋, 白笠, 大氅衣, 小氅衣, 白木, 青裳, 行纒, 吐手, 端川青玉, 草盒, 草鞋 等件也。遍觀一會, 該會社頭取, 下村正太郎, 副幹事池田八郎兵衛。

轉到御池, 池上亭, 小憩飮茶。亭之左右綠陰, 如海。或聞鳥聲, 又聽蟬吟。

又到一場, 二猿之戲, 一雙孔雀, 鐵籠置之。更到池亭, 點午飯, 卽向北門, 轉至一里許, 卽日皇舊居宮址。左右殿宇之軒敞, 道路樹卉之排布, 可想其規模之密且奢也。

抵織錦所小林綾造家。家主開示繡緞畵片一冊子, 皆是日皇之所用服次也。織綿一機, 六人, 一人坐于機上, 執絲領纚絡, 二人各踞于機左右, 以結斷絲。又看잉아之下上,二人幷踞坐于機初頭, 擲梭織成, 一人立于機後。合一機六人, 一日纔織三尺云。又往佐木貞英家【此亦織錦】。小憩飮茶, 仍往永鴻家, 觀羽緞之織。廣可三尺餘。兩人幷坐擲梭, 經以金絲, 緯以銅絲, 畢成後, 拔銅絲, 文之云。

又往萬年山下相國寺【僧踈石】。卽四百年前大將足利義滿之創建也。堂宇宏壯, 左右竹樹鬱密, 佛以金像, 而有禪宗, 眞宗, 天台宗, 律宗, 皆是皇子皇弟之出家者, 故有妻孥。敎法, 禪宗之徒, 尙在云。

仍到牧畜場。中有堂, 牧養人居之。左右設牛圈四十餘間, 每間喂一牛, 皆是雌牛, 頗多米, 英兩國之産。長角大乳, 摠不穿鼻, 只以索結兩角, 係于柱。牧人七名。喂養之法, 與我俗無異, 方今創置, 姑未繁盛云。

又往下京區 錦光山三條白川橋東小林宗藩家, 卽陶器所也。模範造作, 殆若我俗, 但其塗艧之妙, 不得聞也。歸舍。

二十二日癸丑。陰，晩微雨，夕又雨達夜。

午飯後，諸公往女紅場及學校，而余未偕往，但以所聞記之。上京區女學校，卽女紅場也。兩女，禮廳設一卓，卓上進茶。茶罷遍覽。押繪教場，則青娥數十人，展畫本，設畫彩具，繪花卉物像，皆是嫺手妙入神，而有男師一人教之。剪綵教場，十餘女人作隊，各設緞幅絲塊，倣畫本，刺花繡。一處，有數十女娥，鱗設高丌，各執劉向 列女傳一卷，以次讀之，聞來未解其音也。一處，亦鱗設數十丌，讀習英書。所謂師授一人受講，拈地球塊地名問之，節節指應，一無差錯。

一處，男師一人，教女徒，洋字習之。一處，各設針具，製成衣服，又有洋服製所。一處，有機織，其設機，略似我制，而但左右擲梭，見多捷利，又有綴織焉，一人移絲，一人織之而成文，亦可觀也。一處有讀國史略，物理等書，又有算學焉。凡學徒三百五十餘人，每夜百人，式輪宿，而雖士族之女，亦皆入校云。

自此過京都，至盲啞院。毋論男女，皆有事業。男則治鐵，治木，女則刺繡，理絲，此啞者之學也。又有瘖習五十音手勢捷法，及五十字形手勢法，與畫掌也，手算也，發音起源也【有畫開笑之貌】，瀉字也。此是男女啞之所習也。

有陽刻地圖板，分青紅，表地幅，地幅上，揷以大小錫釘，表山之大小，手摩而驗之。又刻地球塊，及六甲字，與數字，以知之，有方向感覺鍊習場，木釘回揷場中，以鐵絲，回貫丁頭爲之。或誦萬國史略，或應呼而打算，或習字，或結網，此是盲者之所習，而又四五童盲，學九九法，以指應人，置算亦無差誤，其熟工可知也。

轉往西本願寺。入三重門之廣, 爲八間。進入梵宮, 則窓, 壁, 棟宇, 塗以黃金, 百眩奪目。間數爲三千五百餘間, 僧徒爲六百餘名。寺宇之宏傑, 林石之幽奇, 不可盡記。中有十勝, 曰青蓮榭, 黃鶴臺, 艶雪林, 嘯月坡, 踏花塢, 飛雲閣, 醒暝泉, 滄浪池, 龍脊橋, 蝴蝶亭也。此寺之創, 六百年于玆, 而親上鸞人 聖德太子, 自百濟始通佛法, 故別崇一殿而奉之, 額以見眞亭, 是日皇親筆也。又一堂, 立阿彌陀佛, 其屛帳, 燈燭, 玉飾金粧。而僧徒中有一僧, 號曰連城赤松, 頗喜筆談, 略聞寺規也。

又轉到下京區 吉田銅鑄所。鑄出模範, 頗多刻畵, 盡是宮用寺具, 而烏銅一壺價, 爲七千圓云云。

午飯後, 與石南, 東山, 率通事金福奎, 往于東華頂山 大谷寺 知恩院。二層三門, 高四十五十丈, 廣可七八間。層層石階, 上一矢場, 有梵宮一百十間。庭有蕉葉樣水桶, 大如半間屋。左右松竹之蔚蒼, 前後石池, 花卉之奇異, 亦不可一一殫記。百餘間宮宇, 凡三處, 皆有複道。最後梵宮一間, 設金屛, 列華榴, 卓上覆以繡緞方席, 光輝眩目, 古丞相之影堂。幟仁親王書簇子, 掛壁。主僧, 大敎正養鸕徹定。又有一僧, 年十七, 名小住富吉, 頗作人甚妙且伶俐也。

遍覽後, 又往一寺, 亦一規模於大谷寺。洋人男女, 及日本人, 拜於佛前, 紛紛往來, 小無暇隙也。歸路, 路傍有五層閣, 問之則是洋人之所建, 而高可百餘丈也。逢微雨還舍。大谷寺, 寬永十三年, 德川第二代秀忠公, 再興云耳。

二十三日甲寅。晴。

岡崎林三，小林精一，來見。終日不出門外。以諸令往水輪局之所傳，略記之。

上京區南三十里，過宇治川 看月橋，到紀伊郡 伏見區，卽水輪制作之所，而該掌則明石博高也。引江水，入場成溝，廣可丈餘，其上設木輪，入水底，爲尺餘。溝傍，以鐵橫架，三度導水。越架水，自有力而觸輪，輪自運回，因輪而設械造物，如火輪之制，但其用功則小遲也。

仍往數里許，宇治南菊翁屋 萬碧樓。江橋之景，園林之趣，頗有可觀，而額以企救亭三字，此是淸人陳福泉之筆也。小頃，進午飯，鯛魚【卽道味也】，蓴菜，亦別味也。樓東小院，有板上詩，曰："水國光陰過二毛，浪華烟柳係帆高。禪樓前後萍緣短，芳草離愁上綠袍。"

此是我國人南龍淵之所詠也。仍往數里許，黃壁山 萬福寺，寺宇極精潔。僧徒爲八十人，而寺建爲二百十年云。地名，山城國 宇治郡。

二十四日乙卯。晴。

朝飯後，束行具，一行乘人力車，至西京鐵道局待合所。巳正，諸令公乘火輪車，作琵琶湖三十里遊覽之行。隨員以下，乘火輪車，至大板。自大板，至神戶港二百五十里，時未初也。至下處，安藤屋主人，有欣迎之色。

過午飯仍睡，不勝困憊。到夕黃昏時，諸令公，自琵琶湖，以火輪車，到各下處。自西京，至神戶之間，山川村閭，路程之景光，在輪屋電過之際，一不記之。而停車所九站也。

二十五日丙辰。陰。

西京府屬官田原事，以西京知委，來下處勞問。以昨日琵琶湖所觀所聞，略錄之。

自西京鐵道局，廿四日巳正，乘火輪車，行三十里，到大津北琵琶湖。湖之形，類琵琶，故仍名焉。周七百里，東西八十里，南北一百八十里。西有比叡山，東接近江州界。有一峰出沒隱見，居人指爲三神山云。未知秦漢時，方士之類，或至此山，未返而然耶，抑或風輒引舟，不得而上歟? 漁箭，釣船，遍滿湖心，往往汽船去來。環湖人家，爲三千五百戶云。觀三井寺。寺基陟絶。後背比叡山，俯臨人家，遠呑山光湖色，寺中第一勝處有記念碑高四五十丈，隆盛亂，記其事蹟者也。

還至湖邊客店。地方屬滋賀縣。知縣遣屬官大書記河田景福，供一行午飯。飯后至鐵道館，乘輪車，未刻度窟道三里許，昏黑懸燈，是鑿山開道處也云。

衣籠，行具，先付於社寮丸船，送于橫濱。

二十六日丁巳。雨。

主令與瀚山，　同往海關。而知縣邀諸朝士，　供夕飯。酉正各還下處。戌正，冒雨乘人力車，至埠頭，乘葉舟，上飛脚船【廣東丸】，定下處於下間。夜深雨注，不能察船樣之如何。丑正，東向行船。

二十七日戊午。晴。

朝遍觀船上，則船之長六十間，廣八間，高四層。朝鮮，日本，大淸，西洋【米利, 英利】各國人同騎, 合四百八人, 船格二十人。黑牝牛四疋, 白羊一百三十餘首, 白豬二首, 鷄犬凫屬, 各養有牢。船長英國人, 最嫺於水術, 故日人雇而任之云。有南印度一人, 病於舟中, 觀其貌, 面全黑, 手亦黑, 全身純墨色, 耳目口鼻, 則亦人也。洋女, 淸女, 亦同入於各間。

午飯後, 出太平洋。無風波靜, 穩渡甚幸, 然不知行幾里也。

二十八日己未。陰。

朝過伊岐州。朝飯後, 過相模國, 有燈臺, 海中有石堆標, 水淺不得行船。橫須賀有燈臺, 又有海標。望見富士山。巳正, 留碇於武藏州神奈川 橫濱港, 自神戶港, 至橫濱港, 爲一千八百里云。

橫濱卽日本之第一港也。左右山勢, 廣遠環包, 只開南面, 東北西三面, 如凹形甚廣。入其港也, 佛蘭西之軍艦, 亞米利, 英國之商船, 輪船, 湊集於港口, 不計其數。

十一行中, 同乘葉舟, 下埠頭【有燈臺】, 乘人力車, 至一里許旅店。店主山中傳次郞, 進午飯。人物之繁盛, 市廛之羅列, 三倍於神戶也。縣令野村靖【適去東京】屬官本多靜直, 送名帖於高主簿。

未刻, 諸公乘人力車, 隨員以下, 步行至橫濱鐵道待合所。申初, 乘火輪車發行。輪車連十三屋, 上, 中, 下等矣。至初站, 小住【有或乘或下人故也】, 至再站小住, 卽行過三鐵橋, 一橋長可數百步。左右平遠之沃野, 前後相屬之人家, 可謂好山水也。至三站小住, 卽行過石虹門, 右邊卽大洋, 海中有圓島, 似有習陣處矣。以黑木柵, 建植於鐵道右邊, 而左邊又有引海如濠, 濠左邊, 卽人家也。鐵道由中而行幾里, 卽平陸也。

申正，抵東京新橋鐵道局待合所，爲九十里云。歇脚於待合所樓閣。大倉組社長大倉喜八郎，進名帖。

卽乘人力車，到五里假量市廛間，抵外務省芝公園。此屬海軍省，而自外務省指揮者也。公廨兩所，分定舍館。主令，一齋，琴石，同處，其餘諸公，同處一所，李水使各定舍館【榮次郎家】。夕飯後，大倉組商會副長高橋平格【卽東京人，往釜山港興商云】，送酒五十陶於十二行中。

二十九日庚申。陰。

留東京，不出門外。

三十日辛酉。晴。

留東京，不出門外。朝鮮語學周永，來謁諸公。

五月小

初一日壬戌。晴。

留東京。與水野誠一接話。元老院書記官宮本小一，來見諸公。社寮丸船便，卜物入來。

初二日癸亥。晴。

留東京。夕飯後, 與養齋, 南塩【孫鵬九】, 往一緱地萬宮寺前。左右樹木, 差池精潔, 墻屋則或竹柵, 木柵, 寺宇則塗以金色, 傍有一御料理【賣酒食家】。又有竿上, 係置一生猿, 以鐵鎖項, 任其上下, 與西京博覽會所觀, 無異也。

又上一層石階, 則樹陰陰翳, 一廣場左右, 或植花竹。東望海色, 眼界頗闊。仍爲下來, 路傍有一花草屋, 入而玩之, 則各色花卉松竹, 奇異之種, 登盆區區列置, 不可以一一詳玩。故暫爲閱覽, 歇脚於主婆之迎客榻, 進茶果。此是以花草, 生涯者也。乘昏歸舍館。夜金正模, 來謁諸令公。

初三日甲子。午雨。

外務省書記官宮本小一, 來見諸公。主令往孔廟及博覽會, 冒雨而還館。

初四日乙丑。晴午点雨。

主令與洪, 魚, 閔, 趙 四公, 往淸國領事官所, 外務省【大輔上野景範, 小輔芳川顯正, 書記宮本小一】, 大藏省【卿四位二等, 佐野常民, 小輔正五位吉原重俊, 大書記官石丸安世, 小書記官佐伯惟馨】, 關稅局【長蜂鬚賀茂韶, 大書記官有島武】, 申時還下處。

午後, 與咸參奉, 柳碩士 正秀, 率白福周, 往病院, 則主醫出他, 酬接人大橋操吉, 迎接于迎客屋。接話後, 至一處, 數十間房屋間間, 病人治療, 皆是頭瘇, 骨瘡之類。又往一處, 數十間房屋, 女人治病處,亦皆瘡, 瘇也。一房, 女人臥床, 割右乳, 方治料, 使人持甁出來, 割乳封盛於琉璃酒甁。今時割樣血痕, 濃於甁中, 慘愕慘愕。問其所由, 答云: "乳岩而若不割乳預治, 難保元命。"云。

又有二三歲兒, 縫缺脣付藥, 又往一層樓, 則人之全體骸骨, 懸於架下。卓上, 列置琉璃甁三介, 甁中盛酒, 置孕胎之一二朔, 至六七朔之腹中兒及胎褓, 如今新盛, 血色方濃。又往一邊層閣, 則各種制藥之具, 又往一處樓, 則設大卓床, 披開木函, 自函中搜出, 列以數三木瓠, 形如女人之下腹樣。瓠中, 置男女交躬後入胎之形, 自一朔, 至十朔之法, 歷歷造成者, 有次第大小瓠之別, 而以此驗知産母之病根云。

日力不足, 不能遍觀, 更留後期歸館。館舍卽海軍省所屬公廨也, 嫌其公廨, 夕飯後 移所於十餘里神田區 淡路亭町二目町 武藏屋 今井二兵衛家, 與閔公, 趙公, 共留。

初五日丙寅。晴。

主令與閔, 趙 兩公, 往關稅局, 與宮本小一有問答。外務省語學生徒【鹽川一太郎, 國分象太郎, 長崎人】來謁。

午後有所求書, 與兪碩士 箕煥, 朴晦植, 率通事李長晦, 遍往書林數十處, 未得而歸。歸路, 暨趙參判下處而來。夜洪, 魚 兩公, 訪于三公下處。

初六日丁卯。或晴或陰。

朝與兪友, 朴晦植, 李長會, 往于書林, 未求而晩到下處。嫌其旅屋之狹窄, 更移于駿河臺 南甲賀町 奧野政德家。食主人, 遷作次郞。

午飯後, 又往書林, 歸路入朴參判, 嚴令, 沈令下處, 値其出入, 未拜而還。

初七日戊辰。晴。

不出門外。主令, 與瀚山, 蒼惠 兩公, 往關稅局, 與局長有問答。午後, 大淸領事官欽差大臣河如璋, 進下處, 留名帖。

初八日己巳。晴。

朝往武藏屋書林。持贈一書煽於廛主, 此是再昨朝初往時, 欣接進茶果故也。主令, 與諸公往外務卿井上馨私第, 有問答。

初九日庚午。晴晡陰。

朝飯後往書林。午後, 往沈, 朴 兩公下處, 閔, 趙 兩公下處, 嚴公下處, 適値駕言, 未拜。大淸領事參贊官黃遵憲, 來下處, 留名帖而去。

主令與諸公, 共往大倉組邀會所, 余未往參, 只以所聞, 略記焉。

歷路, 玩製皮場, 主者依田出接。屋宇亦頗宏闊, 設火輪, 列木函, 和以橡皮水, 沈牛皮, 出付水機搗之, 次轉輪平之後, 乾而正之, 又入輪械, 搗之後, 以油塗之更鍊。其皮之和柔, 柔如鹿皮之鍊也。

又往一緱地墨川町, 卽大倉組之別莊花園也。亭榭與花卉, 頗幽且佳矣。主者逸外迎接前導。外務省官員, 東, 西京知事, 稅關長 數十人齊會。成島柳北, 福地源一郎, 宮本小一, 大野誠, 大鳥圭介, 澁澤榮一, 岸田吟香, 依田柴浦, 前島密, 松田道之, 勝安房, 楠本正隆, 治間守一, 鈴木惠淳, 三野村利助, 西鄉從道【隆成之弟】, 蜂須賀茂詔, 大山巖, 北畠治房, 井上石三 若干人, 彼所謂才子也。

小焉, 有四女兒, 從外而至。綵衣繡裙, 容貌濃麗, 一則花溪, 年近三十, 以書畵名於東京, 一則太政大臣三條實美之女三條智惠子, 號花提, 年八歲, 一則山內八童子, 號旭花, 年十一, 一則八娣小小桃子, 號花洲, 年十二。皆是重臣之女也。皆入女學校習工, 女師花溪, 率來玩賞, 升堂作禮。主人以一軸雪綿紙, 數升硏墨前進, 花提寫菊, 旭花寫蓮, 花洲寫梅, 花溪寫叢竹, 且各書柱聯一幅, 手法精妙。小焉, 進夕飯, 又進茶席散。

初十日辛未。自曉雨至夕。

有船便於釜山港云, 故裁書付於貞洞, 而兼付鄕書。夕飯後, 與養齋及嚴司果, 崔五衛將, 往旭樓【朴台, 沈令下處, 有大浴室】。

沐浴之室, 室廣可數十間, 間隔男女之浴所, 不過一步之地, 裸體相望, 男女小無爲愧。男子裸身者, 擧行於女浴所, 以手摩女身, 洗浴後, 各受債貫錢於沐浴之男女。大抵日人之好沐浴, 自古成俗久矣。

十一日壬申。雨。

十二日癸酉。晴。

午後, 與養齋, 崔五衛將, 同往書林, 遊閱而歸。主令往關稅局, 與開拓長官黑田淸隆【丙子, 來沁都人】家, 太政參議寺島宗則家而還舍。

十三日甲戌。午陰微灑。

暫往書林, 回路訪嚴令, 朴台, 沈令下處而還。主令往工部省請會之席, 薄暮還舍。

十四日乙亥。雨。

朝往趙台下處，見水野誠一而來。主令往博覽會。日皇，以博覽會技藝之精且巧者，閱覽後頒賞事，是日出宮，甚備威儀。各國領事官，亦參焉。

十五日丙子。晴。

朝與養齋，伴往洪直閣，魚校理下處，及趙參判下處。歸路又往書林而來。大清語學生山田萬里，黑柳重昌二人來拜，請余作詩，故拙構二絶，書贈曰："東京五月綠陰時，遊覽還忘歸路遲。通商各國咸輸物，色色形形怪且奇。" 又曰："書林【賣各書冊之市廛也】翫景坐移時，勸進菓茶日正遲。東京近日維新政，英國學來事事奇。"

十六日丁丑。陰。

午後，與嚴司果，伴往姜令下處，適値駕他未拜。而歸路，與養齋，及崔五衛將，嚴司果，作伴共閱市街數十處。而入御料理懸布板之書家，則左右有蓮池，池有噴水臺，一則四行直向空瀉下，一則一行直向空噴瀉。多奇花。內有數十間，板屋間間，設迎人之席，設酒茶盤，小娥迎客，賣酒生涯，卽如我國之色酒家也。

夕飯後，往閔，趙 兩令下處。又與養齋，嚴司果，兪進士，崔五衛將，李部將，李碩士 商在，王參奉，偕往于五里許上野池端【地名】，觀埋火燈戲。

有大蓮池，周回可量爲五里。池邊，閭閻櫛比。有層樓，樓上下，各懸五色燈燭，相暎於池中，上下通紅。池中，有石橋橫亘中央，橋下，左右運船，船上，埋藥埋火，始發之際，有盤龍徘徊之像，直向空中數百丈後，形形變化，不可量也。有五色火，亂星，垂楊，散髮之各戲火也。往一處賣氷廛，沽二盃氷水，甚清冽也。觀畢，乘人力車，至旭樓浴室，沐沐而歸舍。大抵此火戲，間年設行，而自政府有令，然後設行。一晝夜，費火之財，想不些矣。

十七日戊寅。晴。

十八日己卯。晴。

申後，金正模來訪。同是故國之人，甚多相憐。聞入此後，以病喫苦之際，說到落淚，見者惻然矣，乃常情之所同歟！同宿。米國船，呈書契事，自淸國，卽向朝鮮云云。

十九日庚辰。晴熱。

與外務七等屬五辻長仲，接話。

二十日辛巳。陰。

烏妻橋 戶部邸前【地名】，海軍端艇競漕會【鍊習水操】，太政府三大臣三條實美，熾仁親王，巖敝久視，及各將官，齊會。請我朝士以觀水戰軍兵之嫺熟，故主令往觀。略記其船艦之節次，如左。

第初回競漕艇組合

順番	橈數	青旗	黃旗	赤旗	白旗
一番	七挺	迅鯨艦	扶桑艦	第二水兵分營	
二番	七挺	春日艦	金剛艦	日進艦	
三番	七挺	東艦	第一水兵分營	淸輝艦	
四番	十挺	水兵分營	淺間艦	金剛艦	
五番	十二挺	肇敏艦	第二筑波艦	第二水兵本營	乾行艦
六番	六挺	富士山艦	日進艦	淺間艦	第二丁卯艦
七番	六挺	扶桑艦	乾行艦	金剛艦	天城艦
八番	十二挺	第一筑波艦	第一水兵本營	第一富士山艦	
九番	十四挺	第一淺間艦	東海鎭守府	扶桑艦	第二淺間艦
十番	十挺	攝津艦	東艦	鳳翔艦	
十一番	十二挺	迅鯨艦	第二富士山艦	扶桑艦	
十二番	十挺	水兵本營	天城艦	千代田艦	
十三番	十挺	第一比叡艦	鳳翔艦	孟春艦	攝津艦
十四番	六挺	第一比叡艦	肇敏艦	春日艦	淸輝艦
番外クノウ船ノ競漕アリ 明治十四年六月 海軍端艇競漕會					
十五番	六挺	蒼龍丸	攝津艦	淸輝艦	
我競漕畢テ后英國商船競漕會社ノ端艇ヲ以テ一回競漕オ試但シ該社ノ端艇ハ我軍艦ノ端艇ト其製造ヲ異ニスルヲ以ウ其走力カモ疾シ					

往閔, 趙 兩令下處。大淸副公使張思桂, 來私處, 而主令駕他, 故自門外, 留名帖而還。

午後, 與兪箕煥, 閔載厚, 步往二里許 女子師範學校。至門內, 有守驗廳, 通來觀之由, 該廳人, 卽往于內。少焉, 出來前導。隨入迎客所各，坐交倚，有二人通刺。一則菱川太郎，一則三守守，皆本校校員云。且曰："時刻已過，女子學徒退去【定時刻來學，定時刻退去】，別無可觀之事。" 我曰："雖無女徒之可觀，略覽數三處學藝之所，如何?" 卽爲前導。

至一處，房可數十間，滿列坐床。有二小女踞床，方畵花草，手法頗妙。又往一處，有各色機械，用於化學之術云。兩頭驗溫之器，以琉璃，造烟竹形，兩頭皆如烟竹桶。桶中盛燒酒，以手執一頭桶，則桶水之酒，卽走于越頭桶，湯湯如沸，甚怪怪。又往一處，懸人全體骸骨，又懸馬之骨。又往一處，飛禽，走獸，如生形，以玻璃爲架。又以琉璃瓶中盛酒，沈各色海魚，及昆蟲，蛇蝎，不知名之魚，宛如生物也。

又往一處，軒可數十間，有一卓琴，其形不可量。當中又有一卓子，上置父子有親，君臣有義，夫婦有別，長幼有序，朋友有信之一大紙書，此五倫字，使學徒習此五倫時，擊琴而和之云，亦奇異也。觀畢出來。

歸路，不過一緱地，又有東京師範學校，故進門內守驗廳，問之則男子師範學校云，故卽爲遊覽次，通刺矣。少焉，自內有人出來前導。至迎客所，坐交倚。有二人出來通刺，一則名兒耶六都，一則興津長民，皆本校之官員也。

二人前導，至一處層閣，間可三十餘間，四行設坐卓床百餘坐，皆學徒坐而學習之所也。正北一層床，設方席，此是敎師之所也。掛二人畵，一則笑像，一則愁容流淚，十分恰似也。又往一處，生徒數十人，各坐交倚，或看書日書，或寫字日字。至一層閣七八間，卽書積之庫，漢文及日本書冊也。又往一處動植部，飛禽中，白露國鷄與蛸蟲，甚異也。

又往一處閣數十間，此是戲筑之所也。生徒追後來集，故請於興津長民, 觀筑戲。卽使教師一人行法, 生徒數十人, 卽授節制於其師手, 持筑轉身口呼, 一無參差, 應諾如流。而又有秋鞭者, 故問其所用, 答以養生攝體之事也。覽畢還歸之路, 問學徒之數, 本校之學徒, 三百七十八人, 學校長一人高嶺秀, 使教師十七人也。

二十一日壬午。陰雨。

金正模, 又來同宿。主舍之隔【貫入】房居者之家, 自長崎港來留。清水一象年十七, 頗解文字。與其同鄕人木村保忠年十九者, 來于吾所筆談。

二十二日癸未。雨。

二十三日甲申, 晴。

朝飯後, 往閔, 趙 兩令下處, 又往朴參判, 嚴令, 沈令下處, 作別拜辭。午後, 一行乘人力車, 至東京 新橋鐵道局。歷路, 主令與養齋, 同往閔, 趙, 兩令下處, 又訪洪, 魚 兩公下處, 作別, 卽到鐵道局待合所。

未正, 乘火輪車連屋十五座, 登上等屋。一行五人, 傳語官上野敬助, 合六人, 輪車貰三円【自東京至橫濱】。輪車屋中, 與日人東京居小貫一郎【仕于橫濱屬官】, 接話。所經路左右, 平遠之野, 移秧方午, 黑裙白脚, 蟹步移種之法, 與我國無異, 但駕馬以耕, 蓋初見也, 此處, 罕其喂牛, 推可知也。而各項雜卜日用之物, 用人力車, 故罕其牛也。

未末, 至橫濱鐵道局待合所。小憩卽乘人力車, 至二里許辨天町 內山先三屋【東京大倉組 高橋平格之支店也】。暫憩後, 定旅館於辨天町 二

丁目 西村新七屋。層閣三處房，各定處所。與伊斗國【日本地名】居，兒玉朝次郎【年十九】，郡馬縣 邑樂郡【地名】館林町居林友紀【年四十】，山野井兵吉【年二十一】，皆以商業來住於橫濱港，接話，同住旅店故也。

二十四日乙酉。雨。

與同店留居吉村恕介，接話。渠以山陽道 長門國【地名】人，方旅宦於神奈縣，而地方官云。似是屬官也。

主令與養齋，往于稅關，淸國公事官【稅關長大野盛亨，淸領事官范錫朋】。

二十五日丙戌。晴。

午後，兒玉朝次郎，來訪筆談。年雖少，文筆可尙。盡日筆話。

主令往稅關。尾星現於樞星界。

二十六日丁亥。晴。

朝飯後，神奈川縣 六等屬官中內光直，來于吉村恕介房，故接話。而故鄉，土佐國而從宦于此港，居住於野毛路二丁目四十八番地官舍云。

申後，往拜趙承旨於弁天通六丁目百九番地細井允次郎家【今日自東京出來，定下處於此家】，與安，兪 兩友，穩敍數日之阻，心之喜悅，怳如數月之阻，實是異域之故也。

又與今井二兵衛接話。此是趙令之東京主人，　而卽吾之前食主人也。渠家未見，今於橫濱見之也。

大淸領事官范錫朋，來訪主令，主令往稅關。

二十七日戊子。晴。

趙令來于下處，與主令同往稅關。午後，攝津【세츄】，神戶【고우메】居，和久山盤尾【와쿠야마유와오】，來于下處接話。渠以遊賞次，往箱館地，而歷入拜謁耳。

夜有賣問之聲，故問其何商夜深行賣乎，居人曰：“一則按摩賈之聲，按摩卽以手遍摩一身，使四支柔快者也，一聲卽賣色聲，賣女色，故臨夜遍行通衢。而按摩法，瞽女多學生涯。”云耳。

二十八日己丑。晴熱。

申時，與養齋同伴，又與上野及兒玉，偕往西二里許伊勢山。卽一小邱，上有神宮。又立巡查招魂碑，暫玩。左右有賣茶菓假家，高可四五丈。登臨歇脚，主婆進茶果。床置遠視鏡，使遊賞人，爲其觀也。俯瞰橫濱全幅，東北通大洋，海上舟楫來往，足供時景焉。回路之傍，揷頭花小娥，雙雙倚交倚上招客，廳上設酒果器，似是我國之色酒家也。

夕飯後，與東京居春原雄治郞，接話。渠以內務省書記官，將往野蒜地，而此港，乘船渡去，故至此。移時筆談，臨行送麥酒一甁，亦是非意之物，故數次却之，終不携去，此亦異常也。

二十九日庚寅。陰微灑。

巳初，與主令，趙令，養齋，安友 起亭，兪友，汕僴，偕往二緱地海關。關宇，建以洋制三層，數十丈百餘間，甚宏闊，上中下三層，海關關員及屬官，各定處所，一一不可盡記。

暫看諸關員之文簿記錄之法，則目錄課，飜謄課，檢查課，檢印課，收稅課, 倉庫課, 三井銀行出張所等, 而皆是眼慣手熟, 漢文, 洋書, 日字, 無不能書, 甚捷利也。

至待合所上層設交椅, 小憩。俄而, 副關長葦原淸風出來, 傳稅關長本野盛亨, 有故不得仕進之意。同坐交椅, 與兩令寒暄後, 我又與傳喞接話。年可三十餘, 爲人甚伶慧也。

而已入去, 招午飯於待合樓【去關時, 使主人, 午飯等待於海關待合所】。與檢查課高橋端七, 傳剌接話, 又與坂原勇太郞接話, 年十六, 甚美妙。此是雇賃者也。

大淸人多留交貨。與柳雲從, 方榮生接話。兩人, 皆居廣東省, 而柳則香山之人也, 方則東莞之人, 而以商業留此港十年云耳。未刻還舍舘。

六月

初一日辛卯。曉雨晚陰。

主令往淸領事舘。獨留旅舍。有三人訪余接話, 高津雄介, 楢崎景佑, 湯淺英次, 皆居山口縣 長門國 萩, 而高津與楢崎, 則靜岡縣檢事官, 湯淺則神奈川縣警察官云。而將向靜岡之路, 入此店, 聞朝鮮遊覽朝士之到此, 來拜云耳。

初二日壬辰。陰雨。

巳刻，與主令，趙令往海關，暫觀輸入物品之船長與貨主之呈文牒于稅關諸課之儀式，而與收稅課長菊名啓之，接話，又與村山三郎接話。申刻還旅舘之際，又與津川良藏，傳刺接話，冒雨而還。

初三日癸巳。雨午晴又陰。

隨往海關，觀輸出物品之呈單儀式，且觀稱衡之樣。與改品所課官員 杉浦爲篤，根來亨，傳刺接話。申刻還旅舍。上野往東京。

初四日甲。午晴。

申後，暫往閱覽街衢磁器與紙廛。歸路暫入趙令下處，見女人書筆之法，頗妙書。女名玉英也。卽還旅舍。

夜夢往京城 磚洞 杓庭舍廊，着眼鏡而入見，又往故鄕而覺來。身在異域，心與夢，何其速速往來也？可呵可呵。上野還自東京。

初五日乙未。晴。

隨往海關，觀借庫輸出輸入之儀式次序。至改品所，見各商之看品物種。重丹絨綢，英吉利之所製，絲與毛交織者也。時計，瑞西國之所產也。申刻還舍。

閔令，自東京到此，而高主簿與尹致昊，亦自東京出來。積阻之餘，握手敍話，其心之慰，在於我國，則想不及今日之誼也。在於異域，相欣相慰，此常情也。

朝協同社長高須謙三，訪于私處，故問其所由，則今日朝鮮公使花房義質，將到此港，迎勞次，自東京來到于此店，問候於公云云。而已, 更問於上野, 則花房公使, 業已入此店暫憩, 卽向東京, 渠亦未知, 未見公使云耳。

初六日丙申。雨申後晴。

夕飯後, 率主店雇人, 往浴室。室有男女湯, 隔板壁爲限。男女數十人, 各爲沐浴, 沐浴之價, 自一錢至四十錢, 書於藏卓門。層樓上, 設茶盤, 兩小娥迎客, 笑進茶與烟草。又有棊局, 沐浴後與主雇着棊一局而歸舍, 夜已二更也。

初七日丁酉。朝微雨。

夜有一凶夢。夢遊日本, 至一處通街, 有日人無賴輩相押, 揮之不去, 一人擧吾脚, 而能言我國之語, 故責之以汝輩以朝鮮人犯越而來云爾, 則渠輩中有老嫗, 大言爭爲是非, 至於巡查相詰, 而自大藏省有牌, 捨我捉嫗之境, 及其就沙場也, 命牌二座出來, 一則吾之姓名, 限未時, 一則老娼之牌, 相爲爭殺爲諭, 故拔釰斬老嫗之際, 老嫗亦犯我頭, 腥血淋漓, 大驚而覺。乃南柯一夢, 未知何兆, 故玆錄之於日錄也。

巳時隨往海關。閔, 李, 趙 三令伴行, 見積返儀式, 船移儀式, 與諸務課員都築邦義, 傳剌接話。獨往改品所, 與檢查課員古川敦, 傳剌接話。

申刻還旅舍。有間, 日人林又六, 爲名人, 來訪主令請謁, 故亦傳剌相接。而渠今大淸領事官理事署繹員云, 而年今五十二, 頗解文談。曾前往遊大淸, 故今爲淸繹員耳。

初八日戊戌。陰雨午晴且風。

日本曜日，卽各官府，除公事之日，而七日一回云。今日卽曜日也，不往海關。申時，金正模自東京出來暫訪。卽往趙令下處。淸領事理事署繹員，更爲來訪接話。夕飯后，往趙令，閔令下處，夜深還舍。

初九日己亥。或晴或陰。

朝金正模來別，還歸東京。巳刻，與閔，趙 兩令，往海關，觀出港節次後，往埠頭。

築以塊石，廣三間，長可三緱地。標琉璃燈，木立於三處，又置巡檢廳三所。又泊船所三處，有棧板橫欄，凡輸入之物，從此棧板輸入，而若違此棧，從他處下陸，則幷懲罰金，屬公云。與文書課丸毛利恒，監視課中村庫輔，改品科官村浦藏六，傳刺接話。

申刻還舍舘，小憩後，往趙令，閔令下處而冒昏還舍。

初十日庚子。曉雨朝陰。

巳時隨往海關。申刻，與改品科官人根來亨，石川德隣，同歸旅館筆談，移時還去。渠云從兄弟也。

十一日辛丑。朝雨申後止稍寒。

申後，郡馬縣居林友紀，山野井，間作故土行，今又來此店拜謁。高主簿來訪。主令往海關，冒雨還舍。

十二日壬寅。乍雨乍陰又寒又雨。

朝往趙令，閔令下處。朝飯后，日人林友紀，山野井【卽商人】來懇，別後相思, 無如出本寫眞【畫狀】, 有時開見, 而同去寫眞之意屢屢, 故不獲已與養齋, 共往寫眞家, 與林友紀, 山野井及吾二人, 幷出一琉璃共立。畫本寫眞之器械, 交椅上, 置一大顯微鏡樣, 如千里鏡制度。望見, 卽時典形粘出於琉璃片, 更爲以油潤色, 將於三日後準成云。寫眞師, 卽櫻田也。冒雨還旅舍。

主令赴稅關長筵請。淸領事官理事署譯員林又六, 來訪筆談而去。

十三日癸卯。晴。

隨往稅關。又往改品所, 與本課官員富田筆談。遍覽上埠頭三菱社船往來處, 申時歸旅舍。

上野有渠之事, 往東京, 尹碩士 致昊, 伴往東京。主令往觀瓦斯局【卽煤氣之所也】, 乘暮還駕。煤氣之鼎, 周回三十六步, 有捉氣, 褁烟, 篩烟之器云。

十四日甲辰。晴熱。

朝飯后, 往趙令下處。郡馬縣居林友紀, 出寫眞來呈, 又告別, 故搆一絶以贈。與君曾不約, 邂逅此橫濱。一旬同一店, 筆話自相親。

十五日乙巳。晴。

午後, 與主令偕往大淸領事官處所, 與領事范錫朋, 傳刺寒暄。迎接所之各項排布, 交椅十二, 各覆緞褥, 左右分置, 卓上掛一畵人幀, 卓上, 右置千桃三介器, 左置佛手柑三介器。又卓之左右下傍, 立白鶴形燭臺, 又立奇怪之燈床。又懸各色煤燈, 琉璃燈, 塗金燈, 不可一一盡記。懸板, 書'出義急公'四字, 而此是大淸商人, 請于李鴻章。鴻章奏皇帝，許允設大淸商人之會社於橫濱港耳。左有神宮，此亦大淸商會社之神宮也。

申後還旅舍。屬官吉村恕介，以日草一盒，來呈告別，亦未知何義之所據，然多日同店之誼，渠以表情云，故不得已受之耳。

十六日丙午。陰。

朝飯後，往閔，趙 兩令下處。高主簿還東京作別。上野還自東京。

夕後，與日人林友紀，往沐浴室後，彷徨於吉田橋，觀夜景。百貨開廛，燈燭羅立，人肩摩，車轂擊，可謂人海也，夜勝於晝。買二盃氷水。

十七日丁未。晴。

往稅關，午刻還旅舍。

十八日戊申。微雨。

傳語官武田，來謁曰：今日洪承旨，魚校理，李水使，金庸元，自東京來此橫濱港，將往橫須賀，觀海軍港云，與趙令共往橫須賀云耳。

申初，上野往東京。稅關文書課官員津川良藏，請余柱聯一雙書之，故拙筆書贈。又作五絶詩，贈神奈川縣【在橫濱港口】屬官吉村恕介。詩曰：“故國三千里，殊邦九十春。與君逢此地，一見卽相親。”

十九日己酉。晴。

大倉組主人高橋，往釜山港，而兒玉朝次郎，亦往釜山云，故兒玉便，付貞洞大監宅上書，兼付家書於海南。

午後，束裝至鐵道局。與閔令一行，同乘火輪車，還東京鐵道局。行路左右之平野, 秧色向黑, 托根久矣, 雨水均敵, 可爲有年之占, 未知我國, 亦如是否也。

乘人力車過路, 與主令共訪嚴, 沈, 朴 三令公下處。過刻後, 還至舊主人駿河臺 南甲賀町 奧野政德家。趙參判來下處。夕後, 嚴, 沈, 朴 三令, 來下處。姜承旨來下處。成參奉, 嚴司果, 亦來下處也。上野來謁。

二十日庚戌。晴熱。

中野來謁。午刻, 主令, 與諸公往造紙局, 觀造紙。又赴國立銀行【此卽放債之所, 而自國家所立, 故謂之國立也】之邀余朝士之宴, 夜深還駕。銀行局主人, 澁澤榮一云耳。

二十一日辛。亥晴。

朝往沈令下處。暫準條約類纂草件, 還旅舍。夕飯後, 王參奉來訪。

率通事林基弘, 訪水野誠一之家樣, 往于趙參判下處, 與李參奉 鳳植, 徐碩士 相直, 握敍, 見中野及武田。夜也, 故不往水野家, 卽還之路, 訪入閔令下處, 夜闌後還旅舍。

二十二日壬子。晴。

朝往嚴, 朴, 沈 三令下處。趙令, 自横濱來于東京, 訪入私寓。

二十三日癸丑。陰薰微灑。

往沈令下處。於嚴令處所, 與松平康國, 鞍懸勇, 傳刺接話。主令往見花房義質。義質云: "朝鮮人鄭重羽, 率通事金采吉, 以海關事, 來留長崎, 而信使金弘集, 待鄭也之還, 來月中旬登程"云云。又李健赫,鄭秉夏二人, 以貿買機械事, 來留大坂云。

二十四日甲寅。陰且微灑。

朝往趙令下處。歸路, 歷入洪直閣, 魚校理下處【間爲移寓此近】。朝飯后, 往沈承旨下處。

今日卽季叔母忌辰也。遙想數千里外, 心甚悵悒也。

二十五日乙卯。晴。

午時, 往沈令下處。今日亦季叔母忌日也。遠望我國之境, 心與神馳, 不能禁鬱鬱之懷也。日人松平康國, 鞍懸勇來訪, 過刻筆話。因嚴令家書中, 得聞京奇, 則以日人爲兵師, 且定處所於洗劍亭近處, 使習操鍊, 我軍兵新造, 着倭兵軍服云。講修官, 尹成鎭爲之, 信使, 金弘集爲之云。海伯姜蘭馨卒逝, 南廷益爲之。四月李萬遜, 以上疏事, 至於推鞫, 韓敬源, 以搆李萬遜上疏云耳。

二十六日丙辰。晴。

往沈令, 朴台, 嚴令下處。主令往見稅關長蜂鬚賀茂韶。魚校理來下處。鞍懸勇, 與漢學人前橋義吉, 來謁筆談, 頗有才藝。年才二十耳。夜閔令來下處。夜與兪進士, 往旭樓浴室, 沐浴而還, 沐價一錢五里。

二十七日丁巳。晴。

閔碩士 載厚, 高主簿來訪。武田, 中野亦來。閔令枉于下處。 往沈令下處。鞍懸勇, 松平康國, 前橋義吉, □□□□ 四人, 來見暫筆話。

二十八日戊午。晴熱。

聞昨日，宮本小一訪各處，而至于嚴，朴，沈 三令下處，而嚴，朴，沈，趙台，姜，閔，五公，將以來月旬間，還國之意，托于宮本，自外務省捉船云云矣。

閔令，枉下處，與主令伴往稅關，午刻還駕。往沈令下處，與中田武雄，傳刺接話。此人頗有文辭，年二十九，居在東京 牛込 赤城下町 六十三番地。日日頻來沈令下處，較正條約類纂飜譯者也。謂以訪余爲約而還，申刻，果中田武雄訪來余下處，筆話而去。上野，自横濱入來來謁。

二十九日己未。朝陰薰晩晴。

中田武雄，來于下處。故仍與討論條約類纂【日本與各國，通商時，定條約稅則，類聚者】飜譯之未詳處。往沈令下處所，而覓類纂冊子而來，與武雄，竟日詳論。

夕往隣房貰居者巖谷□□家，與巖谷接話。此家之女主長，以三絃琴，十三絃琴消遣，而有一女年十歲兒，亦解彈琴，又解文字。作人亦婀，名喜登云耳。日日往女學校學，習日本史略云云。夜嚴令，朴台，沈令，往駕下處。

三十日庚申。朝陰。

與上野及林基弘，往訪洞裏木山【卽條約類纂飜譯人】家，適値仕進，只留名帖而還。武雄又來，終日較正類纂。

七月

初一日辛酉。晴熱。

朝與養齋偕往書林。武雄又來較正類纂。宮本小一訪于下處。高主簿與上野出橫濱。趙承旨傔人林錫奎以條約類纂事，專委自橫濱入來，卽還去。往閔公處所。夜往沈令，朴台下處。

初二日壬戌。晴。

孫碩士 鵬九，尹致昊來訪。上野來自橫濱。往沈令下處。

初三日癸亥。晴熱。

往觀市肆。申後孫鵬九來訪，夕飯後卽還。而聞之，則淸公事何如璋曰："米國船，自上海【淸國】向朝鮮，英國皇子以遊覽次，方來日本，而又向朝鮮，獨逸國人，率兵艘二十隻，將向朝鮮。"云云耳。未可的知，甚是深慮處也。

初四日甲子。晴熱。

武雄請余書扇面，故書一絶給之。

初五日乙丑。 晴熱。

朝往閔令下處，而適値日皇動駕於宇都宮【在二百里外】，故與養齋，閔載坤，邊宅鎬，通事林基弘及五文，縱觀之。

初次，荷物軍兵數百名，出去，朝官乘人力車，先詣者亦多。騎兵或着甲, 或持劒, 無牽夫, 兜頭揷白鷺羽持旗, 又劒者, 不過百餘人。日皇, 乘雙馬車, 車中有參乘一人案坐。日皇, 體有豊盈, 玉面亦盈, 目有精彩。後有雙馬車, 皇后所乘之車也。又有侍女雙馬車二隨後, 百官幷乘馬車, 外樣觀之, 別無威儀, 其實, 實精强之制也。主令往淸公使舘。往書林。

初六日丙寅。晴熱。

申刻, 武雄專送大勢一覽抄錄者, 乃是十七國之制度也。趙令之通事李章五, 自橫濱來謁。往見閔令而來。

夕飯後, 與主令, 嚴, 朴, 沈及養齋, 往于洪, 魚 兩令處所, 以爲作別之行。而閔令, 趙台亦來座。李參奉 鳳植, 徐碩士 相直, 沈先達 宜永, 邊宅鎬, 亦隨來耳。與魚校理, 隨員金碩士 亮漢, 接話。待魚, 洪兩公之出他, 夜還作別而還。魚, 洪 兩令, 明日丑刻, 作宇都宮遊覽陸軍教鍊之行云耳。

初七日丁卯。曉雨朝晴晚熱。

李章五來謁還橫濱。夜往沈令下處。

初八日戊。辰雨。

上野自橫濱入來。主令, 訪日人中村正直, 東京之文雅士也。尹致昊往學論語于此人。

夜搆五絶, 書扇面贈主人之子, 十歲兒奧野洋之助。詩曰: “憐爾聰明質, 才能各國書。應識揚名日, 一家慶有餘。”

初九日己巳。陰或微灑。

主令往外務省。隣房居巖谷安寶家，從從往飮酒，又氷水，故臨別，不可無增，故搆五絶以贈。詩曰：“附驥來日本，三朔共隣家。相逢又相別，船路夕陽斜。” 夜往朴台，沈令所，夜深還。

初十日庚午。朝雨午陰。

束行具。上野自橫濱入來。

十一日辛未。晴熱。

荷卜出於橫濱主人。趙承旨，自橫濱入來，來訪下處。安，兪兩友亦隨來，共午飯。淸國參贊黃遵憲，來于下處，與主令及趙令，作別而歸。夕上野來傳倭囊鏡一介，草匣一介，表情。金碩士 亮漢，孫碩士 鵬九，兪碩士 吉濬，柳碩士 正秀，尹碩士 致昊，亦來訪。

十二日壬申。晴熱。

姜，嚴，朴，沈 四令，來下處，與主令伴往淺草社及趙令所。今日出橫濱計矣，以洪，魚 兩公，自宇都宮遊覽，姑未入來，將於今日，還旅舍作別，故退一日。

十三日癸酉。晴熱。

敎導團步兵科生徒 矢部金四郞，小島文次郞二巡査軍，來乞書，故主令書給。李水使來訪。

夕飯后，與主令及嚴，朴，沈 三令，偕往洪，魚 兩公所。而洪，魚 兩公與隨員高主夫，咸參奉，往宇都宮，觀陸軍閱武，又往日光山，見舊

關白 德川源家康墓及大院寺, 而寺樓一棟, 以金爲之, 而價爲八萬元云云。迫暮還舍, 故作別數話而還。

十四日甲戌。晴極熱。

促朝飯, 束行具, 巳刻乘人力車, 往嚴, 朴, 沈處所。主令與三公偕往姜令所, 轉進趙令處所及花房義質家, 作別。余與養齋, 率通事林基弘, 五文及卜車, 直往新橋鐵道待合所。

午刻, 諸公齊到, 李水使到鐵道局, 作別, 以二十三日, 與趙承旨, 洪承旨偕乘船, 而與諸公神戶留七日相逢, 牢約。而宋, 沈, 柳, 兪, 尹五人, 亦來別於鐵道局, 去留之悵, 想無彼此也。魚公則落後也, 故將於十六日, 出橫濱作別云云。

日人武雄及水野, 送別於此, 而水野則同來橫港。上野, 中野, 同乘火輪車。

午正離發, 未正抵橫濱。舊主西村新七屋, 進午飯。不勝困憊, 頹唐困睡, 覺而視之, 日已西矣。夜閔令來下處, 夜深而還。

十五日乙亥。晴熱。

主令, 朝飯后與閔令, 趙令, 姜令, 偕往稅關與淸領官所。往觀淸人居留地大德堂而來。主人何恩植, 本以廣東人來居橫濱, 以商業生涯, 設藥局。過刻筆談, 甚欣款, 進茶勸草, 作別。歸路遍觀洋人居留地。

午飯后, 主令往稅關船長家, 作別。上野入東京。夕飯後, 與主令共往林庄五次郞家, 卽嚴, 趙, 朴, 沈, 姜 五令公之下處, 夜深還旅舍。閔承旨亦在座矣。此日, 卜物出載名護屋丸船。

十六日丙子。晴熱。

淸領事范錫朋, 來旅舘, 與士令作別。稅關長本野盛享之子 一郎, 來旅舍, 故余與傳喇接話, 仍作別, 年一十五, 兄弟云云。與養齋偕往林庄屋, 則魚校理與金虞侯, 作別次, 已出來矣。卽還旅舍, 送近身諸具於船上。

而已, 上野出來言: "趙承旨亦出來。" 云。卽往細井久次郎屋, 見趙令, 卽還旅舍, 則金虞侯, 與花房義質, 外務省權大書記北澤正誠, 作別次已在座矣。亦與之傳喇接話, 仍作別。花房曰: "非久出貴國矣, 似可接見於朝鮮。" 云云。

因促午飯, 午刻, 卽與主人新七, 至埠頭, 乘小舟出埠外, 登三菱社 名護屋丸船。船, 長可一緱, 廣可五間, 左右有輪, 船長洋人也。船上, 懸小舟八, 有上中下三層。

上層左右, 有房屋, 屋內有二層架橫, 有一層踞床, 有琉璃牕, 體鏡及盥嗽器, 琉璃水鍾, 衾具等。中層左右, 有房屋, 屋內有二層架橫, 有一踞床, 有琉璃牕。中層之中間, 設卓床, 懸琉璃燈, 卓床上, 覆有紋洋布, 設洋饌, 會食之所也。下層, 卜物及下等人所處也。火輪之制度, 比於向乘飛脚船之制, 尤不可測也, 淸人, 洋人, 日人 男女同乘者, 不知其數也。

趙令, 來船上作別, 來二十二日, 將乘船矣, 以神戶相留相逢爲約。安, 兪 兩友亦別船上。日人吉村, 西村新七【橫濱食主人】, 上野敬助, 水野誠一, 亦別於船上而歸。

申刻會夕飯於中層設洋饌所。上等隨員， 幷一床而食。酉正行船，向東旋南，終夜行船。

十七日丁丑。大風午後乍雨。

終日行船。因風船擾，舟中人無不頹唐，或嘔吐，不收拾精神。三時飯專闕，只飮一鍾粉屑水而已。終夜行船。

十八日戊寅。晴。

卯刻到神戶港，一千八百里。下錨卽乘葉舟下陸。定舍舘於海岸四丁目 佐野庄治郞家， 與閔令同處。協同商會社長高須謙三， 來見主令，余亦傳喇接話，卽還進午飯。

熊本州居，岡松虎基年十七者，適同店，渠是龍驤艦海軍云。而淸輝艦，日本七月二十八日，出去朝鮮，而未知何事云。邊宅鎬來見。

十九日己卯。晴熱。

申刻兩主人，有苦厭之意，故不得已移寓於前主人 安藤嘉佐衛門，畠田良助屋。鄭秉夏及通事白仁壽，來留大阪，而聞我行到神戶，今朝自大阪出來，來訪，甚欣。六月十五日，入日本云，而今番同船還國爲約。

兪上舍，姜五衛將，李參奉，嚴司果，來訪於佐野屋，而李，嚴 兩公仍到新寓，歇脚後，與養齋，李，嚴 兩公，同往市街書林，卽還旅寓。主令，自佐野屋，訪稅關長高橋新吉，書記官奧井淸風，又往淸領事廖錫恩處所。

午飯后，率主童，往元町通 四丁目 玉文堂雕刻家，見大森，托圖書七字刻之，冒雨而歸旅舍。

高橋平格, 自大阪出來, 來見還入大阪。今番同乘往釜山港云, 果是有釜山支店故也。

二十日庚辰。極熱晴。

中野來見。鄭秉夏, 李健赫, 來見卽往大阪也。午後, 與養齋率林基弘, 往大淸理事官, 見廖錫恩, 卽還旅寓。徐碩士 相直, 崔五衛將 成大, 嚴司果來私處。

往越樓, 有鹿兒島少年二人乞書, 故各二片書給。一則是枝也, 一則西村也, 自各稱謝焉。夕朴參判來下處訪主令, 王司果 濟膺來訪。夜深沐浴, 甚淸快也。

二十一日辛巳。晴極熱。

趙參判來下處。

二十二日壬午。晴熱。

朝往嚴, 趙, 朴, 沈, 姜下處 新盛社屋。夜與養齋及日本 鹿兒島人是枝賴寬, 共往沐浴室。

二十三日癸未。晴熱。

朝往刻圖書屋, 朝飯後, 率通詞林基弘, 往神戶稅關。關宇之製, 依洋製, 二層閣, 甚宏大軒敞, 久坐迎客室, 不覺庚熱之苦。海上汽船, 風帆之往來, 多少風光, 寓目盡得, 而吳, 楚東南坼, 乾坤日夜浮之句, 爲今日準備語也。

適値稅關長高橋新吉, 賜暇不在, 與書記榛澤榮, 文書課員堀百千,傳喇接話。而堀百千則居此文書課之任，今八年云，爲人有文筆，甚從容者也。請坐于客室，進茶與烟卷紙草，過刻筆談。

歸路，暫入閔令處所，歸旅寓。夕飯后，聞洪，趙 兩令及李水使一行來到，故往見洪，趙，李 三令下處蓬萊舍，而各行中，無風穩渡太平洋云。卽還旅寓

【淸閑適意酒添味，奇景恂情詩欠工。紀凶【地名】茫茫談山【地名】紫，夕陽人坐活圖中。此堀百千登砂子山【神戶後山】作示余，故記之耳】。

二十四日甲申。晴熱。

主店家下女，以病化去，卽日出葬于寺，寺僧來誦經文，設位神，供三時飯，是可佳尙處也。

二十五日乙酉。晴熱。

朝飯後，往圖書屋，又往市街。午刻，洪直閣，趙承旨，來下處。協同社長高須謙三，自大阪來見。上野敬助，昨暮同洪，趙乘船而來，今朝來見。淸理事官廖錫恩，送一雙聯，一幅書於主令。

二十六日丙戌。晴熱。

洪令，趙令，嚴令，李水使，來下處，與主令偕往兵庫縣作別。午後，與養齋往市街。聞千歲丸船入來，明日將乘次。

二十七日丁亥。晴熱。

早起，率通詞林基弘，往三里許稅關，文書課長奧井淸風家，傳喇接

話。筆談問條約類纂冊之財名及神戶稅關關員等數，且托稅關圖，從後便付送於釜山館 上野敬助之家，仍作別。而來送卜物於千歲丸。淸理事署屬官楊錦廷，午刻來下處作別。

二十八日戊子。晴。

卯時，自神戶乘葉舟，登千歲丸船。主令與諸令，晩後乘船。船廣二十尺，船長一百八十尺，艦長日本人松本待五郞。此船，只有上下兩層，而上等則處於上層。屋屋有二層架，架上覆褥，有體鏡於門傍。

上等屋，左右只有四屋，而二屋則日人居之，二屋則我朝士居之。屋之傍有軒，軒覆畫褥，諸令同處。中等隨員，則居處於下等所，與日人左右分處，甚是壅鬱。而已，鄭秉夏同船。

未初行船，終夜至七百里，伊豫國 百貫前洋，以船釜簪鐵觸傷，寅末留碇暫爲改正，卯刻仍發船。

二十九日己丑。晴。

終日終夜行船。波恬風定，舟中穩過，誠萬幸也。夜行時，萬頃無邊之海，去來輪船懸燈，天有星，海有燈，水天一色。相上下，甚浩浩茫茫，自覺一粟之歎也。

三十日庚寅。晴。

子初，留碇於赤馬關六百里。協同社會社中，西苽十一顆，進呈于行中。裝載米穀，辰初行船。船格二十三人，日本人五十餘，我行中五十三人，同乘而無洋人焉。昨年信使，乘此船云。

出港口外，有左右海中燈臺，凡四處。行幾里，有六連島，此直抵釜山之海路也。自此分路，向長崎西南行船。大抵馬關之港，殘山一脈，周圍四面，藏鎖海門，而港口外，則回日山一脈，連絡左右，亘布五六十里。設電線於長崎，而有陸，則自海底至陸，有海則自陸至海底，數千里設電線，自東京至橫濱，自橫濱至赤馬關，自赤馬關至長崎，皆設焉。行過筑前州，有海島巖上燈臺，最高大也。

閏七月

初一日辛卯。晴。

寅正，到泊於長崎港【九百五十里】。辰正，諸令與隨員下陸，余與七八人留船上。一邊，裝載石炭，雇人，女人居多，一邊，負卸米穀，且載各洋木貨物，船中甚是擾擾。

申後，諸令登船。長崎稅關事務探知次，入來留鄭重羽，率通詞金采吉，與下人一人，登船接話，共船出來。

戌初行船，行幾里，過肥前州 小川島，班島，左有五島，行幾里，右有平湖，行幾里，過肥前州 帽子島燈臺，至夜行船。夜深後問船長，則自長崎行四百里。右有一岐島橫亘海上也。

初二日壬辰。晴。

曉風乍起，舟頗擾動，連爲行船。而此船，則外海導船，不入對馬島，右挾馬島，直抵釜山云，與安寧丸有輕重之別也。

機關司坂口誠一郎接話, 渠是千葉縣 下長柄郡 一宮住士族云, 而月給五十円。此船, 郵便汽船, 三菱會社之船, 而到釜山港後, 又到元山港云云。

廣瀨季序者, 年才二十一, 出來釜山港, 以賣精錡水眠藥爲業, 而居在東京 赤坂區 福吉町二番地云, 而亦與接話。仁川開港後, 渠往仁川, 至京城, 則似可逢拜云云耳。

申初, 到泊於釜山港, 五百五十里。主令與諸令下陸, 往領事近藤眞鋤處所。吾與養齋, 乘小舟直到于豆毛浦, 定旅寓於前主人金允圭家。日暮, 主令自領事官所, 乘舟返駕於旅寓。夕飯, 自主人家進之。

夜深後辨察官來見。萊府由吏李相昕, 戶長李載基, 金浩圭來謁。本倅丈亦冒夜來見主令, 譯學劉光杓來見。

初三日癸巳。乍雨。

釜僉 任衡準來見。朝飯后, 主令卽行駕于本府。余與養齋, 待船中卜物之覓來, 仍過午飯。辨察將校羅萬石來謁, 德兆來謁。

申時到于萊府, 定下處於西門內華仙妓家, 而華仙已昨年化去云, 余與養齋, 更定處所於隣家妓眞玉家。領事官近藤眞鋤與中野, 入府中, 故諸令往作別。

初四日甲午。朝晴午陰甚熱。

本府將校李喜允來謁。此校有畵才, 故使給神戶, 長崎 稅關圖本模來。書寫吏金致珉, 兪致龜來謁。

有京便, 付上書於貞洞大監宅, 兼付家書於聖勉書中。午饌, 自府衙別進。夜驪州居郭承旨 致燮侄基鉉, 來訪同宿。

初五日乙未。雨。

朝飯後, 聞釜山舘日本人, 作別入來云, 故與主令偕武士廳, 見上野及橋邊, 又三人, 而一人則協同商社支店之看事者。而各行中, 有作別贐物, 故領來云。

卽還旅寓。嚴, 姜 兩令來下處。辨察官別設午饌。余自今朝, 偶得泄瀉, 後重症, 煎服淸暑六和湯二貼。終日終夜見苦。

絶纓島僉使李正弼, 來見主令, 金城別將金漢基來謁主令, 爲人頗有力。年前, 日人作梗於本府時, 此人有功, 故今至別將云耳。本府書寫吏金致珉, 兪致龜, 又來謁。沈承旨往東萊晩時。

初六日丙申。雨。

閔令, 來下處。今日將向玄風之行, 作別。養齋往館中。午飯后, 主令往梵魚寺, 五文陪往。趙參判, 向盈德。李參奉 鳳植來別。朴參判, 上京之路, 留大邱云。李商在來別。崔成大來見。明日同行相約。辨察官與譯學及鄭秉夏, 來別。獨留旅寓, 養齋冒昏還自舘中。

初七日丁酉。晴。

與養齋, 率荷卜馬, 離發東萊, 往玉蘭家, 作別嚴司果。上野及中野, 在日本請詩於余, 而余未及搆呈, 而到此不可無贈, 故作一絶詩以表離情也。贈上野曰: "偶然逢我境, 萬里又同舟。率性魚遊海, 明心月滿樓。每事能誠實, 雙方賴接酬。昨日相分後, 別懷已屬秋。" 贈中野曰: "君居我境已經年, 萬里一船共往來, 從容雖未論心事, 已識胸懷迴絶埃。”

自萊府乘馹發行，至五十里梁山邑店中火。主令，已與嚴令，趙令，自梵魚寺同行先到，次于此店矣。

午飯后發行，三令一行，擧炬火至通度寺。洞口深邃，樹木參天，夜色生浸，不能辨察也。僧徒至洞門待候。定下處於文壽殿。坐定進酒果床。夕飯，設八揲山菜之饌耳。

初八日戊戌。晴。

更定下處於華嚴殿。而嚴令，則處於華嚴殿東閣一室之內耳，趙令，處於普光殿，相住來。夕梁山居黃雅，來訪同宿。夜往趙令下處，夜深還巢。

初九日己亥。晴。

往趙令下處，與安友考準條約類纂。洪直閣，李水使一行，自梵魚寺來到，定處于趙令處所普光殿。東萊書寫吏金致允，兪致龜來謁。梁山本倅趙司晩植，上來於此寺。

初十日庚子。晴。

朝飯，本倅進供。飯後，與養齋及崔五衛將，全老人，往寺門。門直四天王將木偶人最大，左右各立，初見其形之巨且獰特也。外則左傍石壁上刻名，名公，巨卿居多。

此寺，新羅時慈藏律師往西域，奉釋伽如來舍利珠與袈裟一件，創起此寺，而大雄殿後，設釋伽如來舍利浮屠塔，大雄殿則無佛，但掛畵幀。

此殿之基，本九龍沼，逐八龍，只留一龍池，尙今有池，而祈雨於此池云。大房有六，菴子有十三，水春有十四，僧徒五百餘名，此寺卽朝鮮寺刹之宗寺也。山名鷲栖山，臥牛形，設大刹焉。華嚴殿朝殿僧九淵，年三十九，俗家梁山云耳。

黃雅下去。彦陽倅權一圭，送一卓床於各行中。午飯後，洪直閣，李水使，發行，送別於洞門外，與柳正秀，高永喜，咸洛基，全洛雲，宋憲斌，沈宜永，相別。而全洛雲，則還歸梁山，向晉州云。二行中，向彦陽，將向京畿 驪州邑云耳。機張吏五人，上來【書寫吏金世洪，金弼洪，權致彬，權義墩，朴來祚】。

十一日辛丑。晴。

往普光殿 趙令處所，與安友考正條約類纂。

十二日壬寅。晴。

往普光殿 趙令處所，與安友考正條約類纂。

十三日癸卯。晴。

往普光殿 趙令處所，考正條約類纂。東萊吏李載基上來，見上野答札。

十四日甲辰。朝微灑, 自午暴雨連注至暮。

午饁自寺中, 以麵, 餅, 果 別待。往普光殿, 而以雨不能通來, 故持午饌, 於普光殿 趙令下處, 共食。

十五日乙巳。陰又雨。

往普光殿考正條約類纂

十六日丙午。陰或晴。

萊吏金致珉, 受由下去。

十七日丁未。晴。

嚴令自此寺啓程, 向永川 恩海寺, 故朝飯後, 出洞門外拜別。旬日同留一寺, 而先作京駕, 且羨旋悵。崔成大亦送別, 悵然耳。

萊吏李載基還去。東萊 邊宅鎬, 拜謁次上來。萊吏二人李光昱, 李裕膺, 此是嚴令之書寫, 而今日罷還, 故更執留書役。黃山驛書吏金道運, 金聲宇, 方圓赫招來。

十八日戊申。晴。

朝起視之, 則山高天清, 秋涼漸生, 忽憶鄉山。此去千里, 在於日本, 比之則可謂還鄉, 而難憑書信, 則一也, 心自耿愀而已。

邊宅鎬與郭中軍 瑞鳳, 卽東萊府中人, 而嚴令之書寫者也, 告別還去。梁山吏李浩林, 鄭達浩招來。有地圖覓來事, 專人於玄風 閔令處。

十九日己酉。陰夕微灑。
往普光殿，暫來。

二十日庚戌。自夜至天明雨注，晚霽。
午後往普光殿，攷條約而來。

二十一日辛亥。晴。
朝起視之，天高風凉，似有催霜之意。換着木衫與古衣，猶有寒意也。夜來，夢事愁亂，似有家故而然歟? 思之也，慘故而然歟? 都不可信也。朝飯后，萊吏金致珉上來。午後，往普光殿，暫來。

二十二日壬子。晴。
攷準章程，正書草件。午後，玄風 閔令處送隷還，而玄風京邸吏金時鐸，告目問安。黃山驛吏方景昊，上來問安，書寫吏方圓赫之父也，有子六人云耳。

二十三日癸丑。晴。
夜來減祟添劇，鼻涕難抑，甚悶悶。午後，黃山察訪李康勳上來，見主令，卽爲還官。黃山吏方景昊還去。東萊府使命送官奴一人，而上京時，領去卜馬者也。李在琪，以告目告別。

二十四日甲寅。雨。
減祟漸劇，甚苦悶也。

二十五日乙卯。朝雨晩陰。

念明日發程, 峽裏渡川, 甚關心也。午後, 東萊吏金浩圭上來, 轎軍亦來待。夕往普光殿 趙令處所, 明日將伴行上京爲約。夜深後, 梁山本倅趙晩植, 來見主令, 似是作別之行耳。

二十六日丙辰。陰乍雨午晴。

收拾行具, 午飯后, 偏觀大寺各法堂。而大雄殿 釋伽如來傳來, 慈藏律師傳來之袈裟各一件, 而釋伽如來之袈裟, 則非人工之製, 是天女之所製云, 未知何許緞也。慈藏之袈裟, 亦未知何樣緞而已, 經數千年, 眞古跡也。

仍往普光殿, 與趙令作別。趙令, 作路於彦陽, 慶州 等地云。機張, 黃山兩邑書寫吏下送, 卽出山外, 諸僧相送, 有眷戀之意, 而還切悵悒。托於虎惺, 九淵 兩師, 刻余名於洞口立石之意, 而給工錢兼視余之居留。且九淵, 與余同庚, 甚有别焉。

乘馹馬至梁山邑四十里旅店。本倅趙晩植, 今日自山寺下來, 定下處於城內, 而數次移舘之意往復, 而旣已下卜, 故不可移所。

嚴吏 淳觀問安, 此是嚴令之前日過邑時, 定處於此吏家。故余亦與主令往見, 故此吏來謁, 而官之定下處云者, 卽此吏家也。夕飯, 自官進供, 而實此吏家所進。本倅出來, 夜深還衙。余與養齋, 不勝困憊, 卽爲就睡。

二十七日丁巳。朝陰午雨至夕不霽。

朝居冊李碩士 根, 卽主令同宗, 故出來, 余亦接話。朝飯, 亦自官進供。東萊吏書寫者, 亦下直於此。多日同留之意, 亦爲悵然也。

卽乘馹馬, 自梁山邑, 至二十里勿金驛。陸路, 則爲霖水所沈, 不可馬行, 故以小舟代行而逆水也, 沙工輩極用力。又立曳緤軍, 各站此曳船, 故名曰曳緤軍。終日冒雨, 至密陽 三浪倉四十里旅店。宿所。

二十八日戊午。朝陰晚晴。

以雨水漲滿, 陸路不能卜馬行, 故乘舟立曳軍, 載卜于船, 馬與下人, 送于陸路。朝飯後發船, 申時到三十里密陽邑南舊倉前。

乘陸至府城外店, 定頓後, 獨登嶺南樓, 吸數竹草, 偶吟五絶曰: "長江栗園外, 蕭寺竹林東。夕陽憑檻坐, 物色古今同。"

卽爲還旅店。主倅吳章程出來, 與主令酬酌而還衙。府妓鳳姬來謁。此妓, 卽養齋之先親莅此邑, 最近之妓, 故來謁。

夕飯, 自衙中進供。夜設妓樂於嶺南樓, 故隨主令與養齋, 共登嶺南樓, 本倅已在座矣。妓則兒妓, 小妓, 幷八妓, 而聽詩歌, 別無所觀, 故余先還旅店。店燈閱看松雲大師【卽四明堂】壬辰錄, 鷄鳴後, 主令還駕旅店, 就睡。

二十九日己未。晴。

朝飯【自官進供】後, 乘馬至三十里淸道 鍮川驛, 中火。寺黨四五女, 亦在此驛店, 來問安, 見甚麤鄙矣。

午飯後乘馬, 至三十里淸道邑旅店, 秣馬。省峴察訪 李公燁, 適到此邑, 來見主令。而初以山路險峻, 日力無多, 將定宿於淸道邑, 聞省峴丞之言, 則日力尙有餘, 雖云山路, 甚不險夷云, 故卽發行至二十里省峴, 定下處於作廳。主丞同爲還驛, 擧行周旋, 靡不用極, 酒肴夕飯, 極爲豊潔, 宰牛以進, 余亦醉且飽矣。

京會洞居金□□, 來留此驛, 今春下來, 尙未上京, 故來而問安。鄭先達 相愚, 卽今春下來時, 店飯備待之主人, 而此驛中之好居者也, 問安。

八月

初一日庚申。曉雨至朝。

朝飯後, 晩發仍馬, 三十里到慶山邑店, 中火。本倅李秀永, 來見主令。

午飯后, 替馬發行, 到三十里大邱西門外 裵同知【前行時主人】家。薄暮立炬火, 到來定宿。趙令之傔人林錫圭, 自慶州來此, 傳趙令札於主令。

初二日辛酉。晴。

留大邱。招來冊匠工, 粧成御覽條約類纂。達判 李普仁, 來見主令。朝飯, 自上營進供於主令, 而午刻, 巡使大監, 出見主令。羅左兵虞侯, 來見余, 而聞洛中答信, 貞洞大監患節, 添損云, 聞甚火慮。

申后, 金□□, 自省峴來赴, 而將陪往于京矣【營門上營, 通引金昌鎭】。夜達判丈, 出來招妓, 聽歌, 夜深後就睡。

初三日壬戌。晴。

戶幕南廷植, 兵幕羅虞侯 遵植, 傳喝作別於余。裁札付丹城衙中。

朝飯后發行, 至二十里漆谷邑, 中火逢雨。裵南圭, 至此告別而歸。漆谷倅, 作覲親之行, 未得逢拜, 悵慉無比。冒雨午飯后發行, 至仁同 未院驛三十里。宿所。

初四日癸亥。終日風雨大作。

留店。念前, 途途又離, 甚愁亂也。

初五日甲子。晴。

朝飯后發行, 至二十里屢涉山澗水場內店, 中火。此站卽上林驛也。無馬, 故以牛代馬載卜, 至三里場川市店。宿所。

初六日乙丑。晴。

仍乘前馬, 朝飯后發行。至四十里善山 延香驛店, 中火。此驛亦無馬, 仍乘前馬, 午飯后發行, 至四十里尙州 洛東江。

暫登觀水樓, 則有退溪, 佔畢齋, 濯纓 三懸板, 有詩律也。薄暮渡江, 至店。宿所。

今夜卽曾祖考忌辰也。身在千里外, 不能進參, 徒切不肖之責, 而心不能定, 望南愀悒而已。

初七日丙寅。晴。

早朝飯, 替馬至四十里洛元驛, 中火。仍發行至五十里聞慶 幽谷驛。宿所。

初八日丁卯。晴。

早朝飯替馬，至四十里聞慶邑 魯省驛，中火。沿路之年事，聞慶大登，山間田穀，峽野野稻，向熟，方入秋矣。

午飯后，替馬發行，至十里草谷，替乘藍輿，至五里許，歷主屹關【內有嶺南第一關門額】。至小許，有交龜亭，小許，有鳥東門【內有主西門額】，至嶺上有鎭南門，內有鳥嶺關門額，左有城隍堂。

至三里許高山里店，替藍輿軍，至小許替罷所店，乘馬，日已昏矣。立炬火，至延豊 安富驛。宿所【自草谷至安富，二十里】。信使趙秉鎬，初六日自京發行，十一日，宿所於安富，有路文耳。

初九日戊辰。晴。

早朝飯後發行，至五十里忠州 達川驛，中火。午飯後，越達川江，至二十里大楸院，立炬火，至二十里龍院。宿所。

初十日己巳。朝大霧。

平明發行，至四十里勸酒崖店，此店，信使之中火處所也。連原察訪 金□□，出站來見主令，余亦接話。

替馬發行，至中路，逢信使趙台 秉鎬，主事李祖淵，咨文陪行高永喜。永喜，卽今番同行，而入京數日，旋又作此行間，果加資矣。暫逢馬上，旋別。信使，主事，與主令移時敍話後，發行。至十里陰竹 關村驛，中火。

以馬之不卽待令，至昏艱辛替馬，立炬火至三十里竹山 飛仙巨里 汾陽驛，夜已闌矣。宿所。與機張居士人盧□□，接話，或先或後同行。

十一日庚午。朝霧晩晴。

飯后, 仍馬發行, 至四十里竹山 左贊驛, 主令, 卽爲往駕於陽智, 坪村, 沈氏家【卽主令之聘家也】。余與養齋及下人卜馬, 中火于此店。

午飯后發行, 至龍仁 直洞驛三十里, 定宿所, 而主令追後, 自坪村行駕到此。

十二日辛未。朝霧晩晴。

朝飯后, 替馬發行, 至六十里達銀川, 中火。午飯后替馬, 至二十里廣州 馬竹巨里驛, 宿所, 而余與養齋, 率下人, 夕飯后, 乘月色發行。

渡二十里西氷庫江, 到崇禮門, 已罷漏開門矣。直到大貞洞主令家, 卽送下人於馬竹巨里驛主令處所。而主令, 宿所於該店, 平明將往報恩寺, 轉向新寺或門外, 而尙未質定云耳。

十三日壬申。晴。

朝往謁大監, 患候沈重, 見甚驚悶惶然。朝飯過於大監宅, 飯后近午刻, 還出西小門外蛤洞 金先達家, 則主令已爲定頓處所於此家矣。仍爲同留。

十四日癸酉。晴熱。

朝往大監宅, 暫謁患候, 而得見昨年至月, 今年二月出家書, 便不新奇也。仍卽出蛤洞而邊壽淵來見欣接。而渠作羅州行, 故裁家書, 付送於全州 海南營邸吏家, 而未知信傳否也。

十五日甲戌。朝陰。

養齋出來，終日穩過。李台 珪永，來訪主令，申刻還。今日卽中秋秋夕也。還國而不能還鄕，心懷難抑耳。

十六日乙亥。雨。

終日書役。

十七日丙子。晴。

書役。嚴令來訪，　而定下處於生花亭下云云。閔進士 永直【主令壻也】，出來。養齋自磚，齋 兩處，往而出來，而尙遲復命之期云云。徐碩士 相直【趙參判行中】，出來敍話。

午飯后，與進士及養齋，同入貞洞，余往大監宅問患候，人定時，更出蛤洞處所，獨宿。

十八日丁丑。朝霧晩晴。

朝飯后，往貞洞，問大監患候。而日間沈重，見甚惶悶惶悶。進士與養齋出來，崔五衛將 成大來訪卽還。此是嚴令行中人也。

十九日戊寅。晴。

趙令隨員兪箕煥，來自波契寺，欣敍不已。趙令留於此寺云，洪直閣留道善菴云。養齋出來還入。

二十日己卯。或陰或晴。

招畿營啓書吏鄭寬鎬【長湍吏】，更書啓本，而付安山 篤洞札於此吏耳。

今日卽監試初場也。一所上試趙秉式, 二所上試李冕榮。

二十一日庚辰。朝霧晩晴。

書役。進士出來卽入。夜傳曰左捕將申正熙改遞, 前兵使韓圭稷除授【今春萊梱遞來, 全羅兵使借啣耳】。此是罕有之格式耳。

二十二日辛巳。自子時雨下, 終日不霽。

無一人來訪, 考準冊子消遣。五文自大監宅, 來傳淸虞侯 朴有鎭, 五月所付書, 兼承患候之一樣消息。

二十三日壬午。晴。

嚴令移私處於此家, 同爲留處。夜趙台, 沈令來訪主令, 罷漏後還歸。

與嚴碩士 杜浣接話。嚴學官, 出來接穩, 乘暮入去, 嚴令之行中。一二所監試, 出榜。

二十四日癸未。朝霧, 晩晴或陰。

養齋朝出來。午刻, 入貞洞問大監患候, 且往徐兵使家, 適値入直【禁衛別將】, 未穩。且往巡洞 聖用小家, 又適値入科場【七月製春塘坮親臨】, 未逢卽還旅所。

二十五日甲申。朝霧夕又霧。

往南門外店,問海南消息而還。終日書役, 申時往南門外 沈令。趙台下處而還。夕後，又住沈，趙 兩令下處而來。

二十六日乙酉。朝甚寒，過夜霜降所致。

申後，徐碩士 相直來訪。午前書役。曺校理 寅承，來訪主令。嚴校理 柱漢，相爲接話。

二十七日丙戌。晴。

李參奉 鳳植【趙參判行中】來訪。今日，卽余生朝也，客地此日，甚是難過而已。

夕飯后入貞洞，問大監患候而出，往巡洞 見聖用，罷漏後還旅舍，則姜令，趙台。沈令，團會于此家，談敍。適逢雨，趙台因留宿。

二十八日丁亥。或雨或陰或晴。

李碩士 商在【朴參判行中】來訪，甚欣接。夜李承旨 鎬喆，漣川倅 兪鎭一，來訪主令，罷漏後，席散而歸。

二十九日戊子。晴。

西郊陵幸行，往觀天顔，卽還旅舍。尹參判 泰經，來訪。洪承旨 萬植，來訪主令。

養齋出來。花開洞居，宋碩士 淳哲【卽養齋之姪壻也】，以觀還宮之景出來，同爲夕飯接話。

朴台移所於南門外，故主令與嚴令，偕訪耳。

三十日己丑。

開合法

ㄱク 가갸거겨고교구규그기ᄀᆞ

ㄴン 나냐너녀노뇨누뉴느니ᄂᆞ

ㄷツ 다댜더뎌도됴두듀드디ᄃᆞ

ㄹル 라랴러려로료루류르리ᄅᆞ

ㅁム 마먀머며모묘무뮤므미ᄆᆞ

ㅂフ 바뱌버벼보뵤부뷰브비ᄇᆞ

ㅅツ 사샤서셔소쇼수슈스시ᄉᆞ

ㅇワ 아야어여오요우유으이ᄋᆞ

●● 자쟈저져조죠주쥬즈지ᄌᆞ

日本通辭　武田邦太郎, 上野敬助, 橋邊利大衛門, 中野許太郞。

安寧丸船船長　廣瀨魁吉

李鐥永　【字敬度, 號東蓮, 丁酉生, 全州人】通政, 居貞洞。

隨員 李弼永　【字汝良, 號養齋, 己酉生, 全州人】五衛將, 居巡洞。

別陪　金五文

通詞 林基弘　東萊 草梁人

十

魚允中　【字聖執, 號一齋, 戊申生, 咸從人】應校, 居花開洞。*大藏省

隨員 俞吉濬　【字聖武, 號矩堂, 丙辰生, 杞溪人】幼學。

柳定秀　【字而靜, 號雷園, 丁巳生, 全州人】幼學。

尹致昊　【字聖欽, 乙丑生, 海平人】幼學。

黃天彧 【字子四, 癸卯生】 漆原吏。

金亮漢 【字明卿, 號小龍, 己酉生, 安東人】 幼學, 居車洞, 追後入日本。

下人 金永根

五

趙秉稷 【字致文, 號蒼惠, 癸巳生, 楊州人】 通政, 居齋洞。*海關

隨員 安宗洙 【字敬尊, 號起亭, 己酉生, 廣州人】 幼學, 居孟峴。

俞箕煥 【字景範, 號汕僴, 戊午生, 杞溪人】 幼學, 居水原。

傔人 林錫奎 年三十七, 居樓角洞。

通事 金箕文 年四十二, 居草梁。

四

姜文馨 【字德甫, 號蘭圃, 辛卯生, 晉州人】 通政, 居長洞。*工部

隨員 姜晉馨 【字景先, 號芝圃, 庚寅生, 晉州人】 五衛將, 居筆洞。

從人 邊宅鎬 【甲申生, 字養吾, 原州人】 居東萊 五倫里。

別陪 劉福伊 年三十九, 居長洞。

通事 金順伊 年三十五, 居東萊舊館。

三

嚴世永 【字允翼, 號凡齋, 辛卯生, 寧越人】 通政, 居社洞。*司法省

隨員 嚴錫周 【字景敎, 號北蘭, 己亥生, 寧越人】 蔭司果, 居。

崔成大 【字士行, 號雲皐, 甲午生, 隋城人】 五衛將, 居水原。

別陪 朴春鳳

通事 徐文斗

六

閔種默 【字玄卿, 號翰山, 乙未生, 驪興人】通政, 居長洞。*海關

隨員 閔載厚 【字景坤, 號石南, 庚戌生, 驪興人】幼學, 居墨洞。

從人 朴晦植 年三十七, 居東萊。

傔人 李貞浩 年二十五, 居會洞。

通事 金福奎 年六十一, 居草梁。

一

趙準永 【字景翠, 號松磵, 癸巳生, 豊壤人】嘉善, 居會洞。*文部省

隨員 李鳳植 【字元岡, 號小隱, 戊子生, 全州人】參奉。

徐相直 【字士溫, 號仁樵, 乙未生, 達城人】幼學。

下人 文順錫

崔允伊

二

朴定陽 【字致中, 號竹泉, 辛丑生, 潘南人】嘉善, 居竹洞。*內務省

隨員 王濟膺 【字穉受, 號小岩, 壬寅生, 濟南人】參奉, 居安巖洞。

李商在 【字季皓, 號月南, 庚戌生, 韓山人】幼學, 居韓山。

下人 李壽吉

通事 金洛俊

八

沈相學 【字德初, 號蘭沼, 乙巳生, 青松人】通政, 居八判洞。*外務省

隨員 李鍾彬 【字華卿, 號彛堂, 甲午生, 井邑人】部將, 居通津。

俞鎭泰 【字重巖, 號杞泉, 辛卯生, 杞溪人】進士, 居紅峴。

下人 尹相龍

通事 金永得

九

洪英植 【字仲育, 號琴石, 乙卯生, 南陽人】通政, 居齋洞。*陸軍省

隨員 高永喜 【字子中, 號雨亭, 己酉生, 濟州人】主簿。

咸洛基 【字健之, 號玉波, 庚戌生, 江陵人】參奉。

全洛雲 【字敬瑞, 丙戌生, 完山人】

下人 鄭龍石

通事 白福周

十一

李元會 【字善卿, 號中谷, 丁亥生, 廣州人】水使承旨, 武通政, 居孝橋。*陸軍操鍊

隨員 宋憲斌 【字文哉, 號東山, 辛丑生, 恩津人】幼學, 居楊根。

沈宜永 【字命汝, 號霞汀, 癸丑生, 青松人】出身, 居羅洞。

下人 金鴻達

李順吉

通事 李壽萬

別遣

金鏞元 【字善長, 號薇史, 壬寅生, 淸風人】虞侯。*船艦

從人 孫鵬九 【字錫圭, 壬子生】

通事 金大弘

日本通商各國

大不列顚【英吉利又曰英國】

佛蘭西【大法國】

日耳曼【大德】

澳地利

西班牙

魯西牙【峨羅斯】

土耳其

白義耳

伊太利

瑞士【瑞典同】

丁抹

和蘭【阿蘭陀】

東印度及暹羅

豪士多剌利亞

瑞典及諸威【諸威卽英之屬】

葡萄牙

晞哇

獨逸【孛漏生附屬又曰德國屬】

支那【大清】

合衆國【米利堅】

秘魯

1	2	3	4	5	6	7	8	9	0	洋數
一	二	三	四	五	六	七	八	九	零	

가 계 고 구 기　과 궷 온 웃 긧

カ ケ コ ク キ　ガ ゲ ゴ グ ギ

나 네 노 누 니　라 데 돗 루 딧

ナ ネ ノ ヌ ニ　ダ デ ド ヅ ヂ

다 데 도 두 디　쟈 년 욧 웃 니

タ テ ト ッ チ　ザ ゼ ゾ ズ ジ

라 례 로 루 리　마 몟 모 무 미

ラ レ ロ ル リ　バ ベ ボ ブ ビ

마 몌 모 무 미　파 페 포 푸 피

マ メ モ ム ミ　パ ペ ポ プ ピ

사 셰 소 수 시

サ セ ソ ス シ

하 혜 호 후 히

ハ ヘ ホ フ ヒ

아 야 예 예 오 오 요 유 우 이 이 와

ア ヤ エ ヱ オ ヲ ヨ ユ ウ イ 井 ワ

ㄴ 고도 도모 도기 시데 ㄱ ㅂ ㅈ

ン ㄱ トモ トキ メ ク ○ ゾ

【영인자료】

東行日錄

동행일록

여기서부터는 영인본을 인쇄한 부분으로 맨 뒤 페이지부터 보십시오.

東行日錄

海隱日錄

辛巳首年佰

東行日錄

辛巳二月二十八日

二十八日庚申晴 貞陽主令家早朝飯 將發程 與同伴
李五衛將 衛永字汝叢 號叢南 主令之四從也 步出南大門城
下至關王廟前 臨巖東驛貿馬 至西氷庫江 渡店小憩而已 主
令轎軍來到 共飲一盃酒 渡江至三十里馬竹巨里 日已申時矣 中火
避壽錫 落後追到 宿便人來謁 此是趙承旨 秉稷 之隨去傔
也 林錫玄 分路先至龍仁邑 待候爲敍 故到此店云 仍爲宿所 下人則五
文驛卒 朴萬夫 金啓昌 二人也
二十九日辛酉晴 自廣州馬竹巨里 仍朝飯 發行六十里 至龍仁邑店
小憩 林僐來告 渠之今與趙承旨 同坂 主令 從兄李侍 李祖陽
未見主令 夕飯後 主令往趙七雲 與主倅 閑話 夜深相合
仍爲同宿

三十日壬戌晴 自龍仁邑朝飯後發行 龍仁山川姸美 處處全可居之地
也 至四十里陽智邑 界邑無城郭 山川之美 土沃之利 彷彿於龍仁也 主令
分路訪坪村沈生員 其隣邑也 家故 一行先到竹山左贊驛 占心待候
主令申後至 令以陪趙令又到同驛 上房主令會話 仍爲留所
三月初一日癸亥晴 自左贊驛朝飯後 仍前馬發行 時主令與趙令
處所也 問時無一介下人接問之 則主店女不得擅爲 下人云 接不備 怏甚
主婆居擇告轎前外良叔云云 主婆着庚羅 年至五十也 不失一為嬌
易郡好放志 至四十里竹山淮仙居里店中火 此是驛村而無一介驛漢
問其委折 猶驛吏侯來由 又無馬匹 領門逃避云 亦是年來使行之所致
故也 中火發行 至陰竹冠村驛宿所
初二日甲子 朝霧晏 自冠村朝飯 仍前馬發行 至忠州龍院驛中火
魚校理 允中 隨行人車同居金碩士上京 故詳聞洪承旨 永植 魚

校理酉於此石驛 中火 徐叢行 移居不遠之地 有一介鍾奉 橫竹
衛來牽華 呼曰黎之使令 一手持竹 移江才過 主金 韓陣 又拔竹衛馬 援不接
後欲即為擇去馬 前不過二島 鳴曉啼 放去四十里 忠州府前 越日江
至越川驛 此望彈琴臺 山上松林鬱蔽 此地故申將軍戰亡處 南望越 達
川驛 此村即林將軍之生長地也 山川雄邑 湖西之一雄府 邑 繼拜於林
忠愍公忠烈祠影堂 慶業 影幀如生 畫面上有七星黑子 名振三
國 其豐功偉烈 令人欽歎 其夫人完山李氏烈女碑閣 亦甚欽歎也
宿所 今夜即親忌也 移家留京之時 每當忌辰 深負不肖之責 今
矣 今當此地 又思千里 則心猶腸裂 是豈人心之可堪 獨自炳
〻只望天明 雖知之 鷄鳴後就睡 夢歸家 旋覺悲悵矣
初三日乙酉 丑 朝晴 午陰 申時作雨 自達川驛 朝飯 仍而馬叢行 猿川
至一馬嶋路 陰崖巖真 此是林將軍自少時 與夫人有三層巖 試勇

處又有巖石一坑打擲處此是將軍擲石處云耳行不過十餘里距豊毛豆境店前山岸路險忽有前來女轎三介前轎傳言以手執衛前騎率五六將負馬至于落馬幸不至傷後人看之大驚即押來女轎軍問之則是女温泉之行坡法傳主於馬前不過五里又為放送我亦幸地落馬不為受傷幸甚四十里距豊前頭里小憩沽酒飲之此是驛也前路極險不能乘馬故此驛本藍輿軍來侍故乘藍輿越險路更乘負馬二十里距安宿驛宿所此驛亦為驛件此遊店主女賣酒甚是庭娑亦以開爽女嫣於去耶

是又驗於此驛第為三十五有

初四日丙戌晨陰微雨晏晴朝飯後自安宿替驛負馬踰関處鳥嶺関大抵此嶺左右巖石巉巖樹木參天亦通棧道蜀道之難恨不過於此也登鳥嶺関此門樓有額又往西城城隍廟數兩級岩門至

五里中門門額書西門也門外有巡使交龜亭亭下有龍湫石刻左有飛瀑
上天飛瀑蒼八耳又至五里許山谷間第三門門額書屹門也門田稍
別將曹氏小瓦屋也其下有草室居此柳成村也小憩於路路邊年
才二十餘有姿色矣行至聞慶邑四十里居居主爲宦史之家林
漢之小家也房屋甚精飯食又潔相可以美邑論之者草笠魯而
人採西向至此林泉亦可住也中火後替馬發行至二十里堆房越木
橋甚廣橋北坡上邀兩人渡灘上流有姑城舊址下有長門左右田邑見
但豎之雄處不可量至十里許日已暮矣是時大至十里幽谷驛時
則人定也此地洪承旨永植魚校理允中適留主令先爲傳喝夕飯
後洪魚兩學士來見主令夜深各歸寢於寓所
初五日丁亥(卯)晴留幽谷趙令準後來訪主令並見
初六日戊辰晴留幽谷

初七日己丑(己) 雨留幽谷
初八日庚寅(辛) 雨留幽谷
初九日辛卯(未) 晴留幽谷
初十日壬辰(申) 晴風朝飯後自幽谷替騎駟貿馬發行至咸昌邑逗
孔葛洞过山陽尙邦延逢亭店六十里尙州邑中晴到赤山發逗
之西邑此有將軍樹木如城環西中廣可容萬騎下有傳說之
樣大朔入西門內城臘於因城門堵設人戶之稠比可稱嶺南之雄府
幽庭社處于衛門前金先達 戴鳳家 趙君庭祖受于其店宿所
十一日癸酉晴朝飯自尙州仍前船發行與趙君同或先或後至四十
里善山洛東江店中火午後越洛東江江上有觀水樓此樓自古有名之亭
我郡夫爲務達水江左登樓觀之有退溪佔畢齋濯纓詩題板也
此隄下爲鳴講有古名家此是柳相國厚祚之邑也與趙君一同

共計四里餘偶驛處處帶不可而福受坂趙之先門海雪坂一門獨為
宿於野處有茶酒許即三炬至首里叢山海博處時而人足也扁所
十二日甲戌風朝飯後仍藤朋叢門五十里仁同來院俗号中火寺後
叢門至三十里茶谷邑先為通書於主倅李載旭主倅病臥不坡入
東軒主倅昨病憂於後之房撫叙積年之阻仍入內衙之飯後與主
倅偕來社受來趙之來時於主人咐坡倚只趙之主還于倅見之令
四其同之留有面分坡再夜深後主倅還衙宿所
十三日乙亥曉雨至朝不霽早起入於東軒與主倅談話曰但送二匹
布與於主人處五十兩將又送一匹於趙令而且送一匹於我侄命
一匹送一匹於主人門中又送侄命十緡一匹綢白綾三束於我仍為
作書適有吳宗正泉面多山金碩士來而數日間即還云故村家
書出社處則雨已霽矣趙令去夜來主人之房還其社受時話

我相面萬里同去之誼豈可不知者哉我落先訪而趙君先向義
愧歎曾於趙晚過字成伯已作故家相面有面息於十年後此行後
店相逢世事不知也甚隨行人俞碩士箕燮即水原人也同
伴之誼投涅訪於雲人年二十四字景範也仍前期發行與趙君一行
自柴居直渡金烏江柳店小憩左右山川形勢遠遠平布百餘里處
山峽茯人間此間四面通明至十里在黃達城山四面如圍如畫樹
木環匝似是人巧處是天作此是大邱徐氏古基云先至西門外酒
店小憩後定旅處于西門外瘞陽亭門關裴校南鶯家主人金雲之
偏墻有家所貯錦香家也與李姓共處僕從若干則許處所有未可傳托已定此
定植旅處於崔營庄第南廷植兵房羅遵植盧侯五衛將已而會
訪朴僉知藥混訪李君於旅處問其姓相話通姓名已久敘
後性趙君處所夜深後買喫盧弊飯此是徐延俠箕淳莊

漕晦翔始云各歸鄉宿朝夕支供裴同知南爲家留待
十四日丙申晴朝飯前會話朴僉知業湜來別食後付上書於貞
洞大監宅兵府羅盧候便又付書於慶州衙中府尹閔致序又
付書於丹城衙中縣監閔致駿也午飯後自尹府南五衛廷植
送二十柄扇及一餅盒而肯踢作開來陽也來以翁回答罷還保
也來以翁仍留朝食局發行東萊慶山邑趙令丁先鋒至秋雲三十里
石甚曲東顧分庭處點於金吏弘家小留自官庭陳盡夕飯自
官府主從夕後大伴李秀永即主令之同庭也出來見已夜深後
又送酒盃於老之秋雲父子李生二寫從主吏家自三代不下千務繁衍
至今甚弘爲十三區川家勢不貧有一庄甚勝表焉隨其李檄
之記府文武之閔恤尤甚可尚也
十五日丁酉晴朝作主吏金甚弘備餚食後發門自慶山至三十里

清道省峴驛定宿處見鄭先達相見家々孫健也爲人不甚々
有子八人有女六人八年任所午飯極待小馬二匹李公燁定都人也來
見于主倅前漢之城主也或雨或晴與趙々同爲中火即作離騎馬
發行冒雨至三十里日暮三炬十日清道梅山驛店夜已深矣店
陋食處僅爲留宿
十一日戊戌晴早起即爲作離發行與趙令行三十里密陽
府南門外店朝飯兼中火往見妓蘭書彩鳳蘭書乃李々先壽在此邑時所愛妓年二十九
彩鳳趙令之所程而處者也年二十九云有所筆妓云爾
午飯後主倅與趙々偕爲上嶺南樓下閣余列洪承旨
英植魚尹金允中已卧定坐閔家列之以識意也主倅是
章趙泰見樓上諸人公旋下與李々命友共觀樓上多小景江
山樓甚一國人物一繁不甚知之樓東過有僧舍竹林間直樓下

長江橫流縹緲層層飛閣與平壤練光亭彷彿云云楣額崔孝
第一樓李溥石十三年書也名公巨卿多有詩題又有詩律碑
自樓上下來時與李生共往碑閣觀之此碑閣李公立先考鄕
僧此府伯建立也歸旅處發行越嶺李樓西江與趙生同
行至四十里三浪倉倉主朴致範也金海妓出仙來居於此浦江邊
於其年二十六自由姿魂雖數詩詞願錄此浦所居李左傳居都邑
地也再宿來集積書繁華地是宿所
十七日己卯晴朝飯後與趙生同渡三浪西江四十里金海府城內
紅蓮門前店中大府西有許王后陵李有首露王陵新羅王所都
於此府千年古都地其陰陽左右直遠山川高闊城內有海雲亭
亭下有燕子樓本號貝是榮也主倅金益成來見之於李生
歸路柳亭多柳綠歸路有來乍乍先考所處者也歸

仙去後備陳盃盤酒饌與東萊太守仙年四十六云府南門額安都
南門也夜深後主倅請主人與之設卓于陳處聽雞鳴後
各歸處所宿所
十八日庚辰朝雨至午中火後冒雨登行至十里金海主倅越津五里
渡梁山平江津十五里梁山南倉渡九江津小憩後步行越東
萊鵲院嶺極其險峻路旁山石中間有人家大有山處牧十石處
而居云地也蓬萊客云昨二十里東萊府西門外府小住居主而成
川人也小間月市府採吏問安進下馬陳盃度主倅進夕飯之後主倅
金善根留門外來揖手手下小話旋去同夜移寓於西門內
華桂僑妓處後家此是自家預為修葺私寓也
十九日辛巳晴吾之私寓不可容膝故更定寓所於陳家
定頓 趙參判準永 朴參判定陽 嚴承旨世永 姜承旨

文書沈承旨相學相為傳喝又為尋訪一行支供自官府定
吏輩行次下庄長李戴基全供出也 其時支供盤有四楪或五楪 附贐餘賸有此厥鄉可笑之
二十日壬午晴姜承旨隨行奏五衛將晉磨來于社叟相見
二十日癸未晴李穎運回付書於京回林牧使家付家書於科塲
云云
二十一日甲申晴青閔倭口口往來於府中而始與李仁俞友逢遇尋
館於往南門內門頭李子叟樓倭不來故歸逢社叟 歸路逢趙來者隨行 徐碩士相直相面
二十二日曉雨至朝晚晴洪承旨與拖魚校理允中到府中聞來到
添酬自梁山府為本 命上京云 此來在二十日 聞承旨種點於府中
此在二十一日
二十三日乙酉晴風來驛卒朴萬戈全啓昌回便付上書於貞洞
大監二邑七午後與李仁共往趙右社處即上陸妓桂仙家則趙令已

會于朴參判定陽私處團聚所 今月十貟令公共會一處 定行中來約云 只有俞碩士
又坐有自京新來隨員安碩士宗洙 年三十三 與之初面叙話 貞洞大監宅慣面人
小焉又有二客來座初面叙話 魚校理隨員一則柳碩士正秀 年二十五
校理柳墩之姪也 一則俞碩士吉濬 年二十七也
二十四日丙戌晴 朝飯後往趙參判準永私處拜候 隨往李
參奉鳳植初面相話 洪承旨英植隨員高主事永喜來訪
主令私處接面叙話 午後見慶州倅中養問 張文遠 碩士
二竹草甚安 又見韓生員致諄書 俱留慶州 回便更付答簡
二十五日丁亥晴 沈承呂相學隨員俞進士鎭泰訪余接話 午後來
行具李水使元會 出承命 進到于幕府
二十六日戊子朝晴午後申作雨 朴參判定陽來于主令私處
請見拜謁 午飯後 乘行具員馬先生 下亘毛浦 拜處所 雨中

閒遇雨衣服漸濕及到辭寮閑庭於處于金塚古閑長枝羅 久玉

萬石岸口辭寮官三星通來見瑞㐂年三十二小閒道加泥 家在標楊云

乘舊隨夫來都將鍾楷來見孫㐂年四十八居直津今都將也

主令一行又來求到是頓夕作自辭寮所去依自美府至

美山緣二十里辭寮所上接屋於美山也城下接浮左右人家

稍四邊四方行商之來往接於美府 ○ 今夜乃祖考忌辰也有坐達

感慕之思不能自抑於館和平心處豈不肖之春達想塚中如在

目睹益深於鄉遠乃肥懷

二十七日己丑自朝雨至夕不息辭寮官冒雨來見 辭寮退烟修故 且令來不奈修

申時量日本船安氏者歸來泊於草梁閑將為乘此此來是誠云耳 庚寅

二十八日朝雨鎮自館郭作辰主令與諸人等只草梁閑領

事作近藤真翩 即日本人 申時還之焉 書前之進表於 稍留下云云

二十九日辛卯陰午雨 葛里同船之直諸令公不可不一拜故食前往
趙承旨秉稷 閔承旨種默 趙參判準承 洪承旨樂植 魚應
校允中 嚴承旨世永 姜承旨文馨 沈承旨相學 朴參判
定陽 下處 釜山僉使任衛準送一卓床于各下處得喫一床
多設倭種之最好妓名菊姬貌甚美而完幸昌原妓而 招見妓係珠年十七善歌詞幸昌原妓寄居於巨毛浦解客意
四月初一日
初一日壬辰雨朝東萊水使韓圭稷來見主令○嚴承旨隨
員嚴司果錫周 崔五衛將成大訪余于旅 裁家書與負 同大監上書
初二日癸巳晴午飯以麵與餅自本府支供午後與嚴承旨登
倭人立碑處卽日本故參判使之招魂碑也 賞玩下來之際又有二
倭僑請而立坡使問其由則是人於本府探脩之我此云云耳○
釜山僉使 任衛準來謁主令而逆譯學 劉光杓來于下處接話家在

初三日甲午風陰甲後微雨自昔信使之行致祭海神于釜山
永嘉臺已有例也而此行館有異於從使萬里波濤不可無
致誠故才一行中收合十兩致祭奠于海神於永嘉臺使委
承旨領人盧 秋即東萊人 韓事奉各曰 兩間瀆四 維東為最 萬折咸歸 百靈攸會
國有秩禮 以時明禋 歟醴冥隣 功利及人 深佑我邦 幾千萬年 自昔交隣 于彼日域 賴我僉官 承命走附 匪敢專對 不煩行舟
儆常未恐 傳于邉郊 諏吉啟行 揭帆万里 遠涉鯨濤 瞻還賜情 於赫尊神 崇主張是 陰騭在茲 蓮護護持 此退巛伯 誥却雨師
波恬不搖 艤候迎賤 利往穩返 罔非神賜 虔誠而休 將事有久 奠此牲酒 倘垂歆格 李柔奉風植所製
也 領事官有回謝之行十一合公為會于稱摩東軒下處 洪魚兩合午時
領事官延藤真鄉中野郎武田郁太郎白海津三嶋白藏山豎藏騎馬 陸軍工兵中尉
來于東軒迎接有公幹事申後處數有從容導之樂
李水使元會隨吳宋頑士應拔未諳接話 揚根人 朝鮮陸李
水使不受與沈先達直承接話又陪東軒觀領事官接見禮

彼語一未可曉

初四日乙未 自朝濕雨鎮日不霽 李水使元會來于主令下處 借日談

話

初五日丙申 陰 早朝性李水使元會下處拜話 又往朴希剛下處

與隨員王希壽濟曆 字韓度 壬寅生 安嶽人 居東小門外 李碩士爲在 字季賦 庚戌生

韓山人 居稽山 接話 食後與盧壽熙若渥東山而來 午時量 安寧丸 舡將

附泊於學業閣 坂出門 望 往來 藤ム本府吏房 李秉慶 同在坂出

來見之 釜山僉使任衛俊 來見主令

初六日丁酉 雨

初七日戊戌 霽 終日風 本件 金善根 出來作別 於主令

旨幕 姜五衛將秀亦 來于吾所 接話 仍作別

初八日己亥 微雨不霽 午後 捉船 更自盈毛浦 十二点廿乘至

領事〻官所接見領事行具先載安寧丸退去前洋一矣嗚
申時齋藤春與共持延身諸具載于小〻舟臨江既出崖上壽館
至于安寧丸大舶有艙規上中下三大層區定於中者同〻
可坐五十人戌時諸公卧艙上領事官亦來以出茶果與手於
艙上與我叙舊仍以出辭察官與譯學至于艙上以出夜深
後分散去
初九日庚子風且雨寅時量安寧丸舡同勝等傳人行舡 (自釜港)
至五六島(分)七十里許風浪忽起不能以行旋又至泊於釜港 (黑巖浦岸)
人有舡疾不可堪焉朝飯後譯察官問知至泊之由諸
卧舡上差金亦進陽至舡上談話日昏後還來浦內俄喚
相話至夜深少宕與上(日人)野敬助中野許多郎若(武田)林郎太郎
初十日辛丑乍雨午止發行於釜港乘汽(船)名安寧丸長三十五把

廣可三門高則三層 船長則廣瀨魁吉 船主○橘直利大們儀
酉正抵對馬島四百八十里○大星山○有明山 御島主舊居主山
○泉村○鰐浦○佐須浦○鴨居浦○綠青山○大船越○桂吉浦
○粤浦○內院浦 則日人稱記將日後分南北朝所居云也○阿須浦
○燈臺○嚴原縣 縣舊島主所居島 今置縣 (草梁館今為十三等) 停於長崎夕飯後
閔趙洪魚四公下陸暫處於津館中倉家 丑正還乘船
十一日壬寅晴 丑正發船 未正抵長崎七百里 (三幾今內海忠縣)
馬島發二十里羅針指甲卯以後指巳午○左馬島○右一岐○
○宋筑前縣○馬島宗豊嶺○右平戶○左肥前○平肥兩山
間左九十九島○牛頭島○太村縣○北崎浦○松島○福田○
右平戶○河內○木浦○黑島○迦島○角力島○高山島○
燈臺○抵長崎 諸公處于錢町吉見家 (一木四十六番地) 通貢處于青木利吉店 (家主橋本敬治也)

二主以興商留于元山港之長崎縣令使其屬官大補九馬作芳閱縣內摋山分拆使所謂男神山女神山而大海圍環其間普國亦兩之村注萬條戶人家之稠比之冭謂大而奇也

十二日晴(癸卯)以身年木手牟田寄于床商不得出門以同僚所見聞

記之○長崎屬肥前州而其管轄者有勅任奏任判任之別

勅任者其主上親勅而命之奏任者其所屬官長奏聞而自

命之判任者其官長專命之以四年爲一期每一期加一等十

二年爲滿期勅任從一等至三等奏任從四等至七等判任

從八等至十七等現今縣令奏任而四等官也○姓內海名忠勝

又有二副官一金井○○二上村正則○各國奏準通商者不可

不簿記但置領事官者○支那(清國)○英吉利○魯西亞○阿

米利加四國而已○東去數里許有陸軍砲兵鎮臺(所屬)熊本置

小尉一人領率四十名砲兵鎮戍而海門築基設大礮八座最大

者可容八十斤丸(大藥五斤 子母丸)小者二十四斤丸藥丸各設庫儲置外

他完械與非精利而彼以為猶屬旧制今將新備云耳
諸公往于師範學校則本縣忠勝令先到迎接廳而教塲第
一塲教諸生徒各持鉄筆以細画倣本移模第二置生各展
人形圖殆受師教第三諸生徒各持籌板學數第四不見云
第五諸生徒方讀古文豊樂亭記第六諸生徒隸習羅
馬文字又有理學化學塲覽地誌躔表題其理學第一壓
迫空氣噴出器內之水第二真空中水之噴騰第三電氣之試
驗第四纏電磨電器其化學第一酸素水素之爆鳴第二水素化學之蒲
音第三燐火水素發生之際放散一種奇怪之環烟○公園有
源家康廟有縣會所有博物會曲〻亭榭池塘幽且閑矣○
午初清人來傳三月十三日慈安皇太后崩逝云耳○自長崎
西北駛行七十里有高島四十年前始採石炭而十餘年來創

施器械一日採一百噸 一千六百八十斤洋銀七圓紙幣十四圓可量 役夫下三千名採運器
械四處造置自平地至採炭處二十四丈壙濶六百餘間又有
四器械所鐵路艇橫搬運石炭懸出平地 建電線信
十三日甲辰晴以感祟不出門外午酉正自長崎行中乘船戌正發行
過渡肥前郡海口十二日出西海新聞紙云朝鮮國開化黨趙朴
姜趙李閔李沈洪魚嚴以下六十餘人本年五月 日來正下
碇于長崎定處于筑町吉見家又處于 木村吉家云一夜
之間其刊行之敏何如是也 此在十二日下
十四日乙巳晴卯向至筑前州福岡博多浦六百里留碇暫憩
時卯末也遙望人家櫛比於港口之傍似勝於長崎也巳正發
船寅向右扶福岡武田出玄海外津過小倉城屬肥前郡自是
六連島福浦 有海中浮標 紅標有燈臺又有浮標黑大里 弁屋

長門而大里丁卯經源平大戰也抵赤馬関三百五十里時申正
也左長門右豐前本港則屬於長門那山口縣而縣令一所管
在於港西一里許神宮大劍於港邊尾屋塗以白粉三門高可四
丈人戶〃櫛比再撰之湊泊亦不可殫記也○留碇即時自馬関
二人乘小葉舟到于艇上請船長魁者詳探而去小馬送到
道尾魚四尾大柑枝十方海鰲十方此是協同社長水野(高須)
(註三)識之去大坂城谷村留助氏聞我行使家人送之于船上者
也○粧家即我國寺黨也屋〃作隊乘一尾舟還會于汽
艇左右玩賞或抑頭花或持兩傘年可十五六至二十
餘也○酉末自赤馬関放錨篙三聲發艇丑艮向過関
防州行五百里
十五日丙子晴卯向左挾安藝州右挾伊豫州行三百五十里

抵讃岐州虞爰鍛縣多度津左有偃山包涵耳留碇小憩
時午初也此浦雖不闊港闊闊く稍四舟檣之往來不及於
長崎赤馬之繁衍其港口之密奧人物く秩く亦可觀也
午正仰向右抹高松城處可數百里遙好木島山勢奇妙
右抹高松左據广国握右阿波前淡路〇丸龜縣〇左播磨
右扶明石戌正到神戸港四百五十里水野誠一東京四品官來
于諸艦各問行中之行苦而畢云自東京來此港等待已
有多日云夜晚量卸下乘葉舟不埠頭〇東蓮〇茶屋〇
瀟山〇氏寓四行并定屋館於海岸通四丁目安藤代理島中良助家松碉
蘭園竹泉〇蘭治四行定屋館於李琴石一
齋中居全晁侯四行定寓館於家

十六日丁未陰晩雨 朝飯後東萊道尹與蘭山三谷公往海關
見海關長高橋新吾 冒雨而歸
十七日戊申晴 諸公往見淸國理事官
午初乘人力車至鐵道局 自金鋪西向三島橋路傍 有小石堆
起 其餘噴水臺 水自木筒上而空噴出 又有電氣信標木種
之 遂至鐵道局 觀數處 造汽車木工役 各異所治木
之具 旣有圓鋸大如車輪 環轉甚疾 遇木導繩 切入
瞬息作片 又有直鋸下垂一條 如帶回環 噬木微圓
治鐵之具 用鍛鐵作片 圓隨機上下 量度鑿穴 易如穿
紙 又有切鐵之具 壓斷片鐵 如切魚肉 後所鋪廳板廳
底 革條周通 連絡環旋 皆由大輪巧法 省勞便切類多
如此 午正乘汽車將行也 蓋還第拜三次 其汽車之制 表上
有屋樣 左右有倚板窓鏡 一屋可坐十餘人 如此之屋 凡七個

有上中下三等次次第也各國人間間分乘從鐵路行速如
奔雷至三宮有裝所住吉西宮神戶此四處將乘
汽車人從時刻待候於此任其乘且下也半時分抵大坂城一
百二十里大抵大坂日東第一大都會也所過者明麗人家稠疊
穴山開道路踏水浮橋通衢列肆萬貨委積甍棟
廣園粉壁琉璃鏡百玩眩曜令人應接不暇領略
不能記本府知事建野鄉三以厚意傳言要請朝士游
覽於造幣局製幣西局製造局長真島襄一郎道峯畢本
府知事錫宴于錦館於此處大長寺前網島町白山彥治郎
家隨員下前上停汽車所復道樓小憩即乘人力車歸寓
定宴處其家宴之先大率多之接應不可記也
十日己酉陰中庭前七郎來見通名帖西區工佐堀裏町河口浮
遣名帖致款安寧丸船主將向釜山云故付書朝飯後
往于上倩江邊觀日人男女飾表遊戲者玩景者埋火

之岸西已歸路入大長寺之一小菴也亦有僧一名無足觀矣
遊覽過刑獄所署徧觀囹圄與我國獄制迥異四面長廊
曲廊高可數三丈設重門以方木爲欄扇固之罪滿囹日人之犯
法之多亦可知矣又往觀博物會廣畜天下各國珍寶奇
怪之物或有真品或以象形花卉草葉鳥獸虫魚銅瓦之
類鐘鼎之屬左右之珠貝介甲圖書器皿不遑詳細覽羅畢
集諸月琉璃障蔽護之以作玩賞至若花酒藥餌衣
履簟褥一應需用之具不可盡記長可五六十步卓案左右
羅列如入波斯之市眩耀奪目如此者凡六七處又有孔雀
錦鷄駝鷄猪兔之園以鐵條籠之又有人腹中出產婦
人孕胎具體之象藏之玻璃盞中以照之甚奇詭難信矣
已安寧丸船主任友吉左衛門邀余諸行於于樓上進茶果仍
午飯頗有誠款之意樓下有住市名長崎屋石橋養魚多
赤色鯽魚皆遊此處遂入過壽曆路又觀病院之宇

皆故屋複道直橋路近故齋間有醫長大人教授學徒百
餘人蒙被臥床者亦不知其幾百十人一處有木刻半身具臟腑
筋絡做古經之銅人形一處有甜骨割肉納喉探腹之具已
為千故云尤為可驗者到海石橋橋長五六十步三分一處旋
轉開鎖俾便帆檣之出入壹引海水為大川長橋橋皆橋干
或石或木或鐵其制不一也知府建野鄉三邀諸朝士于公廨
款待歌巢巢之名喜齊巢巢羅漢王兩曲而已日暮罷還
注製紙局製紙之法不用楮只以雜毛尾草草根莖皮
敗布破綿等屬混入於鐵桶桶之形如巨釜傍有水機灌
之桶中設木輪轉回如是不已和如濃粥更移大桶澗色而
登篩之篩有上下分層替相浮運自移大棧上焙乾因轉
出鐵輪底輪旋之際有鼓動斬割大小由之又因輪而碓
之滑如冰面力致米年印用又倍其紙幣度亦皆紙為也

十九日庚戌晴朝飯後詣諸公往于造幣局見金銀銅三
品大小有等或五分一二錢金銀各一圓屋甚宏闊不知幾千間
中有烟桶滊入雲中以鉄桶引水懸於空壁縱橫瀉出石壁
又設一大火輪轉旋諸小輪一齊隨旋者數不可量鍊銅如
如餅餌之轉廣鑄錢本者及榻字磨灵皆不由人力而由機自
成甚捷如神。。見之間造成數千諸所皆如是一月所造大
小各枚三萬云該局副長即大藏權大書記官大野直輔
獻名帖邀諸相士及一行于原接室掛黃金灯接待饌繡綢直
菓果。歸舍館午饍後往陸軍演武小將高島鞆之助三等勅任登臨鎭臺城高濠深石
等甚厚完最上層立標木左右有往往柱礎未知從何時矣
有大釜半間屋可量未知自何時出日人云平秀吉時所鑄云
遂往教場觀演武初以步兵小隊佩劍持銃背負方席揷
伴吹囉叭行伍隊長一人但以口揮坐作進退衆軍一時應

謂無一尾差錯甚〻青且整無金鼓旗幟方色之別只以一囉
叭用於傳中〻。馬兵載車〻大安鼓作陣布陣即放四五次後還撤
(本鎭陸軍〻五千名〻騎兵四百名砲甲兵五百名云〻)
鼓輪興大安鼓載馬疾走以為追逐決勝負之狀陣名蝴蝶〻
歸路性府社〻天滿宮即日本忠臣菅丞相進道廟有
朝鮮翰林金 縉書楹風二字懸板金縉未知何代之人
也〻協同社長高須逢三〻住友吉左衛門(安寧丸船主)兩人
邀諸朝士及隨員于楚國神社(石虹門金岸縣板)內自由亭〻
樹極奢二層屋上掛金燈(每以水晶珠燃以白玉類)三個設夜宴十二次進酒饌
三次作樂二女唱協律初次奏日本樂待鼓一筌篥一雙笛一
雙琵琴一缸一圓三弦琴一雙(琵琶)木板一〻再次奏支那樂清雅且閑
〻三次畏奏日本罷宴(曲名羽衣)歸路東葉再湖係雨上月白雨虎
燈影照水萬〻樓基與月色共徹紅于水面之一夜日本可觀也

二十日辛亥晴 熱已正 偕諸伴乘人力車直到于前到鐵道局(大坂) 午正
輪車先送上野敬助及通事金福奎領率諸具 ○ 聞自砲兵工廠所觀
所傳則竪大鐵柱上下有輪 上掛鐵連環 下懸大鐵 咒左旋受
鐵水右旋注範土 百工執役 或治輪軸 或造大砲卵 或穿眼納
丸 皆藉輪力 不勞而功倍 一大輪出天下無難事也 (本廠長大坂府御用掛吉野喜馬納刺也)
入中學校 校長折田彦市 適往東京 副校長小川銕吉獻名帖
後筆談 諸生徒各因事敵四五知甚款
所謂理學者 以瑠璃畵盛水 列置卓上 以水注于空畵有三之
變爲各色 或烟焰起畵中 又以花卉葉及虫蛙之屬 搭取小許
蛙則屠取點血置琉璃瓦上 以顯微鏡照之 逐類見其
本形 如是左道幻術 烏可謂理學也哉
兵庫縣令森岡昌淳 無往觀人耳

未正初乘汽車連十餘屋房向西京所過地名不能記過一大
川橋左山右野路傍有練苧本又過大川橋逢來汽小憩又過一
橋抵雷信分局小住逢來車又行山勢秀麗村樣饒足比
〻連屬左右竹林松樹不知幾里田有紅花草〻不知其名又
過一大川橋麥穗向黄秧苗抽青聊度節序無從我之
别也未末抵西京一百三十里鐵道局登複道樓小憩因乘
人力車值負先行至府中十里可量三條石橋南堂島町内田識
次家定舍館上野先臥定所也 趙李閔李四公同館西京即
日皇旧都屋宇宏傑層榭疊墻懸板號燈號不可勝記
民物豊殷盛衢道正〻方〻一條二條三條各有區別大路傍
左右皆立燈臺每五步一燈夜如晝矣各國奇貨淩聚以勝於
大板冉構之所會也車轂擊人肩磨終夜不絶車轂之聲

趙朴池姜嚴五公處(下)于越島吉田孫吉家 洪魚兩公
下處于下京六組中島町吉川吉次郎家 西京府知事 北垣國道 治之
二十一日壬子晴 往博覽會 西往小廳 列各國所産物種中
西洋綿樹登盆 形如我國枸芑子樹 又作一閣 閣內模成各國
㨦形 畵以綵色 小穴着顯微鏡照之 別無神奇 屢屢奇怪珎
寶之物 堆成一區 眩人耳目 一卓上設置琉璃函 函中置水晶
珠一顆 大如地球儀形 價(平壤)三千五百圓云 以我國計錢 洽過万
兩 又到一處 設朝鮮物産 明紬 北道北布 羅尾扇 白鞋 白笠
大氅衣 小氅衣 白木青裳 行纏 吐手 端川青玉草盒 草
鞋等件也 遍觀一會 該會社頭取下村正太郎 副幹事
池田八郎兵衛 轉到御池 池上亭小憩飲茶 亭之左右傍蓮
如海 或聞鳥聲 又有(聽)傳鈴 又到一場 二猿之戲 一雙孔雀 鐵絲

置之更臨池亭墅午飯而向北門轉至一里許即日皇舊居宮址左右殿宇之軒敞道路樹林之排布可想其規模之宏且奢也抵織錦所小林綾造家家主開示備織西片一冊子皆是日皇之所用也。次織錦一機六人。一人坐于機上執絲領緞絡二人各踞于機左右以絲引絲文者잉아之下上二人坐于機初(并踞)頭擲梭織成一人立于機後。合一機六人一日幾織三尺云又往佐木貞英家(此亦織錦)小憩飲茶仍往永鴻家觀羽緞之織廣可三尺餘兩人并坐擲梭經以金絲緯以銅絲畢成後拔銅絲而叉之云又往萬年山下相國寺(僧號石)而四百年前大將足利義滿之創建也堂宇宏壯左右竹樹蒼密佛以金像而有禪宗其宗天台宗律宗皆是皇子皇弟之出家者故有妻學教法禪宗之徒尚在云云仍到牧畜場中有堂牧養人居之左右設牛圈四十餘間每間限一牛皆是雌牛頗多米英兩國之產長角大

乳捻不穿鼻只以索係兩角係于柱牧人七名喂養之法與我
俗無異、方今劍置於未槃等云 又往下京區錦夫山三
條白川橋東小林宗蒲家即陶器所也模範造化殆若
我俗但甚塗腹之妙不得聞也歸舍
二十二日癸丑陰晚微雨夕又雨達夜午飯後諸公往女紅場教學
校而余未能往但以所聞記之○上京區女學校即女紅
場也而女禮廳設一卓々上進茶々罷爲與吃押籌教場則
青娥妝大展畫本設畫彩具籌花卉物像皆是媚手妙
入神而有男師一人教之○繭絲教場十餘女人作隊各設織
幅絲絹做畫本刺花繡○一處有妝十女娥鮮設高下看
執刀剪製女傳一卷以次讀之聞未未解其音也○一處亦鮮
設妝十有讀習英書所謂師授一人受講於地球捉地

名同之節々指應一々無差錯之一處男師人教女徒洋字習之々一處兼設針具製成衣服又有洋服製作之一處有機織其設機異似我製而但左右脚板足多捷於又有假織焉一人務絲一人織之而成文正可觀也々一處有讀國史異物理朱書又有吳學爲凡學徒三百五十餘人每夜百人式輪宿而雖士族之女亦皆居校云自此過京都盲啞院無論男女皆有事業男則治鍼治木女則刺繡理絲此啞者之學也又有瘖習五十音手勢捷法及五十字形手勢法與西洋也手算也發音起源也(有西洋笑之貌)瘖字也此是男女啞之所習也有陽刻地圖板分青紅表地幅々上揷以大小錫釘表山之大小手摩而驗之又刻地球儀及甲字與數字以示之有方向識覺鍊習嵩木釘四柳嵩中以鐵條回環丁頭爲之或誦萬國

史略或應許而打算或習字或徒倘此是盲者之所習而
又四五童盲學九九法以指應人置算亦無差誤其熟可
知也轉往西本願寺入三重門之廣為八間直入梵宮則容屋棟
宇塗以黃金百脫奪目間數為三千五百餘間僧徒為六百餘
名寺宇之宏傑林石之盛高不可盡記中有十勝曰青蓮榭蓮
篤拾艷雪林嘯月披踏花塢飛雲閣醒眼泉滄浪池龍
脊橋蝴蝶亭也此寺之創六百年于茲而親上人為佛德
太子自百濟始通佛法枝別宗一處而寺之額以見真宗
是日皇親筆也又一處之阿彌陀佛其屏帳燈燭玉儲金粧
而僧徒中有一僧號曰連城赤松頗善筆談略聞寺規也
又轉到大坂驛吉田銅鑄所鑄出模範頗多刻畫是
宮用寺具而鳥銅一壺價為七千圓云云

午飯後与石南東山平通事金福奎往于東華頂山大谷寺
知恩院二層三門高四五十丈廣可六間層々石階上一矢塲
有梵宮一當十間庭有蕉葉樣水桶大如半間盛左右松竹之蒔
蒼前後石池花卉之奇異亦可一々彈記百餘間宮宇凡三
處皆有複道最後梵宮一間設金佛列華梱卓上靈位以
備徵方席光輝照目右丞相之影幀儀仁親王書額子掛
壁上僧大教正農鶴徹定又有一僧年十七名小住唱吉頗
作人甚妙且佳備也遍覽後又往一寺亦二規模似大谷寺
洋人男女及日本人雜於佛前紛々往來小無厭倦也歸路
路傍有五層閣問之則是洋人所建而高可百餘丈也
逢徵雨至更大谷寺寬永十三年德川第二代秀忠公再興云
耳

二十三日甲寅晴。終日不出門 岡崎林三 小林莆一來見 以諸公往水輪處之所傳略記
之。上京道南三十里過宇治川，着月橋於紀伊郡伏見道，即水
輪制作之所，而設庫則明石博爲也。引江水入塢，成溝渠，而
丈餘，其上設木輪入水底，爲尺餘溝，傍以鐵橫架三度，導水
越架，水自有力而觸輪，輪自運回，因輪而設械造物，如大輪之帶，
但甚貞功則小庭也。仍往數里許，宇治甫蜀前屋，爲碧樓，江
橋之景，園林之趣，頗有可觀，而額以合救亭三字，此是清
人陳福泉之筆也。小頃進午飯，鯛魚也 而道味 萬葉亦如味也
樓東小院有板上詩曰：水國炎凉過二毛，浪華烟柳保帆高，
禪樓前後岸綠縟 芳草 難怨上保艳，此是我國人南部
洞之所詠也。仍往數里許黃檗山萬福寺，寺宇極精潔，
僧徒爲六十人，而寺建爲二百十年云。地名山城國宇治郡。

二十四日乙卯晴朝飯後東行具一行乘人力車至西京鐵道局會所巳正諸令公乘大輪車以琵琶湖三十里遊覽之行隨員以下乘火輪車至大坂自大坂至神戶港二百五十里時未初也至下處安藤屋主人有酒還了乞過午飯仍眠不勝困憊臥之黃昏時諸令公自琵琶湖以大輪車到下處 自西京至神戶之間山川村閭路程之景光在輪屋電過之際一不記之而傳車所九站也

二十五日丙辰陰西京府屬官田原事以西京府委來下處帶同以昨日琵琶湖所觀所聞畧錄之 自西京鐵道局廿四日巳正乘大輪車行三十里到大津此往琵琶湖湖之形類琵琶故仍名焉周七百里東西八十里南北一百八十里西有比叡山東接近江州界有一峰出沒隱見居人指為三神山云未知秦漢時方士之類或至此山未返而然耶抑或風輒引舟不得止歟漁筒釣船遍滿湖心往往汽船去來環湖人家為三千五百戶云觀三井寺寺基陟絕後背比叡山俯臨人家遠近吞山光湖

色寺中第一勝處有記念碑高四五十丈隆盛乩記其事
蹟者也還至湖邊寒店地方屬滋賀縣知縣遣屬官大
書記河田景福伴一行午飯飯店至鐵道舘乘輪車未刻
度虛道三里許昏黑遂燈是登山間道處也云
衣籠行具先付於社寮丸船送于橫濱
二十六日丁巳雨主念與隣山同往海關而知縣與諸朝士餞
夕飯酉正舍還下處戌正冒雨乘人力車至埠頭乘艀舟
上飛脚船 廣東丸 定下處於下間夜深雨注不能察船樣之
如何丑正東向行船
二十七日戊午晴朝遍觀船上則船之長六十間廣八間高四
層朝鮮日本大淸西洋 米利 英利 各國人同騎合四百八人船稅
二千人黑牝牛四匹白羊一百三十餘首白猪二首鵝猫犬鬼屬者

養有年而長英國人最嫺於水術故日人雇而任之云有南
印度六人立於舟中觀其顏面全黑手亦黑全身似墨色耳
目口鼻異於人也洋女清女亦同乃於舟間以午飯後出太平
洋無風浪靜穩渡甚幸並以不知行幾里也
二十一日己未晨朝過伊豆那朝飯後過相模國有燈臺海
中有石堆標以淺不得行船以橫須賀有燈臺又有海標
望見富士山正留礎於武藏那神奈川橫濱港自神
戶港至橫濱港為一千八百里云橫濱即日本之第一港也
左右山勢廣遠環包只開南面東北西三面如凹形甚廣
入其港也佛蘭西之軍艦亞米利英國之商舶輪艦
湊集於港口不計其數十一行中國華葉再不埠頭有燈臺 三主山中傳次郎
垂入海面至百餘旅店以進午飯人物之繁盛市屋之羅
列佳於神戶也縣令野村靖適去東京屬官李文靜書

送名帖於兩處。至停車場申初諸公乘人力車隨之下步行
至橫濱鐵道待合所。乘火輪車發行。輪車連十三座上
中下等矣。自初站小住至再站小住即行過鐵橋長可數 有或乘或下人故也 三 一橋 沃 8
百步。左右平遠以野前後相屬之人家可謂好山水也。至
三站小住即行過石虹門右邊爲大洋海中有圓島似有
陳陳處矣。以黑木柵建植於鐵道右邊而右邊又有引
海如濠之莊邊即人家也。鐵道由中而行數里即平陸
也。申正抵東京鐵道(家族)待合所爲九十里云。歇脚於待底
所樓閣。大倉喜八郎(大倉組社長)送名帖。即乘人力車到五里假
量市屋間於外務省。公廨(芝公園)兩所分定舍館(芝公園[illegible]海軍省而自分[illegible]按擇者也)主人一
齋琴而同處。其餘諸公同處一所。李孫使各足美(堂[illegible]郎家)
夕飯後大倉組商會(副長高橋平格)郎東京人姓石山(浩然齋云)送酒來閣於十二行出

二十九日庚申陰 留東京 不出門外

三十日辛酉晴 留東京 不出門外 朝鮮語學周〻來謁諸公

五月小

初一日壬戌晴 留東京 與水野誠一接話 元老院書記官宮本小一來見諸公 社寮光和便卜物入來

初二日癸亥晴 留東京 夕飯後與養齋南廬 孫鵬九 往一緱地

萬宮寺前左右樹木着池精潔墻屋則或竹柵木柵寺宇則塗以金色傍有一御料理 賣酒食家 又有竿上〻置一生猿以鐵鎖項任其上下與西京博覽會所觀〻異也 又上一層石階則樹陰〻翳一廣場左右或植花竹東陸海龜眼界頗闊 仍爲下來路傍有一花草屋入而玩之則各色花卉〻奇異之種 松竹 登盆區〻列置不可以一〻詳玩 故暫爲閑晩歇脚於主婆〻進桶道茶果 此是以花草生梗者也 乘昏歸寓館 夜金〻模來謁諸〻公

初三日甲子午雨外務省書記官宮本小一來見諸公主令往
孔廟及博覽會冒雨而還館
初四日乙丑晴午后兩主令與洪魚閔趙四公往。清國領事館 外務省 大輔上野景範 小輔芳川顯正 書記官宮本小一
大藏省 卿正四位三等佐野常民 小輔吉原重俊 正五位 大書記官石丸安世 小書記官佐伯惟馨 關稅局 長蜂須賀茂韶 大書記官有島武 申時
還下處午後與咸希孝柳硏士正秀李白福同往病院則主醫
出他酬接人大橋採吉迎接于迎客屋接話後至一處數十間房
屋向之病人治療皆是頭瘇骨瘡之類又往一處數十間房屋
女人治病處也有癲瘇也一房女人臥床剖右乳方治料使人指
瓶出來剖乳封藏於琉璃酒瓶今時剖棘血痕濃於瓶中慘愕了
問其所由答云乳岩而岩不剖乳致治難保元命云又有二三架
見縫缺處付第又往一層樓則人之全體骸骨懸於架下且卑
上列置琉璃瓶三合瓶中盛酒置孕胎之一二朔至六七朔之腹

中見及胎孫如今新滅無色方濃又生一盧層閣內各種嵩書
之具又生一處樓下設大卓床披閱木函(自函中出擬)列以數三木匏形如女
人之下腹樣匏中置男女交躬後乃胎之形自一月至十月之
法歷歷造成者有次第蓋大小匏之別而以此點知産母之
病根云日力不足東(不於還航)留後期歸館館舍即海軍省所屬公廨
也嬉其公廨夕飯後移所於十餘里神田區淡路町(亭)二目町武
藏屋(今井兵衛家)與閔公趙公共留
初五日丙寅晴主令與閔趙兩公往閱夜局與宮本小一有問
答外務省諸學生往(鹽川一太郎 國分象太郎 長崎人)來謁午後有所於書
與俞矽士質煥朴晦植章直事李長晦通往書林數十處未
渴而歸歸路晉趙參判下處而未夜深無兩公訪于三公下處
初六日(丁卯)或晴或陰朝與俞友朴晦植李昌會往于書林未衣而歸
歸下處嬉其旅店之後宿東移于駿河臺南甲賀町奧野

政德家 食主人 近作次郎午飯後又往書林歸路入朴參判
嚴〻沈〻下處值其出入未相面還
初七日戊辰晴[illegible]出門外主令與滿山房惠兩公往開稅局
與局長有問答午後大清領事官欽差大臣河如璋進下處
留名帖
初八日己巳晴朝往武藏屋書林持贈一書編於屋主
此是再昨朝初往時欣接進茶果故也主令與諸公往
外務卿井上馨私第 有問答
初九日庚午晴晡陰朝飯後往書林午後往沈朴兩公下
處閔趙兩公下處嚴公下處適與值寫完未拜大清領
事參贊官黃遵憲來下處留名帖而去主令與諸公
洪漢大倉組邀會所余亦往參只以所聞略記焉

歷路玩製衣皮塲主者依田也播磨守上類處閣設火
輪列木函和以椽皮水閉牛皮出付水械懸之次轉輪平
之後乾而正之又入輪械擣之後以油塗之更鍊其皮之和
柔々所底皮々鍊也又陞一徑坭墨川町即大倉組之別莊花
園也亭榭與花卉類甚且佳矣主者退而迎接前導而稱
省庭員東西各知事祝闗長牧十人高會成島柳北福地
源一郎、安木小一、大野誠、大鳥圭介、浅淳榮一、岸田吟香、依
田学海、房邑塞、松田道之、播安房、楠本正隆、治同守一、
鈴木惠淳、三野村利助、西鄉從道隆盛之弟、蜂須賀茂韶、大
山巖、山田治右房、井上石三、若干人餞所謂才子也小馬肩
四女兒侍而坐保衣備裙容貌並嚴一則花濱年至三十
以書畫名於東京一則太政大臣三條實美之女三條智惠子
號花提年八歲一則山内八重子號旭花年十二一則八娘小

小桃子號花洲年十二岡晃重臣之女也皆入女學校習工女師花溪亭來玩賞朴陸化禮美人以一輕雪綿紙描抹而畢前進花提寫蜀葵花寫蓮花洲寫梅花溪寫叢竹且各書枉聯一幅手法精妙尤爲過人夕作名士茶席散

初十日辛未自曉雨至夕有郵便和釜山港之投式書付於貞岡而無付鄕書夕飯後與春亭翁及嚴日集者五人將往旭樓朴台沈令不之看大浴室沐浴之室之廣可設十間備男女之浴所不過一步之地裸體相望男女小無爲愧男子裸身者先行於女浴所以手摩女身洗浴後各受價貰錢於沐浴之男女[illegible]大抵日人之好沐浴自古成俗久矣

十一日壬申雨

十二日癸酉晴午後與春亭翁省春將同往書林歷閱而歸

之主令往國稅局與局總長宦里田隆郡人丙子來江家太政來議

寺島宗則家而還舍
十三日甲戌午後微雨暫往書林回路訪嚴令朴台沈令
下處而還 山王令往工部省請會之席薄暮還舍
十四日乙亥雨朝往趙台下處見水野誠一而來 山王令往博
覽會日皇以博覽會技藝之精且巧者閱覽後頒賞事
是日出宮甚備威儀各國領事官亦參焉
十五日丙子晴朝與農局伴往洪直閣魚校理下處及趙
參判下處歸路又往書林而來 大清語學生山田萬里與
柳重昌二人來訪請余作詩故拈措二絶書贈曰東京五月停催
時遊覽處處歸路過過而各國咸輸物色色形形佶且奇 天
日書林(賣各書冊之市廛也)說是坐移時勸進草茶日正厘東京近日維新
設英國學來萃萃奇

十六日丁丑陰 午後與嚴司果伴往吾令下處適值駕出來
羽而歸路與養齋及崔五衛將嚴司果作伴往閱市街數十處
而入御料理懸布板之書家則左右有蓮池池有噴水甚一則四
行直向空灑下一則一行直向空噴灑多奇花內有數十間板屋而
設置人之席設酒茶盤小娥置於壺酒生鹿肉如我國之色酒
家也夕飯後往閱趙兩君下處又與養齋嚴司果俞進士
崔五衛將李部將李碩士尚在王府奉偕往于吾里許上野
池端(地名)觀埋火燈戲有大蓮池周回可量爲五里池邊兩傍
柳比有層樓樓上下系懸五色燈燭相映於池中上下通紅
池中有石橋橋邊中央橋下左右連艇艇上埋葉埋火始
發之際有盤龍紙細之像直向空中拔百丈後形形變化不可
量也有五色火亂星飄揚散髮髮各戲火也往一處賣氷

厘法二百米水甚清冽也觀畢乘人力車至旭樓浴温泉
沐而歸舍大阪此大戲同年設行而自政府資合與後
設行一晝夜費火之財想不貲矣
十七日戊寅晴
十八日己卯晴申後金正模來訪同是故國之人甚是相情
聞入此後以病喫苦之隱說到處流見者惻其為乃情
情之所同敘因宿。米國船呈書契事自清國即向朝鮮云云
十九日庚辰晴熱與外務七等屬五代長仲接話
二十日辛巳陰 鳥妻橋戶部郎前（地名）海軍端艇競漕會
（錬習水操）太政府三大臣三條實美熾仁親王岩倉具視及各將官齊
會請我翔士以觀水戰軍兵之嫺熟技主令且視畧記其艇
艦之節次如左
第初回 競漕艇組合

順番	梃數	青旗	黄旗	赤旗	白旗
一番	七挺	迅鯨艦	扶桑艦	第二水兵分营	
二番	七挺	春日艦	金剛艦	日進艦	
三番	七挺	東艦	第一水兵分营	清輝艦	
四番	十挺	水兵分营	淺間艦	金剛艦	
五番	十二挺	肇敏艦	第二筑波艦	第二水兵本营	乾行艦
六番	六挺	富士山艦	日進艦	淺間艦	第二丁卯艦
七番	六挺	扶桑艦	乾行艦	金剛艦	天城艦
八番	十二挺	第一筑波艦	第一水兵本营	第一富士山艦	
九番	十四挺	第一淺間艦	東海鎮守府	扶桑艦	第二淺間艦
十番	十挺	摂津艦	東艦	鳳翔艦	
十一番	十二挺	迅鯨艦	第二富士山艦	扶桑艦	
十二番	十挺	水兵本营	天城艦	千代田艦	

十三番 十挺 第一比叡艦 鳳翔艦 孟春艦 摂津艦
十四番 六挺 第一比叡艦 肇敏艦 春日艦 清輝艦
番外クノラ艇ノ競漕アリ
明治十四年六月十六日 海軍端艇競漕會
十五番 六挺 蒼龍丸 摂津艦 清輝艦
我競漕畢テ后英國商艇競漕會社ノ端艇ヲ以テ一回
競漕ヲ試
但シ該社ノ端艇ハ我軍艦ノ端艇ト其製造ヲ異ニスルヲ以テ其
速カ天庭シ
往閲趙西令下處。大清副公使張思桂来私處而主令
篤他故自門外留名帖而還。[8]午後與俞箕煥閔載學步
往二里許女子師範學校至門內有守監廳直來說〻由該
廳人即往于內少焉出來前導隨入迎客所女生交侍有二人
通刺一則美川太郎一則三守守皆本校〻員云且以時
刻已過女子學徒退去 定時刻来學定時刻退去 別無可觀之事我曰館

無女徒之可觀歟覽數三處學藝之所如係即為所尊至
一處ゝ房可數十間滿列坐床有二小女踞床方畫花草手法
頗妙又往一處有各色機械用於化學之術云兩頭驗溫之器以
琉璃造烟竹形兩頭皆如烟竹桶ゝ中盛燒酒以手執一頭桶則桶水
之酒即去于越頭桶湯ゝ如沸甚怪ゝ又往一處懸人全體骸骨
又懸馬之骨又往一處飛禽走獸如生形以璃設為架又以琉璃
瓶中盛酒沈各色海魚及昆虫蛇蝎不知名之魚死如生物也又
往一處軒可數十間有一卓琴其形不可量當中又有一卓子上
置父子有親君臣有義夫婦有別長幼有序朋友有信之一大
紙書此五倫字使學徒習此五倫時鼓琴而和之云ゝ齊
畢也觀畢出來歸路不過一綫地又有東京師範學校校
直門內守監廳問之則男子師範學校云故即為歷覽
次直刺矣少焉自內有人出來旅店等至直處所坐之文
何有二人出來直刺一則名見師之都一則興津長民皆本

校之官員也二人而尊主一處層閣向可三十餘間四行設坐
卓床百餘坐皆學徒坐而學習之所也正北一層床設方
席此是教師之所也掛二人畫一則笑像一則愁容流淚十分惟似
也又往一處生徒數十人各坐文椅或看書日書或寫字日字至一層
閣七八間即書積之庫漢文及日本書冊也又往一處動植
部飛禽中白露國鷄與帽虫甚異也又往一處閣數十
間此是戲筑之所也生徒追後來集故請於興津長
同觀筑戲即使教師一人行法生徒數十人即援甚帶
於其師手持筑轉身口呼一無參差應諾如流而又有秋
韆者故問其所用答以養生攝體之事也覽畢還歸之
路問學徒之數本校之學徒三百七十八人學校長高嶺秀一人
使教師十七人也
二十日壬午陰雨 金正植又來同宿○主倭之隣房出入居者

之家自長崎港來留清水一豪年十七頗解文字與其同
鄉人木村保忠年十九者來于吾所筆談
二十二日癸未雨
二十三日甲申晴朝飯後陸閔趙兩令下處又往朴參判
嚴令沈令下處作別拜辭午後一行乘人力車至東京
新橋鐵道局歷路主令與嚴寅國性閔趙兩令下處
又訪洪令兩令下處作別即到鐵道局待令所未正
乘火輪車連屋十五座登上等屋一行五人傳語官上
野敬助合六人輪車費三円 自東京至橫濱 輪車屋中與日人
東京府小篔一郎 仕于橫濱屬官 接話所經路左右平遠之野
稼穡方午黑稷白脚畦步種之法與我國無異但
駕馬以耕盖初見也此處罕其喂牛推可知也而否
項雜卜日用之物皆人力車故罕其牛也未末至橫濱

鐵道局待合所(大倉組)小憩 即乘人力車至二里許 稱天町內山
先三屋(東京高橋平格之友居也) 暫憩後定旅館於稱天町二丁
目西村新七屋 層閣三處(三房)各定處所○與伊予國(日本地名)居兒玉
朝次郎○郡馬縣(年卄九)邑樂郡(地名)館林町居林友紀(年四十)山野井
兵吉(年二十一)皆以商業來住於橫濱港 接話同住旅店故也
二十四日乙酉雨 與同店留辰吉村恕介接話 渠以山陽道長
門國(地名)人方旅宦於神奈縣(丙)地方官云 似是屬官也○主
令與宸齋往于稅關 清國公事官 (稅關長 大野盛亨 清領事官 范錫朋)
二十五日(丙戌)晴 午後兒玉相次郎來訪 筆談 雖少多筆
而盡日筆話○主令往稅關 尾星現於極星界
二十六日丁亥晴 朝飯後 神奈川縣六等屬官中內光直來
于吉村恕介房 故接話 而故鄉土佐國 而從宦于此港 居住於
野毛浦二丁目四十八番地官舍云 申後往森藤成旨於弁

天通六丁目百九番地細井久次郎家今月自東京出來定下處於此家與安
俞两友穩敘數日之阻心之喜悅悅如數月之阻實是
異域之故也又與今井二兵衛接話此是趙令之東京主
人而即吾之所食主人也渠家未見今於積濃見之也
大隈領事官范錫朋來訪主令、陪敍回
二十七日戊子晴 趙令來于下處與主令同往敍回午後棋제
津神戶쥬고우메居和久山盤尾와가야마와유오來于下處穩話畢以遊賣次往箱館
地而歷入拜謁耳｜夜有賣閣之聲｜故問其何閣夜深行
賣手婆人曰一則按摩賣之聲按摩即以手遍摩一身
使四支柔快者也一聲即賣色聲賣女色故臨夜遍行
道衢而按摩法瞽女多學生涯之耳
二十八日己丑晴熱申時与農商同伴又與上野及見玉偕往
西二里許伊勢山即一小邱上有神官又立巡查招魂碑轉玩

左右有賣茶菓假家高可四五丈登臨歇脚主人進茶果
床置遠視鏡使遊賞人爲其觀也俯瞰橫濱全幅東西
一面大洋海上再揖來往之船時景爲四野之傍柳頭花
小娥雙雙倩交倩上於客廳上設酒果蓋以是我國之邑
酒家也 夕飯後與東京居春原雄治郞 接話 畢以內務省
書記官將性野蒜地而此港乘船渡去彼至此後時筆談往
付臣麥酒一瓶字是非意之物投鼓於却之終不肯去此亦異
事也
二十九日庚寅陰微灑已初與主令趙令袁西安友捏
亭俞友汕偕往二維地海關之宇建以洋制三層
數十丈百餘間甚宏闊上中下三層海關之員皮屬
官各定處所一一不可盡記暫着諸國貨之矢備記

録三法則目録課翻譯課檢查課檢事課收税
課倉庫課三井銀行出張所等而皆是服慣
手熟漢文洋書日字無不能書甚捷利也至待
合所上層設交椅小憩俄而副同長嵩算原情
風出來傳夜同長本野盛亨有故不得仕進之意
同坐交椅與而今寒暄後我又與傳聊接話年
可三十餘為人甚伶慧也而已入去於午飯於待合
樓吉田時使主人午飯筆佳於海同待合所與檢查課高橋端七傳刺接話
又與坂原勇太郎接話年十六甚美妙此是雇賃者也大
清人多留交貨與柳雲從方榮生接話而人皆廣東
省而柳則香山之人也方則東莞之人而以商業留此港十
年云云未刻還舍館

六月

初一日辛卯曉雨晩陰主令性淸領事館口獨留旅食有三
人訪余接話高津雄介楠崎景佑湯淺英次皆居山口
縣長門國萩而高津與楠崎則靜岡縣檢事官湯淺
則神奈川縣警察官云而將向靜岡之路入此展聞朝
鮮遊覽朝士之到此來拜云耳

初二日壬辰陰雨巳刻與主令趙令性海關暫觀輸入
物品之船長與貨主之呈文牒于稅關諸課之儀式而與
收稅課長菊名隆之接話又與村小三郎接話申刻還
旅館之際又與津川良藏傳刺接話冒雨而還

初三日癸巳雨午晴又陰隨性海關觀輸出物品之呈單儀式
且觀補衡之樣與改品所課官員杉浦爲篤根來亭

傳刺接訪申刻還旅舍上野往東京
初四日甲午晴申後暫往閱覽街衢磁児與低屢歸路暫
入道今下處見女人書筆之法頗妙書女名玉英也即還旅
舍夜歸往東城移的柏歷舍層暑眼鏡而入又往故鄉而
覺吾身在異域心與夢俱甚速速往來也可怪可怪上野寓自東京
初五日乙未晴隨往海關觀借庫輸出輸入之儀式次
序至陳品所見各國之着品物種種重丹絨綢英吉利之
所製緣與毛交織者也時訪瑞西國之所產也申刻還
舍閱今自東京新此西高手紙與尹致昊之自東京也
未禮阻之悔握手叙話甚心心慰在於我國則想不
及今日之確也在於異域相欣相慰此常情也朝協同長
社高須謙三訪于旅處故問其所由則今日朝鮮公使

花房義質將所從德延府次自東京來訪于此處間候於
公云云而已更問於上野則花房公使業已入此處整理而寓
東京渠亦未知未見公使云耳
初六日丙申雨甲後晴夕飯後與主店主往入浴湯湯有男
女湯間板壁為限男女始十人垂為沐浴〻〻之價自一錢至四十
錢書於藏草門扁樓上設茶盤而小娘追客突進茶與
烟草又有茶而沐浴後與主店喜慕一場而歸雲夜已
二更也
初七日丁酉朝微雨夜有一玉良〻遊日本至一更〻通街有日人
頗
之輩相撲揮之不去一人舉其脚而能言我國之語故畫出以做
輩四朝鮮人把越而來玉南則渠輩中有老嫗大言爭為是
非至於巡查相詰而自大藏省有牌捧我推嫗之境及其就

沙嶋也令譯二屋出來一則更之姓名限年而一則老娼之牌
相爲爭殺爲論故拔劍斬老娼除老娼亡死私臥腹白淋
漓大罵而覺及兩林一處來皆伏此故茲係之於日錄也
巳時隨往海關閔李趙三令伴行見積匠儀式艦移儀
式與諸務課員都筑邦義傳刺接話獨往改品所與
檢査課員古川啟傳刺接話申刻還旅舍有間日人林
又六爲名人來訪主令請謁故亦傳刺相接而渠今大淸
領事館理事譯署譯員云而年今三十二頗解文談曾前
往駐大淸故今爲淸譯兔耳
初八日戊戌陰雨午晴且風日本曜日即各官府休公事之
日而七日一回云今日即曜日也不往海關申時金石樸自東
京出來暫訪即往趙令所處淸領事理事署譯員

更爲來訪接話夕飯后往趙令閔令下處夜深還房
初九日己亥或晴或陰朝金右稷來別還歸東萊巳刻與閔
趙兩令往海關觀出港節次後往埠頭舟以塊石廣三間長
可三維地標琉璃燈木栽於三處又置巡檢廳三所又泊艇所
三處有棧板欄欄瓦轎乃之物在此棧板轎乃石岩邊此棧在他
處下陸則并懲罰金房公云與天書課丸毛利恒監視課中
村庫輔改正科屆村浦藏大傳刺接話申刻還舍館小
憩後往趙令閔令下處雨冒昏還舍
初十日庚子曉雨朝陰巳時隨往海關申刻與改正科屆
人根來亨石附德涛同歸舘䮠筆談移時還去甚云
從兄弟也
十一日辛丑朝雨稍霽申後止申後郡馬縣居林友紀山野井同
作故出行今又來此居持錫萬主簿來訪主令往海關

冒雨還舍
十二日壬寅乍雨乍陰又寒又雨朝往趙參閣令下處翔
飯后日人林友紀山野井(人所雨)來晤別後相思無如出本
寫真(西獻)有時聞見而同去寫真之意屢屢故不獲已
與養齋共往寫真家與林友紀山野井及吾二人并也
一琉璃共五面本寫真之器械更構上置一大懸微鏡様
如千里鏡制度望見即時典形粘出於琉璃片更為以
油用色將於三日後準成云寫真師即櫻田也冒雨
還旅舍○主令赴祇園長請筵清談畢僕理事畢
譯員林又六來訪筆談而去
十三日癸卯晴隨往祇園又往改品所與冨田(本課官員)筆談遍
覽上埠頭三菱社艦往來處申時歸旅舍上野有渠

之舊往東京尹碩士致昊俾往東京○主令往觀厓
斯局即煤氣之所也乘暮還寫煤氣之淵周回三十六步有
担氣囊烟篩烟之器云
十四日甲辰晴熱朝飯後往趙處下處○郡馬縣辰林
友紀出寫真來呈子告別故構一絶以贈與君
曾不約邂逅此樓瀆一句同一底筆話自相
親
十五日乙巳晴午後與主令偕往大清領事官處所與領事
范錫朋偕刺寒暄延接所之各項排布交椅十二各覆緞
褥左右分置卓上排一盃人額卓上右置千桃三介覧左置佛
手柑三介覧又卓之左右下傍立白鵲形燭臺又立青怪三燭

床又懸五色煤燈琉璃燈望金燈不可一二盡記懸板書排
出義忠公四字而此是大清國人請于李鴻章〻〻奏皇帝
許允設大清國人之會社於橫濱港耳左有神屋此亦大
清國會社之神宮也申後還旅舍層屋老村照介以日本
一盒來呈告欲亦未知何義三町接然多日同處之誼渠
以表情云故不得已受之耳
十六日丙午陰朝飯後往閔趙兩令下處萬至留還
東京作別上野還自東京夕後與日人林友紀往淺路一屋後訪陰於吉田橋觀夜景百貨開屋燈燭羅立人肩摩車轂擊可謂人海也夜勝於晝眞二盃永水
十七日丁未晴往祝閔午刻還旅舍
十八日戊申微雨傳語官武田來謁曰今日洪承肖與校理李
水使金庸元自東京來此橫濱港將往橫須賀觀海軍港
云與趙令共往橫須賀云耳申初上野往東京祝閔更書

課官貿濱川良藏請余枉駕一遊書之故握筆書贈
又作五絶詩贈神奈川縣在橫濱港也屬官吉村然介詩曰故
國三千里殊邦九十春與君逢此地一見即相親
十九日己酉晴 大倉組主人高橋往釜山港而兒玉朝次郎
亦往釜山云故兒玉便付貞洞大邑宅上書 并付家書於
海南午後東裝至鐵道局與閔令一行同乘火輪車發東
京鐵道局行路左右之平野沃色向黑杞根久矣雨水均
敵可爲有年之兆未知我國亦如是否也乘人力車過路與
主令共訪嚴沈朴三令之下處過刻後還到舊主人駿
河臺南甲賀町負野政德家 趙參判來下處 久後嚴
沈朴三令來下處 姜承旨來下處 咸參奉嚴司果亦來下處
也上野來傷

二十日庚戌晴趁中野來謁午刻主令與諸公往造幣局視造紙
又赴國立銀行此即放債之所而自國家所立故謂之國立也之邀余朝士之宴夜深還
寫銀行局長人澁澤榮一云耳
二十一日辛亥晴朝往沈令下處乾淨條約數叅草件
還旅舍夕飯後王參奉來訪乙平通事林基弘訪來
野誠一主家樣往于趙參判下處與李參奉鳳植
碩士相直握叙見中野及武田夜也故不往水野家即
還之路訪入閔令下處座閑後還旅舍
二十二日壬子晴朝往嚴朴沈三令下處趙令自橫濱來于東京訪入私寓
二十三日癸丑陰薰微濛往沈令下處。於嚴令處與松平康
國鞍懸勇傳刺接話主令往見花房義質云云朝鮮人鄭重羽平通事金來話以海關事未留長崎而信使金弘集待朗也之送來月中旬發程云云又李健鎬鄭秉夏二人以買機械事來留大阪云
二十四日甲寅陰且微濛朝往趙令下處歸路歷入洪直閣

魚校理下處(聞前後寓此近)朝飯后往沈承旨下處。今日即季叔
母忌辰也。遙想故千里外，心甚悵悒也。
二十五日乙卯晴。午時往沈令下處。今日亦季叔母忌日也。遠
至我國之境，心與神馳，不能禁鬱鬱之懷也。○日人松平康國
藉懸勇來訪。過刻筆談。因嚴令處書中得聞東齋所以
日人為兵師，且定處所於洗劍亭之處，使習操練我軍兵
新選着陸兵軍服云。○講修官尹成鎮為之，信使金弘
集為之。西海伯姜蘭馨，李述甫廷益為之。○四月李萬遜以上疏
事，至於推鞫，韓敬源以構李萬遜上疏云耳。
二十六日丙辰晴。往沈令、朴台(魚校理寓下處)嚴令下處。○王令往見稅關。
長崎醫頃來話。○藉懸勇與漢學人前橋義吉來謁筆談。
頗有才藝，年才二十耳。○夜聞令來下處。(夜與俞進士往妲樓浴室沐浴而還，沐價一錢五里)
二十七日丁巳晴。閔碩士載厚、高王一民來訪。武田中野亦來。

閔令在于下處。往沈令下處。鞍點勇 松平康國 前橋
義吉 四人來見 點筆話
二十八日戊午晴。熱。聞昨日宮本小一訪各處而至于嚴朴沈
三令下處而嚴朴沈趙名姜閔五公將以來月旬間還國
之意托于宮本自外務省探知云云矣。閔令在下處
與主人伴往觀閱午刻還寓。往沈令下處與中田武
雄傳刺接話 此人頗有文辭 年二十九 居在東京牛込若城
下町六十三番地。頃來沈令下處 較正條約類纂翻譯
前此謂以訪余爲約而還。申刻果中田武雄訪來余下處
筆話而去。上野自權優入來謁
二十九日己未 朝陰 晝晚晴 中田武雄來于下處 故仍與討論
條約類纂 日本與各國通商時立定條約說則類聚者 翻譯之未詳處。往沈令下

處所而見類纂冊子四卷與武雄竟日評論多仕讓房
舊居者嚴敬啓　家與嚴敬啓攜話此家之女長主三
絃琴十三絃琴清貴而有一女年十歲兒亦解彈琴又解文
字作文字詩名喜登云耳日〻往女學校學習日本書器
云〻○夜嚴令朴令沈令相烈來話處
三十日庚申朝陰與上野及林基弘往訪洞東木山 即修纂
纂潮譯人 家適值仕進只留名帖而還○武雄又來終日較正
類纂

七月

初一日辛酉晴熱朝與春畝往訪書林○武雄又來
較正類纂○宮本小一訪于下處○高主簿與上野
出橫濱○趙書吉借人林鎬吉以備作類纂本事

麥自橫濱入來卽還去往閔公處晤往沈
令朴名不受
初二日壬戌晴孫碩士鵬九尹致昊來訪以上野來橫自
濱往沈令不處
初三日癸亥晴熱往觀市肆中後孫鵬九來訪夕飯
後卽還而聞之則淸公事何如譯曰米國船自上海淸國
向朝鮮英國皇子以遊覽次方來日本而又向朝鮮獨逸人
國率兵艘二十隻將向朝鮮云云耳未可的知其虛
實處也
初四日甲子晴熱武雄請余書扇面故書一絶給之
初五日乙丑晴熱相往閔令不處而適値日皇動駕故與春畝於早都府在三百里外
閔載坤還宅鎬適事林基弘及五六從觀之初次荷物軍兵

數百名出去朝官乘人力車車先詣者亦多騎兵或着甲或持劍矣
齊去兜頭脚白鷺羽持旗又劍者不過百餘人日皇乘雙馬
車車中有參乘一人華生日皇體有豐盈玉面亦豐目有精
彩後有雙馬車車皇后所乘之車也又有侍女雙馬車二隨
後百官並乘馬車外探觀之則無感儀其宮宮精緻
之制也主令往清公使館往書林
初六日丙辰晴熱申刻武雄專送大勢一覽抄錄者乃是十七
國之制度也趙令之通事李章五自橫濱來謁往見閔
令而來夕飯後與主令嚴朴沈及崔高往于洪魚兩令處所
以餞作別之行而閔令趙名亦來在座李壽鳳植係硯之相宜
諸先達直永追送僞亦隨來耳魚令校理隨負金硯
士亮漢接待洪兩公之出他並還作別而還魚陸兩令明
日丑刻作字都宮遊覧陸軍教練之行云耳

初七日丁卯曉雨朝晴晚熱李章五來謁還橫濱夜往池令下處
初八日戊辰雨上野自橫濱入來○主令訪日人中村正直東京之
文雅士也尹致昊往學論語于此人○夜搆五絶書扇面贈主
人之子十歲兒奧野淳三助詩曰情甫聰明質才能吾國書
應識揭名日一家慶有餘
初九日己巳陰或微灑主令往外務省○隣房居嚴存安寶
家淳淳往飲酒又氷水故臨別不可無情故搆五絶以贈詩曰
附驥來日本三朝共醉家相逢又相別船路夕陽斜夜
往朴台池令寓處還
初十日庚午朝雨午陰東行具上野自橫濱入來
十一日辛未晴趙參議下去於橫濱主人○趙所長即往橫濱入來之
訪下處安俞兩友亦隨來共午飯○德國參贊萬道適怱來
于下處與主令及趙令作別而歸夕上野來傳德參贊一行來 市德一行

情金碩士亮漢孫碩士鵬九俞碩士彥濟柳碩士西壽尹碩士致
昊亦來訪
十一日壬申晴熱姜嚴朴沈四令來下處吾與主令伴往淺草
社及趙令所今日出橫濱訪米公使而公自宇都宮還
以來軍務將於來日送旅費作出故退一日
十二日癸酉晴熱教導團步兵科生徒矢部金四郎小島文次
郎二巡査軍來乞書故主令書給以李水使來訪夕飯后
與吳令及嚴朴沈三令偕往洪魚兩公所而洪魚兩公與德
貞高主夫咸奉壽往守部官館陸軍閱武又往日光山見
舊關白德川源家康墓及大院寺兩寺樓一棟以金為之而價
為八萬元云云追善還來故作別數話而歸
十四日甲戌晴極熱促朝飯東行貝巴刻乘人力車往嚴
朴沈處所直令等三公偕往姜令所轉進趙令處

所及衣房藤贋人家作別 李与壽南乗直車 林彦弘
五兵各乗車直往新橋鐵道停車所 午刻諸公齊到 李
水使與鐵道局作別 以二十三日与趙郎等說破 偕乘船而与
諸公神戸留七日相逢 穿納而宋沈柳俞尹五人亦來別
於鐵道局去留之悵 想無彼此也 魚公則落後也 故獨於
十六日出橫濱作別云云 日人武雄及水野送別於此而水
野則同來 於港上野中野同乘火輪車 午正離發 未正
抵橫濱 旧主西村新七屋 追午飯 不勝困憊 穀廣困睡覺
而視之 日已西矣 夜閔令來下處 夜深而還
十五日乙亥 晴熱 主令相飯后 与閔令 趙嚴姜令 偕往稅關
与諸領庭所々往 祀 諸人居西地土 漶量 而來 午飯后 主令往 主人何思植本以二層車
此來居橫濱 以商業生涯 設茶果而過到 業談甚欣款 追茶納草作別
稅關翁長家作 所々上野乃東京 夕飯後 與主令共往林庄
歸路逼視 鄉人居處之地
五次郎家 鄭嚴趙朴沈姜五令公之下處 夜深還旅舍 閔承

旨亦在座矣此日卜物出載各發屋丸艇
十六日丙子晴熟清領事范錫朋來旅館與主人令作別稅関
長本野盛亨之子龍太郎來旅館故余與傳喇接話仍作別與
二十五兄第云云與處面修造林庄屋則宜校理與金靄候作別
次已出來矣即還旅館送近身諸具於艇上而已上野出來言趙
承旨亦出來云即往細井久次郎屋見趙令即還旅館則金靄候
與花房義質外務省權大書記生澤右誠作別次已在座矣亦
與之傳喇接話仍作別花房曰昨久也貴國矣似而接見於朝
鮮云云因促午飯午刻即與主人新七至埠頭乘小舟出埠外登三
菱社名護屋丸艇艇長可一條廣可五間左右有輪艇上挺小舟八有
艇號及畫物既琉璃水鏡衣具
上中下三層上層左右有房屋內有二層架樓有一層睡床有琉璃窓
中層左右有房屋屋之內有二層架樓有一張床有琉璃窓中層之中
中間設卓床懸琉璃燈卓床上覆有段洋布設洋饌會食之
所也下層卜物及下等人所處也火輪之制度比於向乘飛脚艇之
當尤不可測也清人洋人日人男女同乘者不知其數也趙令來艇

上作別來二十有日將乘船矣此神戶相留相逢爲約安俞兩友之
別船此日人吉村西村新七食主人播屋上野敬助水野誠一之別於船上而歸申刻會
夕飯於中層設洋饌所上等隨員皆一床而食酉正行船而東
旋南終夜行船
十七日丁丑大風午後作雨終日行船因風船搖舟中人無不頭
鹿或嘔吐不收於精神三時飯專廢只飲一鍾粉屑水而
已終夜行船
十八日戊寅晴卯刻到神戶港一千餘里下錨即乘葉舟下陸定舍
館於海岸四丁目佐野屋治郞家與閔令同處協同社長高須會
須讓三來見主令余亦傳喇接話即要進午飯○其本州居留
松浦某年十七者適同居渠是龍驤艦海軍云而清輝艦日
本七月二十八日出去朝鮮而未知何事云息堅邑鍋未見
十九日己卯晴熱申刻兩主人書有若感之意故不得已移寓於
前主人安藤屋嘉佐衛門島田良助○鄭秉夏及通事白仁瑀來留大阪而聞處

行到神戶今朝自大阪出來〻訪甚欣六月十五日入日本云○俞上而今番

同船異國者約

金基五劉將李金華嚴君果來訪於佐野屋仍卧於

西李與嚴兩公

寓歡聊後與壽南李嚴兩公同往市街書林即還旅

寓○平今自佐野屋訪秋月長高橋訪友書記官與共請

飯又往清領事廖錫恩處一酌○午飯店華主重往元町

通四丁目玉文堂雕刻家見大篆托圖書七字刻之冒雨而歸

旅舍○高橋平攝自大阪出來〻見還入大阪今番同乘

往釜山港云果是有釜山支店故也

二十日庚辰極熱晴午後與壽南李林基弘往大清理事官

中野來見○鄭秉夏李健赫來見即往大阪也

見廖錫恩即還旅寓倚硯士相直崔五衛將成大嚴君果來

話處○往越樓有鹿兒島少年二人乞書故各二尾書給一則是

枝也一則西村也自各稱謝焉夕朴參書來下雪訪平今王君

果濟庵來訪夜深沐浴甚清快也

二十一日辛巳晴極熱朝往嚴趙朴沈姜下處
夜與壽爾共往沐浴處 趙李判來下處
二十二日壬午晴熱朝往嚴趙朴沈姜下處訪岳社屋
夜與壽爾及日本屬兒島人足枝賴寬往沐浴室
二十三日癸未晴熱朝往刻圖書屋朝飯後率通詞林基弘往 日主屋家下女以病化去即日出葬于寺寺僧來誦經文設位神供 三時飯是可佳尚處也
二十四日甲申晴熱
神戶稅關關等之制製依洋制製二層閣甚宏大軒敞久坐遊覽
室不覺庚熱之苦海上汽船風帆之往來多小風光寓目盡渴
吳楚東南坼乾坤日夜浮之句爲今日準備語也適值稅關長
高橋新吉賜暇不在與書記棒澤繁文書課員堀百千傳喇
接話而堀百千則居此文書課之任今八年云爲人有文筆甚
從容者也請坐于客室進茶與烟卷紙草過刻筆談情
路暫入關令屬所帰旅寓夕飯后聞浙趙兩令及李水使

一行來到故往見洪趙李三令。下處蓬萊舍而各行中，無風穩渡太平洋
云郎還旅寓 清閑適是個滋味 寄暑悟情詩久工 紀伊地名茫茫淡山地名紫 夕陽人坐浜圖中 此據百千登砂子山作示余 神戶後山 故記之耳
二十四日甲申 五日乙酉 晴熱 朝飯後往圖書屋又往市街午刻洪直閣趙
承旨來下處協同社長高須謙三自大阪來見 上野敬助昨暮同
洪趙乘船而來 朝來見清理事 偕廖錫恩送一隻睽一幅書於
主令
二十六日丙戌晴熱 洪令趙令嚴令李水使來下處與主令 偕往兵
庫縣作別 午後與養齋往市街 聞千歲丸船今明日將乘次
二十七日丁亥晴熱 早起乘通詞林葛弘往三里許 稅關之書
記長奥井清風家 傳喇播語筆談 問條例類纂 海關之財
名及神戶稅關貢等技具 稅關圖 從後便付送於
釜山鄭上野敬助之家 拜作別 而來送下物於千歲丸 清
理事署官楊錦廷午刻來下處作別

二十八日戊子晴卯時自神戶乘艀舟登千歲丸艇主今與諸
令晩後乘舡之廣二十尺舡長一百八十尺艙長日本人松本待五
郎此舡只有上下兩層而上等則處於上層〻〻有二層樑之
上復排有作鏡於門傍上等房左右只有四房而二房則
日人居之二房則我朝士居之房之傍有軒〻之西復西傍諸令
同處中等隨員則居處於下等所與日人左右分處甚
是辛苦而已(鄭秉夏同船)未初行船終夜至七百里伊豫國首貫前洋
以艇釜箭鐵觸傷寅末留碇暫爲改正卯刻仍發船
二十九日己丑晴終日終夜行船波恬風定舟中穩過誠万
幸也夜行時萬頃無邊之海去來輪艇懸燈天有星海
有燈水天一色相上下甚淺〻茫〻自覺一粟之歎也
三十日庚辰晴子初留碇於赤馬關六百里協同社會社中

西瓜十一顆追呈于行中柴載米穀辰初行船二隻二十三人日
本人五十餘我行中五十三人同乘而無譯人焉昨年信使乘此
船云出港口外有左右海中燈臺凡四處行幾里有云連島
此直抵釜山之海路也自此分路向長崎西南行船大抵馬關之
港棧山一脈周圍四面截鎖海門而港口外則回日山一脈連絡
左右亘布五六十里設處緣於長崎而有陸則自海底至陸
有海則自陸至海底數千里設處緣自東京至陸處自橫
濱至赤馬關自赤馬關至長崎皆設焉行過筑前州有海
島巖上燈臺最高大也
閏七月初一日辛卯晴寅正到泊於長崎港辰正諸令與 九百五十里
隨員下陸舍與七八人留船上一邊柴載石炭原人女人居多
一邊買卸米穀且載各洋木貨物船中甚是擾擾申後
諸令登船長崎稅關事務探知次入來面鄭重相舉通

詞金來去與下人一人登船接話甚歡和也未成初行船行幾里
過肥前州山川島山脈島山左有五島行幾里右有平湖行
幾里過肥前州帽子島燈甚至夜行船夜深後問船長
則自長崎行四百里右有一孤島橫亘海上也
初二日壬辰晴曉風乍起舟頗擾動適為行船而此船則外
海導船不入對馬島右挾馬島直抵釜山云與安寧丸有
輕重之別也○棧頭司坂口誠一郎接話渠是千葉縣下長柄
郡一宮住士族云而月給五十円此船郵便汽船三菱會社之船
而到釜山港後又向元山港云云○盧瀨季三郎者年才二十七出
來釜山港以賣精鑄水眼藥為業而居在東京赤坂區福吉
町二番地云而亦與接話仁川開港後渠往仁川在泉城則
似可一進拜云云再三申勅到泊於釜山港五百五十里主令與諸令

作佳洪領事近藤眞鋤處聘使與壹岐島主每直所手
是毛浦定旅寓於其主人金允植家日暮金令自領事館
還乘舟還寓於旅寓夕飯自主人家進之夜深後就寢
後來見萊府申吏李相晰長來載基金隆圭來謁亦作去之
昌夜來見主令譯學劉光杓來見
初三日癸巳陰朝飯後倉任衛將來見主令即行哲于萊府余與春兩儒於中物
覓
三味仍過午飯中時歸于萊府堂下處於西門內華仙妓 辭察將夜罷乃不來謁 趙兆來謁
家而華仙已收年化去云余與春兩更定而又及於樓家
妓眞玉家
領事官近藤眞鋤與中野入府中坂諸令往作別
本府將校李喜允來謁此校有畫才故使畫圖本樓 倭神長崎 請
初四日甲午朝曉午後甚熱書寫吏金敬祖余財逸來
謁着昏後付上書於員問大監宅並付家書於聖勉等處
中午餞自府衙到進夜驪州吳卿秉旨致寅僅甚饒來訪同府
初五日乙未雨朝飯後聞釜山鎭日本人作別入來云故與主令偕

武藏見上野及樋口又三人而一人則狗田南社友房之看草
者而於行中有作別贐物故饋來云 郞歸處旅寓嚴姜兩侖來
下處稱學官別談 以 午饌余自今朝偶得泄瀉後重之症甚报
清暑六和湯二貼修日經夜乃若絶纓島金使李正郞來見
主倅金城別將金漢基來謁主倅爲人頗有力年前日
人作樓於本府時此人有功故又以別將云耳 東府書寫吏
金致振俞秋龜來謁 文 隨此皆陪來華陽時
初六日丙申兩倅今來下處今日將向京故行作別 蒼首
性純中午飯與主倅往梵魚寺五更隨從李承壽鳳植 趙參判向昌隱
來別李商在來別崔成大來見明日同行相約稱學官與譯 朴參判並來之後留大華云
學及鄭秉友來別獨留旅寓春窮冒暑還自鍾中
初七日丁酉晴與崔商華至下馬離蔚東萊往北蘭家作別
嚴日果乙上野及中野在自本請詩於余而余未及搆呈而

歸此不可無碍故作一絶詩以表離情也 厓山野田偶
然逢我境万里又同舟乘性色游海明心月臨撫每事
能識廣護方救援師 昨日相分後別懷已屬秋碍中
野田君居我境已經年 万里一聯 乘朋 共往來 注宮維無論心
事已識脇慷慨 絶 挨 自萊府發行至六十里梁山邑底中火 主
令已與嚴令趙令自梵魚寺同行先到以待此店矣 午飯后發行
三令一行 大雨 至通度寺洞口 深邃 樹木參天 夜色生陰不能
辨崖也 僧徒至洞門待候 定下處於文壽殿 世尊通滿里床夕飯 設一種山菜之饌可也
初八日戊戌晴 更定下處於華嚴殿內 嚴令下處於華嚴
殿東閣一室之內 與趙令處於普光殿 相往來 夕梁山居
黃雅來訪同宿 夜往趙令下處 夜深還寢
初九日己亥晴 往趙令下處 與安友 與寺僧 觀數叢法堂閣
水使一行自梵魚寺來到 定處于趙令處 又無走趨來

業書廳吏金壯允金啓龜李謂 梁山奉倅趙曉植亦來於
此寺
初十日庚子晴 朝飯本倅追從飯後與壽南及崔五亦偕金
老人往寺内外則左傍石壁上刻名銘公侯卿長多此寺新羅 (門直四將木偶人最大左右各五初見其形三尺且獰特也)
時慈藏律師往西域奉釋迦如來舍利珠與袈裟一件
創起此寺而大雄殿後設釋迦如來舍利浮屠壇大雄殿則無佛
但掛西幀此殿之基本九龍沼堙八龍只留一龍池尚今有池而
祈雨於此池云大房有六菴子有十三水確有四僧徒五百餘
名此寺即朝鮮有名之寺也山名靈鷲極山臥牛形設大剎焉
華嚴殿朝殿僧九闕年三十九住家梁山云耳 山黃雅下
去。彥陽倅推一盃送一單床於吾行中午飯後往直洞李
承使君行送別於洞口外與柳秀才永袁成洛基金洛
雲宋邑趙洗道永相別而金洛雲則還歸梁山向晉邪云

二行中向彦陽將向氏識縣郡邑云耳 撤張史五人卜宋史

十日辛丑晴 陪書吏殿趙令處鄭與安友書亡條約數纂

金世洪 金鼎津 權致彬 權義徹 朴末祚

十一日壬寅晴 陪書吏殿趙令處等與安友書亡條約數纂

十三日癸卯晴 陪書吏殿趙令處訴書亡條約數纂

東萊史來 戴甚上來 已上野屋扎

十四日甲辰朝微陰 自午暴雨連注 至暮午饋 自寺中以麵餅果別備 白陪書吏殿向以雨不能直來 坂將午饋於書吏殿趙令下處借食

十五日乙巳陰又雨 陪書吏殿書亡條約數纂

十六日丙午陰或晴 萊吏金狀瑞度面下去

十七日丁未晴 嚴令自興寺(恩海寺)啓程向永川 故朝飯後出洞口外拜別 旬日同留一寺 而先作京行 且嘉

旋悵崔啟大與之別悵然耳山峯叟李戴基還去
東萊盧宅鎬相謁所上來山峯叟二人李光呈李裕膺
與盧鎬書寫而去日暮還坂要羅留書後山峯山
驛書吏金道運金贊守方國赫持來
十八日戊申晴朝起視之則山處天清秋涼亦生思歸慮
鄉之心發書于日本比之則可謂還鄉而難得書信
則一也此日煩惱而已盧宅鎬與中軍徐瑞鳳即東萊
府中人而與余之書寫者也告別去峯山吏李汝林鄭
達陪携來所言地圖及來事寄人於京城而否云
十九日己酉終日多雨濃陰寄書先殿載來
二十日庚戌自夜至天明雨注晚霽午後往晉光殿晝頒條
約而來
二十一日辛亥晴朝起視之天高風涼似有催霜之意旋歸未往

與左衣攙有寒意也夜來夢事甚亂必有家故而然耶思之也
悵故不然耶鄙不多信也朝飯后萊吏金秋瑞上來午後從
善夫處歸來
二十二日辛亥壬子晴孜準章程書草件午後玄風閔令受送
隸還安東鄭吏金致鐸告目同安黃山驛吏方慶杲昊
萊同安書寫吏方國赫之文也有子六人云耳
二十三日壬子癸丑晴夜來感祟深劇鼻淵難析甚悶午後
黃山察訪李康勳上來見主令即為還官黃山吏方杲昊還
告東萊府使令送官奴一人而上手所領去下馬者也李在祺以
告目告別
二十四日癸丑甲寅雨感祟彌劇甚苦悶也
二十五日甲寅乙卯朝雨晚陰金明月發程峽裏避川甚悶心也午
後東萊吏金清孝上來稽年亦來綏乡姓善夫處趁令受
將明日將伴行上京為納夜睹後黃山亦傳趁晚植
見主令少見作別行耳

二十六日丙寅陰乍雨午晴收拾行具午飯后偏觀大
寺矣海幢而大雄殿釋迦如來傳來還藏律師傳來之袈
裟衣名一件而釋迦出業之袈裟亦非凡品製是天女之所製
云者知何許假也還藏之袈裟亦未知何樣假而已經數
千年真古蹟也仍隨嘉慶殿年題令作刻趙令作題於廣
爲慶州等地云 棧張薰山兩邑書院 夾下道即此山外諸賢
相從有眷戀之意而別離惆悵 托於虎惺九淵兩師刻字
名於門上並不忘之意而從江錦魚視余之居留且九淵與余同庚
甚有別焉 乘騎馬至梁山邑四十里 旅店本倅趙鳩植今日
自此寺下來坐 古慶於城內而 故須務辦之意 使沒而既已下
卜坂不爲務而嚴夾浮觀 同安此里 嚴令之而日 還邑時坐
堂敦此吏家 故素有奉令 陪又坂此吏 書福而 官之坐下處
云者即此吏家也 夕飯自官進 借而實此吏家所 進本倅
此書夜話 還處 余年壽而不接 因道即為就睡

二十七日(丙辰丁巳)朝陰午雨至夕不霽 朝房冊李碩士根 即主人同
宗故也 來會與穩話 朝飯與自省迭作康莘吏書稿者與下
直於此 多日同留之意 與爲懷世也 即乘騎馬自留中山邑至二
十里 向金驛 陸路則有霖水所沈 不可馬行 故以小舟代行
西逆水 與沙工輩極用力 又至武緣(四十里)軍矣訖 此處無船 故急戒緣(日)
軍 隨日冒雨至密陽三浪倉 旅店宿所
二十八日(戊午)朝陰晩晴 以雨水漲滿 陸路不能馬行(下) 故來再至武緣軍
載小于艇(馬與下人從陸路) 朝飯後行艇 申時到密陽邑南(三十里) 替倉前棄陸至府
城外店 留飯後 獨坐(登)嶺南樓 收拾行蹟 偶然彷徨 曰長江
棠園外 蒲寺竹林 東西陽邊 樓 生物色 古今同 即爲還旅
店 主倅吳章程 以來與主倅 令郞 還來 府妓鳳非來謁(崔以鼎)
此妓即壽鳳之姪 親最近之 妓故來謁 夕飯自衙中送給 夜設

妓輩於夜宿樓坂隨主令分來兩地陪夜宿樓古傳之華庭
矣妓了必拔小妓輩八妓為韓結歌子等語招妓余先還旅
店店惟閱着松雲大師昂四明堂壬辰保鴟鳴後主吝還鴉旅店
能樑
二十九日乙未戊午晴朝飯自店追從後乘馬至三十里清道錦川驛中火奇遠
四五女子在此驛店來問安乃甚屠鄙矣午飯後乘馬至三十里
清道邑旅店持馬者現學訪李公焯適出此邑來見主倅
而觸江山路陰峻日力無多將定宿於清道邑聞者現然之云
日力尚有餘雖云山路甚不險義坂即行至二十里省峴坐下
處於作廳主延同為至驛孔行肉旋蔬不同極殊着夕飯
極為豐潔牢牛以進余亦辭且飽矣乘養同店金未留
此驛吏壽下來前來上來拜來而問安鄭先達相見即辭去下
來此店飯後請之一生人而此驛中云好店者如問安

八月

初一日庚申 曉雨至終〻 飯後晩發 仍馬三十里到慶山邑店中火
倅李秀永來見 主令午飯店 替馬發行三十里到大邱西門外
前行時家 藩甚立 炬家到來定宿 趙令之傔人林偶圭自慶州來此 傳趙令札於主令
主人
初二日辛酉 晴 留大邱 冊匠工粧成帖 晩條約數冊
山達到李善仁來見主令 朝飯自黃直 午刻
巡使大邱出見主令 羅左兵虞候來見 中
大邱達營 中 自右
西 從 達到 款 後
初三日壬戌 晴 植傳偶
栽 付丹 中朝飯 發行至二十里 邑中火 兩
此 作 自 至 冒雨

午飯後發行至仁同未院驛三十里宿所
初四日癸亥終日風雨大作留店念雨意之久誠甚悖亂也
初五日甲子晴朝飯後發行至二十里歷涉山間水塲內店中火
即上林驛也
此驛以無馬故以牛代馬載卜至三里塲川市店宿所
初六日乙丑晴仍以兩馬乘朝飯後發行至善山延香驛店中火四十里
此驛亦無馬仍以垂店馬午飯後發行至四十里尚州洛東江點
槐水拋則有堤堰依俾簡濯纓三題板看詩律之蕩
暮渡江至店宿所今夜即曾祖考忌辰也身在千
里外不能參祭悵切不肖之責而心不能定聲氣慨
悵而已
初七日丙寅晴早朝飯替馬至四十里洛原驛中火仍發
行至五十里聞慶幽谷驛宿所
初八日丁卯晴早朝飯替馬至四十里聞慶邑魯嵛驛

中火沿路之年事閣處大登山間田穀畦壟之稿而過
方入秋矣午飯後替馬行至十里草店替乘苴興至五
里許歷王陀閑 內有崔李䓁一閑行款 至小許有交亭小許有烏東
門內有主西門行款 至花上有鐘李門 左有城隍 內有皇家閑行款 重至三里許高台店堂慕
豐軍至小許替羅所店 替馬 日已落矣 至雉火至延豐安豐驛
宿所 自草店至安信一百二十里 使被邀來僑和言 自京發行十五百宿所就安信有說
又 日
初九日戊辰晴 早朝飯後行至五十里忠州達川驛中火 午飯
後越達川江至二十里大樹院 至雉火至二十里龍院宿所
初十日己巳 朝大霧 平明發行至五十里 勅河店店 此店信使之
中火處所也 連原寧路全 此站李道元全全上梅話替爲
替行至中路逢信使趙名秉僑主事李祖潤 諸史讀 川燕

永喜〻即會書同行而入余救日旋又作此行同果加資矣指
直上旋別 後使主事與主令穩時叙話後發行至十里
陰竹閑村驛中火以馬〻不即給令至昏踉奔驅馬至雉大至三岸
里竹山飛仙巨里驛汾陽夜已闌矣宿所與襯張麗士人處 穩話
或先或後同行
十日庚午朝霧晩晴飯後仍爲發行至四十里竹山左贊驛奉
而爲止宿於陽智坪村沈氏家即主倅之聘家也余與春雨及下人〻馬共
于此處午飯後發行至龍仁直洞驛三十里宿定宿所而主令追後
自坪村行駕於此
十一日辛未朝霧晩晴朝飯後替馬發行至六十里達鮑川
中火午飯後替馬至二十里廣州馬竹巨里驛宿所而余與
蓬齋與下人夕飯後乘月色發行渡二十里西氷庫江
到崇禮門已罷漏開門矣直到大貞洞主令家即送下人

於馬竹巨里驛主令處所而主令宿所於驛底乎明將往
報恩寺轉向新寺戟門外而尚未覽是云耳
十三日壬申晴朝往謁大監患候況重見甚驚悶惶然
朝飯過於大監宅飯后延午刻還出西小門外帖同金先達
家則主令已爲定頓處所於此家矣仍爲同留
十四日癸酉晴熱朝往大監宅暫謁查爲而得見昨年至月
今年二月出家書便不新奇也仍即出帖同而還壽洞未見欣
接而渠作羅州行故裁家書付送於金羅州海峯居郵吏家而
未知信傳否也
十五日甲戌朝陰壽齋出來終日穩過李台鎮永來訪主令
申刻還今日即仲秋之夕也還國而不能還鄉心懷難抑耳
十六日乙亥雨終日書役壽齋出來夕飯後壽齋同行而

賓仍聞丹峰道者不來時出來獨宿

十七日丙子晴 書後 閔進士永直(嚴令來前而定下壽於生花亭下云〻 王令婿也) 出來 養齋自磚齋

而處性而出來而尚遲復 命三期云〻 徐碩士相直(趙壽朝行伴)

出來叙話午飯後與進士及養〻齋同乃直向余性大憾也

向速者以定時更出悵向爲之獨宿

十八日丁丑朝霧晚晴 朝飯後往直向內大監生者而日

向所重見甚惶悶〻 進士與養齋出來 崔五壽亦將成大來訪

即還 此是嚴令行中人也

十九日戊寅晴 趙令隨負俞質燠來自波契寺欣叙不已

趙令留於此寺云 洪直閔留遊一晝 暮云 養〻齋出來還入

二十日己卯或陰或晴 招戴茂庶書來鄭寶覓鎬(長湍悅村)東栗

書隱本而付安山篤何於北 此來月一〇今日即暨誠而揚也

一所上試趙秉武 二所上試鄭履朝 李[illegible]

二十一日庚辰 朝霧晩晴 書役金進士出來 即入○ 夜侍曰左

捕將申正與政適 爲吾從韓圭稷 陳接 今春某捆鄭達未全 罪兵使傳喝耳

此是罕有之擧武耳

二十二日辛巳 自午時雨下終日不霽 無一人來訪 崇雎 雨子

清虛 五文自大監宅來 今清虛卷北有僖五月[illegible]書

道 為赤道者之 一擧待旦

二十三日壬午 晴 嚴令積祀處於此家 因爲留處 夜趙奕陀

嚴學作此來 擬證奉合 入玄嚴 左之門牌

今來訪 主令嚴漏後還 歸與嚴趙士柱 漢擬話○ 一二所出試 此卷

二十四日癸未 朝霧晩晴 蔵僕卷爲 朝此來 午刻 入其門 向大

監書 若且 往徐吾 依家 適值 入直 集市 未積 且往 迎門 一陛 因 其將

小家 又適 入祥 場 七月 ○ 業 考據 格 執 臨 來 逢 而 至 旅 館

二十五日甲申○ 朝霧夕又霧 終日書役中 時往南門外 沈令趙 完 下 處 而 還 夕後 又往 沈 趙 兩 令 下 處 而

往南門外 庭 向 隨 南 佶 也 而 還 來

二十六日乙酉朝甚寒過夜霜降雨秋甲後徐碩士相直來
訪午前書役東校假庭亦來訪李々山巖校理柱漢相為擾擾
二十七日丙戌晴李參奉鳳植趙參判行中來訪今日即余生朝
也客地此日甚是難過而已夕飯後入真門同大監甚歡而
出陪坐與見墨羽羅滿後還旅寓則姜令趙令沈令圍
會于此家談敘適逢雨趙令因留宿
二十八日丁亥或雨或陰或晴李碩士周在朴參奉行中來訪甚擾
擾夜李慶倡鼓漣川倅金鎮一來訪之乞羅滿後席散
而歸
二十九日戊子晴西郊陵奉川陛叙夫豁即直旅寓尹參
判蔡征來訪所承告萬植來訪之席壽喬也來長簡問
產宋碩士厚楨即奉母々歸將歸口報真寓之累此來同
為夕飯攜碾々朴參孫洪在南門外坊主人金巖參贊訪

行

三十日己丑

閑金法

ㄱ	가	갸	거	겨	고	교	구	규	그	기	ᄀᆞ
ㄴ	나	냐	너	녀	노	뇨	누	뉴	느	니	ᄂᆞ
ㄷ	다	댜	더	뎌	도	됴	두	듀	드	디	ᄃᆞ
ㄹ	라	랴	러	려	로	료	루	류	르	리	ᄅᆞ
ㅁ	마	먀	머	며	모	묘	무	뮤	므	미	ᄆᆞ
ㅂ	바	뱌	버	벼	보	뵤	부	뷰	브	비	ᄇᆞ
ㅅ	사	샤	서	셔	소	쇼	수	슈	스	시	ᄉᆞ
ㅇ	아	야	어	여	오	요	우	유	으	이	ᄋᆞ
ㅈ	자	쟈	저	져	조	죠	주	쥬	즈	지	ᄌᆞ

日本通辭

武田邦太郞　橋邉新太衛門

上野敬助　中野許太郞

安亭丈取之長

廣瀬魁吉

李鑢永 字敍度 号東蓮 丁酉生 全州人 通政 居貞洞

隨員 李弼永 字汝良 号春齋 己酉生 全州人 五衛將 居壯洞

○ 厶 厶

別陪 金玉文

通詞 林基弘 東萊草梁人

本 魚允中 字聖執 号一齋 戊申生 咸從人 應校 居花開洞 大藏省

隨員 俞吉濬 字聖武 号矩堂 丙辰生 杞溪人 幼學

柳定秀 字而靜 号雷園 丁巳生 全州人 幼學

尹致昊 字聖欽 乙丑生 海平人 幼學

黃天彧 字子周 癸卯生 茶原吏

金亮漢 字明卿 号小龍 己酉生 安東人 幼學 居東洞 追後合本

下人 金永根

二 趙秉稷 字致文 號蒼崖 癸巳生 楊州人 通政 居齋洞 海關

隨員 安宗洙 字敬尊 號起亭 己酉生 廣州人 幼學 居孟峴

俞箕煥 字景範 號汕佩 戊午生 杞溪人 幼學 居水原

傔人 林錫登 年三十七 居樓角洞

通事 金箕文 年四十二 居草梁

姜文馨 字德甫 號蘭圃 辛卯生 晉州人 通政 居長洞 工部

隨員 姜晉馨 字晝先 號芝圃 庚寅生 晉州人 五衛將 居筆洞

從人 邊宅鎬 字春吾 甲申生 原州人 居東萊五倫里

別陪 劉福伊 年三十九 居長洞

通事 金順伊 年三十五 居東萊舊館

三 嚴世永 字允叟 號凡齋 辛卯生 寧越人 通政 居社洞 司法省

隨員 嚴錫周 字皋教 號亞蘭 己亥生 寧越人 蔭司果 居

崔成大 字士行 號雲阜 甲午生 淸城人 五衛將 居水原

別陪 朴春風

通事 徐文斗

閔種默 字玄卿 號蘭山 乙未生 驪興人 通政 居長洞 海固

隨員 閔載厚 字景坤 號石南 庚戌生 驪興人 幼學 居墨洞

從人 朴晦植 年三十七 居東萊

傔人 李貞誥 年二十五 居會洞

通事 金福奎 年六十一 居草梁

一 趙準永 字景翠 號松硐 癸巳生 豐壤人 嘉善 居會洞 文部有

隨員 李鳳植 字元圃 號小隱 戊子生 全州人 叅奉

徐相直 字士渥 號仁樵 乙未生 達城人 幼學

下人 文順錫

崔允伊

二 朴定陽 字致中 號竹泉 辛丑生 潘南人 嘉善 居竹洞 內務省

隨員 主濟膺 字稱度 號小岩 壬寅生 濟南人 參奉 居安岩洞

李商在 字季皓 號月南 庚戌生 韓山人 幼學 居韓山

下人 李壽吉

通事 金洛俊

八 沈相學 字德初 號蘭俗 乙巳生 青松人 通政 居八判洞 外務省

隨員 李鍾彬 字華卿 號藝臺 甲午生 井邑人 部將 居通津

俞鎭泰 字重巖 號杞泉 辛卯生 杞溪人 進士 居紅峴

下人 尹相龍

通事 金永得

九 洪英植 字仲育 號琴石 乙卯生 南陽人 通政 居齋洞 陸軍省

隨員 高永喜 字子中 號雨亭 己酉生 濟州人 主簿

咸洛基 字健之 號玉陂 庚戌生 江陵人 希奉

金洛雲 字敬瑞 丙戌生 完山人

下人鄭龍石

通事白福用

上李元會 字善卿 號中石 丁亥生 廣州人 水使承旨 武通政 居孝橋 陸軍操鍊

隨員

宋憲斌 字文哉 號東山 辛丑生 恩津人 幼學 居楊根

沈宜永 字命汝 號霞汀 癸丑生 青松人 出身 居羅洞

下人金鳴達 李順吉

通事李壽萬

別遣

金鏞元 字善長 號薇史 壬寅生 清風人 震候 般艦

從人孫鵬九 字錫圭 壬子生

通事金大弘

日本通商各國

大不列顛 英吉利 又曰英國
佛蘭西 大法國
日耳曼 大德
澳地利
西班牙
普西牙 峩羅斯
土耳其
白義耳
伊太利
瑞士 諾典同
丁抹

和蘭 阿蘭陀
東印度 及暹羅
濠士多剌利亞
瑞典及諾威 諾威即挪威
葡萄牙
布哇
獨逸 孛漏生附屬 各德國屬
支那 大淸
合衆國 米利堅
秘魯

一 1
二 2
三 3
四 4
五 5
六 6
七 7
八 8
九 9
零 0
洋數

カ 가 ケ 계 コ 고 ク 추 キ 기

ナ 나 ネ 네 ノ 노 ヌ 누 ニ 니

タ 다 テ 데 ト 도 ツ 두 チ 디

ラ 라 レ 례 ロ 로 ル 루 リ 리

マ 마 メ 메 モ 모 ム 무 ミ 미

サ 사 セ 셰 ソ 소 ス 수 シ 시

ハ 하 ヘ 혜 ホ 호 フ 후 ヒ 히

ガ 과 ゲ 궷 ゴ 곤 グ 굿 ギ 깃

ダ 라 デ 데 ド 돗 ヅ 둣 ヂ 딧

ザ 쟈 ゼ 젼 ゾ 죳 ズ 즛 ジ 내

バ 마 ベ 멧 ボ 모 ブ 무 ビ 미

パ 파 ペ 폐 ポ 포 プ 푸 ピ 피

ア 아 ヤ 야 エ 예 エ 예 オ 오 ヲ 오 ヨ 요 ユ 유 ウ 우 イ 이 井 이 ワ 와

ン ㄴ コト 고도 ドモ 도모 ドキ 도기 シテ 시데 ク ㄱ ウ ㅂ ツ ㅈ

【영인자료】

東行日錄

동행일록

여기서부터 영인본을 인쇄한 부분입니다. 이 부분부터 보시기 바랍니다.

유종수

경상대학교 법학과를 졸업하고, 한국고전번역원 부설 번역교육원에서 연수부와 전문과정을 거친 뒤 현재 〈승정원일기〉를 번역하며 한문을 공부하고 있다.

조사시찰단기록번역총서 2

동행일록

2020년 3월 20일 초판 1쇄 펴냄

지은이 민건호
옮긴이 유종수
발행인 김흥국
발행처 보고사

책임편집 이소희
표지디자인 손정자

등록 1990년 12월 13일 제6-0429호
주소 경기도 파주시 회동길 337-15 보고사 2층
전화 031-955-9797(대표), 02-922-5120~1(편집), 02-922-2246(영업)
팩스 02-922-6990
메일 kanapub3@naver.com / bogosabooks@naver.com
http://www.bogosabooks.co.kr

ISBN 979-11-5516-976-6 94910
979-11-5516-810-3 (세트)

정가 26,000원

이 번역서는 2015년 정부(교육부)의 재원으로 한국연구재단의 지원을 받아 수행된 연구임 (NRF-2015S1A5B4A01036400).